Ich gönn' mir Freiheit

Patrick Hundt

Im Frühling des vergangenen Jahres machte ich eine großartige Entdeckung, die das Potential hatte, mein Leben zu verändern. Im Internet war ich auf Menschen gestoßen, die sich vorgenommen hatten, schon in jungen Jahren nicht mehr arbeiten zu müssen, sondern allein von ihren Immobilien und ihrem Aktienvermögen zu leben. Ich fühlte mich wie aus einem tiefen Schlaf aufgeschreckt. Wie hatte ich bislang übersehen können, dass finanzielle Freiheit auch für Normalsterbliche möglich ist?

Nachdem ich alle Blogs und Bücher zu diesem Thema gelesen und alle Podcasts gehört hatte, die ich finden konnte, war ich noch immer nicht satt. Ich nahm Kontakt zu einigen dieser Menschen auf und bat sie um ein Gespräch. Manche luden mich in ihr Heim ein, um mir aus ihrem Alltag und von ihren Plänen zu erzählen. Wenn sie ihr Ziel weiter so hartnäckig verfolgen, werden sie schon in wenigen Jahren finanziell frei sein. Doch wie genau ihr Leben dann aussehen wird, das wissen sie nicht.

Ich wollte es herausfinden und traf deshalb auch Menschen, die nicht mehr arbeiten müssen, sondern von den Erträgen ihres Vermögens leben. Sie erzählten mir, wie es ihnen gelungen ist, sich diese Freiheit zu gönnen. Aber vor allem wollte ich wissen, wie es heute um ihre Zufriedenheit bestellt ist und was sie mit ihrer freien Zeit anfangen. Sie führen zweifellos ein gutes Leben, aber euphorisch stimmten mich ihre Antworten nicht. Sie ließen mich zweifeln, ob die finanzielle Freiheit es wert ist, zwei oder drei Jahrzehnte auf sie hinzuarbeiten.

Deshalb fragte ich mich, ob es nicht auch andere Wege gibt. Können Menschen, die die Aussicht auf eine 40-Stunden-Woche für vierzig Berufsjahre beunruhigt, vielleicht jetzt schon freier und zufriedener sein, anstatt lange nach einem Ziel zu streben, das sie womöglich enttäuschen wird? Ich sprach mit Frauen und Männern, die an einem Punkt in ihrem Leben entschieden haben, dass sie sofort freier über ihre Lebenszeit bestimmen wollen. Auch mit ihnen habe ich über Geld gesprochen, denn erst ihr verantwortungsvoller Umgang mit den Finanzen ermöglichte es ihnen, sich Freiheit zu gönnen.

Ich gönn' mir Freiheit

Wie genügsamer Konsum zu weniger Arbeit und mehr Freiheit führt

Patrick Hundt

Textauszüge mit freundlicher Genehmigung der Autoren
Umschlaggestaltung, Illustration: Aleksandar Petrovic
Lektorat: Ina von Brunn, www.lektorat-von-brunn.de
Verlag: Eigenverlag
Druck: Amazon

ISBN: 9781728600147

Bibliografische Information der Deutschen Nationalbibliothek: Die Deutsche Nationalbibliothek verzeichnet diese Publikation in der Deutschen Nationalbibliografie; detaillierte bibliografische Daten sind im Internet über http://dnb.d-nb.de abrufbar.

INHALTSVERZEICHNIS

EINE ENTDECKUNG UND IHRE FOLGEN

Letztes Jahr im Sommer hätte ich alles tun können, was ich mir schon oft vorgenommen hatte. Ich hätte einen Schrebergarten pachten, ein Gemüsebeet anlegen und Obstbäume pflanzen können. Ich hätte mich für einen guten Zweck einsetzen können, der mir am Herzen liegt. Ich hätte lernen können, auf der Gitarre zu spielen, die bis dahin nur mein Wohnzimmer dekorierte. Stattdessen dachte ich die meiste Zeit über Geld nach und wie ich es am besten anlegen könnte.

Wenige Monate zuvor war ich durch Zufall auf einen Begriff gestoßen, der mein Leben auf den Kopf stellte: finanzielle Freiheit. Ich las ihn zuerst auf der Website des Kanadiers Peter Adeney. Unter dem Pseudonym *Mr. Money Mustache* schreibt Peter, dass er im Alter von dreißig Jahren, noch bevor sein Sohn geboren war, seinen Job als Softwareingenieur gekündigt hatte und in den Ruhestand gegangen war. In den wenigen Berufsjahren, die hinter ihm lagen, habe er gut verdient, aber wenig konsumiert, erklärt der Blogger, deshalb könne er nun von seinen Ersparnissen leben, die er am Aktienmarkt investiert habe. Ich saß mit weit aufgerissenen Augen vor meinem Laptop, als ich Peters Worte las und mich immer tiefer in sein Blog eingrub. An manchen Tagen las ich bis spät in die Nacht und fand anschließend vor Aufregung kaum in den Schlaf. Die Idee, in meinen besten Jahren nicht mehr arbeiten zu müssen und allein von Erspartem zu leben, schien unglaublich. Ich wusste sofort, dass sie das Potential hatte, mein Leben zu verändern. Erst später erfuhr ich, dass

Mr. Money Mustache nicht nur mir den Kopf verdreht hatte, sondern unzähligen Menschen, darunter viele, die ich für dieses Buch traf. Einige von Peters Jüngern schreiben heute ihr eigenes Blog, andere diskutieren in Foren und sozialen Netzwerken, und manche treffen sich bei Stammtischen. Sie alle eint das Ziel, finanziell frei zu sein, also ausreichend Vermögen zu bilden, um von Mieteinnahmen, Zinsen und Dividenden zu leben.

Vielleicht hätte ich die Idee als wahnwitzig abgetan und einfach weitergeklickt, wäre ich nicht schon immer sparsam gewesen. Seit ich denken kann, gebe ich weniger Geld aus, als ich einnehme. Von meinem Taschengeld legte ich stets etwas zurück. In meiner Jugend verteilte ich Werbeprospekte und zahlte den größten Teil meines Einkommens aufs Sparbuch ein. Nach dem Abitur studierte ich dual, auch, weil ich fürs Studieren bezahlt wurde. Was nach Abzug meiner Kosten übrig blieb, überwies ich auf ein Tagesgeldkonto. In meinem ersten Job nach dem Diplom verdiente ich anfangs nur 1.000 Euro im Monat. Davon bezahlte ich mein WG-Zimmer, Versicherungen, Reisen und Lebensmittel. Den Rest legte ich auf die hohe Kante.

Mit vierundzwanzig Jahren nahm meine Karriere an Fahrt auf. Mein Arbeitgeber gewährte mir in jedem Quartal eine kleine Gehaltserhöhung und in meiner Freizeit verdiente ich mit eigenen Websites etwas dazu. Später gründete ich eine Agentur für Onlinemarketing, deren Geschäfte ich vier Jahre führte. Nachdem ich ausgestiegen war, verkaufte ich meine Anteile an dem Unternehmen und hatte zu diesem Zeitpunkt bereits eine neue Einnahmequelle erschlossen.

Ich verfügte stets über ein gutes Einkommen, aber noch wichtiger war, dass ich unter meinen Verhältnissen lebte. Meine Ersparnisse wuchsen Jahr um Jahr, sodass mein Konto bereits eine stattliche Summe aufwies, als ich zum ersten Mal von finanzieller Freiheit las. Bis dahin hatte ich vereinzelt spekuliert, wie viele Jahre ich von meinem Vermögen würde leben können, doch wenn ich die Inflation berücksichtigte, die jedes Jahr etwa 2 Prozent meiner Ersparnisse vernichtet, konnte von einer frühen Rente keine Rede sein. Als

Selbständiger ohne Rentenansprüche müsste mein Vermögen mich bis ans Lebensende ernähren. Das war nicht realistisch.

Peter Adeney und seine Anhänger machen jedoch eine andere Rechnung auf. Man brauche keine Millionen, um finanziell frei zu sein, schreiben sie. Wichtig sei lediglich, genügsam zu leben und das Geld für sich arbeiten zu lassen. Es müsse beispielsweise in Aktien oder Immobilien investiert werden. So würden die Ersparnisse nicht von der Inflation aufgezehrt. Im Gegenteil, sie würden sich sogar vermehren. Kluge Anlageentscheidungen vorausgesetzt, könne man ausrechnen, ab welcher Summe das Vermögen zum Leben ausreiche, sind sich die meisten Blogger einig. Alles, was man dafür berücksichtigen müsse, seien die eigenen Lebenshaltungskosten.

Im Frühjahr des vergangenen Jahres hatte ich nur eine ungenaue Vorstellung davon, wie viel Geld ich zum Leben brauchte. Doch nun, angestachelt von *Mr. Money Mustache*, wollte ich es genau wissen. Ich installierte ein digitales Haushaltsbuch auf meinem Smartphone, in das ich jede Ausgabe eintrug. Vom Laugenbrötchen für 50 Cent bis zur Miete für mehrere 100 Euro. Nach ein bis zwei Monaten zeichneten sich meine Lebenshaltungskosten bereits ab und je länger ich sie aufschrieb, desto klarer wurde das Bild. Ich weiß nun, dass ich einschließlich meiner privaten Krankenversicherung etwa 1.800 Euro zum Leben brauche.

Nachdem ich meine Kosten ermittelt hatte, konnte ich die Summe berechnen, die ich für meine finanzielle Freiheit benötigen würde. Nach einer Faustregel, die im Internet kursiert, kann man von einem Vermögen leben, das dem 25-Fachen der jährlichen Konsumausgaben entspricht. Meine Freiheitszahl ergab sich demnach aus der folgenden Formel: 1.800 Euro × 12 Monate × 25 Jahre = 540.000 Euro. Mit dieser Summe könnte ich frei sein.

Mit einem Mal fühlte sich das Ziel, von meinem Vermögen zu leben, nicht mehr völlig absurd an. Ich hatte seit mehr als zehn Jahren gut verdient, in fast jedem Monat etwas zurückgelegt und war der finanziellen Freiheit schon näher gekommen, als ich es für möglich gehalten hatte. Immer wieder rief ich den digitalen Taschenrechner auf und spielte mit den Variablen, um zu ergründen, wie sich meine Freiheitszahl verändern würde. Wie viel mehr würde ich ansparen müssen, wenn sich meine Lebenshaltungskosten erhöhten? Was würde es bedeuten, das 30-Fache meiner jährlichen Ausgaben zu sparen, anstatt des 25-Fachen – nur, um auf Nummer sicher zu gehen? Jedes Mal, wenn ich eine Variable änderte, ergab sich eine neue Summe, aber nie war sie so groß, dass sie mich überwältigte. Ich war der finanziellen Freiheit nah und konnte an nichts anderes mehr denken.

Meine neue Leidenschaft nahm mich so sehr in Anspruch, dass ich nur noch Finanzliteratur las, über Geld nachdachte und darüber das Interesse an meiner Arbeit verlor. Ich war von meiner eigenen Lustlosigkeit überrascht, denn als Blogger hatte ich den lässigsten Job, den ich mir vorstellen konnte. Ich schrieb, was ich wollte, wann ich es wollte und wo ich es wollte. Fast drei Jahre war ich als digitaler Nomade, nur mit einem Laptop ausgerüstet, um die Welt gereist und hatte unterwegs meinen Lebensunterhalt verdient. Dass ich anschließend wieder in Leipzig sesshaft geworden bin, war meine freie Entscheidung. Es gab keine Tretmühle, aus der ich hätte entkommen müssen. Wenn mir meine Arbeit nicht mehr gefiel, konnte ich jederzeit etwas anderes tun.

Trotzdem löste die Erkenntnis, nicht mehr bis ins hohe Alter arbeiten zu müssen, etwas in mir aus. Ich verlor schlagartig die Freude an meinem Job. Für das Blog *Healthy Habits*, das damals im Mittelpunkt meines Schaffens stand, schrieb ich nur noch einen guten Text – über finanzielle Freiheit. Darüber hinaus hatte ich nichts mehr zu erzählen. Vielleicht war ich doch kein Blogger aus Leidenschaft, sondern arbeitete, wie viele andere Menschen, nur, um zu leben. Und jetzt, da mir dieser Zweck abhanden zu kommen schien, fragte ich mich, weshalb ich noch arbeiten sollte. Nichts konnte mich an den Schreibtisch bewegen, um auch nur einen weiteren Text zu schreiben. Finanziell war ich zwar noch nicht frei, aber ich fühlte mich so, als wäre ich es. Für den Rest des Weges würde ich vielleicht eine Aufgabe finden, die mir sinnvoller erscheint, als zu bloggen. Bis auf Weiteres, entschied ich, würde ich meine Arbeit einstellen. Immerhin, es war Sommer. Die beste Zeit des Jahres, um all jene Dinge zu tun, die ich mir schon oft vorgenommen hatte.

Ich stellte mir vor, eine ehrenamtliche Tätigkeit aufzunehmen, einen Schrebergarten zu pachten, endlich Gitarre spielen zu lernen, meine Spanischkenntnisse in einem Sprachkurs aufzufrischen, meine kaum vorhandenen handwerklichen Fähigkeiten zu verbessern und mehr Zeit in der Natur zu verbringen. Jetzt wäre der ideale Zeitpunkt, um einiges davon in die Tat umzusetzen. Aber zunächst wollte ich mich mit meinen Finanzen auseinandersetzen, denn um finanziell frei zu werden, musste ich meine Ersparnisse klug investieren. Ich stöberte in deutschen und amerikanischen Blogs und vertiefte mich in der Finanzliteratur. Schon am frühen Morgen saß ich lesend im Wohnzimmer, lange bevor der Wecker meiner Freundin klingelte. Nachdem sie zur Arbeit gegangen war, las ich weiter.

Sobald ich genug gelernt hatte, kümmerte ich mich um den Haushalt. In der Küche schien immer ein Abwasch auf mich zu warten. Ich kehrte die Wohnung und goss die Kräuter auf meinem Balkon. An schönen Sommertagen ging ich im Park spazieren und pflückte manchmal wild wachsende Brombeeren am Wegesrand. Hin und wieder setzte ich mich in ein schönes Café, trank einen Cappuccino und las weiter. Wenn ich anschließend nach Hause kam, schaltete ich den Fernseher ein und schaute Netflixserien. In kurzer Zeit sah ich sechs Staffeln der mittelmäßigen Serie *White Collar*. Die besseren Sendungen hob ich auf, um sie mit meiner Freundin zu sehen, die weniger Zeit hatte als ich. Abends ging ich zum Sport oder kochte etwas für uns beide. Beim Abendessen sprachen wir über unseren Tag, obwohl ich nicht viel erlebt hatte. Trotzdem fühlte ich mich oftmals erschöpft, als lägen anstrengende Ereignisse hinter mir. Ich wusste nicht mehr, wie ich es früher geschafft hatte, Zeit und Energie für die Arbeit zu finden.

Nach einigen Wochen musste ich mir eingestehen, dass aus meinen Plänen nichts werden würde. Ich hatte nach Ehrenämtern im Internet gesucht, aber keine gefunden, die mich ausreichend interessiert hätten, um dort für längere Zeit mitzuwirken. Die Gitarre verkaufte ich bei eBay, nachdem ich eingesehen hatte, dass ich zwar gern ein Instrument spielen würde, es aber nicht lernen wollte. Auch meine Motivation, Spanisch zu pauken, war bei genauer Betrachtung nicht allzu groß. Und wenn ich es mir recht überlegte, würde ein Schrebergarten viel Arbeit machen und Verpflichtungen nach sich ziehen, die ich nicht einzugehen bereit war.

So vergingen die Tage und Wochen, ohne dass ich einen meiner Pläne umsetzte oder einen weiteren Text für meine Blogs schrieb. Die meisten Tage verliefen gleich: Ich las Bücher, dachte über Geld nach, machte den Haushalt, schaute Serien, trieb Sport und kochte das Abendessen. Am Anfang gefielen mir diese Routinen, doch nach zwei Monaten fühlte ich mich unproduktiv. An den Abenden fand ich es nicht mehr schön zu erzählen, wie ich den Tag verbracht hatte. Ich war nicht mehr stolz auf meine Freiheit, sondern peinlich berührt von meiner Faulheit, zumal ich mich nicht einmal wohl fühlte, sondern ausgelaugt und gelangweilt vom Nichtstun war. Ich musste mir eingestehen, dass ich zufriedener war, als ich noch jeden Tag arbeitete und nichts von finanzieller Freiheit wusste. War es das also, was die Anhänger des *Mr. Money Mustache* wollten, oder lag es an mir? War ich zu blöd, mit meiner Freiheit umzugehen?

Ich entschied, dass mir etwas weniger Freizeit guttun würde und ich eine neue Aufgabe brauchte. Ein Projekt, in das ich meine Fähigkeiten einbringen konnte und das mich ausreichend interessierte, um es bis zum Ende durchzuziehen. Ein Buch über finanzielle Freiheit zu schreiben, lag nahe. Eine Botschaft zu finden, die ich mit einem Buch transportieren wollte, fiel mir schon schwerer. Ich wollte keinen Ratgeber schreiben und auch kein Motivationsbuch, das behauptet, jeder könne finanziell frei werden, wenn er es nur wolle. Ich war mir nicht einmal mehr sicher, ob Menschen mit so viel Freiheit überhaupt umgehen könnten. Schließlich war mir schon nach wenigen Monaten langweilig geworden und ich hatte von anderen gelesen, denen eine neue Aufgabe auch gut zu Gesicht stehen würde.

Nachdem ich einige Wochen Ideen gewälzt hatte und Gedanken reifen ließ, aber immer noch nicht wusste, wohin ich mit diesem Buch wollte, entschloss ich mich dazu, einfach anzufangen. Ich schrieb eine Nachricht an Nico, einen zweifachen Familienvater, der sich vorgenommen hatte, mit Mitte vierzig in Frührente zu gehen. Über sein Blog *finanzglueck.de* war ich auf ihn aufmerksam geworden, und er war mir sympathisch. Nun bat ich ihn um ein Interview. Zu meiner Überraschung antwortete Nico innerhalb weniger Stunden: »Moin Patrick, können wir gerne machen. Was hältst du davon, am Mittwoch um 18:30 Uhr bei uns zum Abendessen vorbeizukommen?«

Ich sprang erregt von meinem Stuhl auf, stieß einen Jubelschrei aus, wie ich es zuletzt zu Agenturzeiten getan hatte, wenn ich einen wichtigen Kunden gewonnen hatte, und bestätigte kurzerhand den Termin. Wenige Tage später fuhr ich mit dem Zug nach Frankfurt am Main. Nicos Einladung war der Startschuss für dieses Buch, das aus Langeweile heraus entstand, sich aber mit jedem Gespräch mehr und mehr zu einer neuen Leidenschaft entwickelte.

Teil I

–

Auf dem Weg in die finanzielle Freiheit

NICO WILL NICHT MEHR MÜSSEN

»Ich wollte nie wie meine Eltern in einem Reihenhaus wohnen«, erzählt mir Nico mit einem norddeutschen Akzent, »aber es ist total schön.« Der 38-Jährige und seine Frau Meike* wohnen mit ihren zwei Kindern in einem Reihenhaus in Bad Vilbel, einer Kleinstadt bei Frankfurt am Main. Hier sitzen wir nun zu fünft auf ihrer Terrasse, essen von einem Auflauf, den Meike zubereitet hat, und trinken eine gekühlte Flasche Rosé.

Früher, als sie noch keine Familie waren, lebten Nico und Meike in London. Die britische Metropole bedeutete für sie Karrierechancen, zwei hohe Gehälter und ein aufregendes Leben. Vier- oder fünfmal in der Woche gingen sie nach der Arbeit aus, erzählt mir Nico, und ließen viel Geld in englischen Pubs. Beruflich sei er zudem häufig auch im Ausland gewesen: in Moskau, in Dubai, in den USA. »Damals fand ich es geil, viel unterwegs zu sein«, sagt er. Davon, eine Familie zu gründen, sprachen die beiden nicht. Es war nicht die Zeit dafür. In London tobten sie sich aus.

Als Meike zum ersten Mal schwanger war, schlossen sie mit ihrem Leben in der Weltstadt ab. Sie fanden, es sei nicht der richtige Ort, um ein Eigenheim zu kaufen und Kinder großzuziehen. Sie wollten zurück nach Deutschland, zu ihren Freunden und Familien. Nico blieb

---

* Jeder mit einem Sternchen versehene Name ist ein Pseudonym.

bei seinem Arbeitgeber, aber aus dem Apartment in London wurde das Reihenhaus in Bad Vilbel.

»Wir sind so spießig geworden«, sagt Nico und scheint es nicht zu bereuen. Die beiden mögen es, spießig zu sein, im Moment jedenfalls. »Jetzt finde ich es toll, bei Geschäftsreisen höchstens eine Nacht fort zu sein«, erklärt mir Nico. »Es ist mir viel lieber, morgens mit meiner Familie zu frühstücken, als in einer anderen Stadt aufzuwachen.«

An den Abenden ziehen Meike und er nicht mehr bis zur Sperrstunde durch die Kneipen, sondern bringen ihre Kinder ins Bett, lesen ihnen eine Geschichte vor und treffen sich anschließend mit den Nachbarn auf ein Glas Wein. Ihr neuer Freundeskreis bestehe überwiegend aus anderen Eltern, erzählt Nico, weil in der Nachbarschaft fast nur junge Familien lebten. Mit denen könne man sich gut über die Kinder und den Alltag austauschen. »Ich weiß nicht, was in zehn Jahren sein wird, aber momentan ist dieses Leben super«, sagt er mit einem zufriedenen Lächeln.

Nico liebt sein Leben und seine Familie und er mag seinen Job. Trotzdem möchte er ab seinem fünfundvierzigsten Geburtstag nicht mehr arbeiten müssen. Er will finanziell frei sein. Was er mit wesentlich mehr Freizeit anstellen würde, wisse er zwar nicht, sagt er, aber es gehe ihm allein darum, nicht mehr zu *müssen*. Aus Erfahrung wisse er, dass sich sowohl die Lebensumstände als auch die Vorstellung von einem guten Leben ändern könnten. Vielleicht wird ihm sein Beruf in einigen Jahren weniger Freude bereiten, so wie den älteren Kollegen, die schon zu lange im Unternehmen sind, aber nichts anderes finden oder nicht kündigen, weil sie es sich nicht leisten können. Bislang wechselt Nico innerhalb seines Unternehmens alle drei oder vier Jahre die Stelle, weil er eine neue Herausforderung braucht, und schützt sich so vor der Langeweile. Aber wer weiß, wie lange er das noch machen kann oder wie lange diese Veränderung bei ihm wirkt. Vielleicht wollen Nico und Meike in einigen Jahren aber auch anders wohnen, raus aus der Reihenhausidylle. Dann wäre es hinderlich, das Haus noch zwanzig Jahre abbezahlen zu müssen, so wie es viele

Eigenheimbesitzer tun. Womöglich wollen sie auch etwas ganz anderes. »Man weiß nicht, was einen glücklich macht«, sagt Nico. Man müsse sich ausprobieren, um es herauszufinden. Glück, sagt er, sei nicht statisch. Was ihn heute zufrieden stelle, mache ihn morgen vielleicht unglücklich. Er will nicht festgefahren sein, sondern sich für die schönen Dinge öffnen, die das Leben für ihn vorsieht, aber nicht erst im Rentenalter, sondern schon bald.

Nico strebt nach Freiheit, um beweglich zu bleiben und um Chancen nutzen zu können, die sich ihm bieten. Rückblickend, glaube ich, dasselbe getan zu haben. Ich hatte kein konkretes Ziel, als ich stets Geld für später zurücklegte, aber ich wusste, dass es mir Freiheiten ermöglichen würde, die ohne Ersparnisse undenkbar waren. Meinen Start-up-Job zu kündigen und eine Agentur zu gründen, kostete mich keine Überwindung, weil ich zeitweise auch ohne Einkommen überleben konnte. Vier Jahre später zog ich mich aus der Agentur zurück und machte eine Weltreise, weil ich die Rücklagen dafür hatte. Anschließend nahm ich mir Zeit, um Blogs aufzubauen, so wie ich mir jetzt Zeit für dieses Buch nehme. Ich kann es tun, weil ich die Freiheit dazu habe. Wir leben in einer Zeit, in der dies alles möglich ist. Wir dürfen uns die Freiheit nehmen, die wir wollen, müssen allerdings die richtigen finanziellen Entscheidungen treffen.

Nico und Meike sparen die Hälfte ihres Haushaltseinkommens. Sie fühlen sich privilegiert, dass sie so viel zurücklegen können, weil Nico viel Geld verdient. Eine Summe möchte er mir nicht nennen, aber ich bekomme eine Ahnung von der Größenordnung. Nico bleibt jedoch bescheiden. Sein Einkommen, sagt er, sei ein großer Vorteil auf dem Weg zur finanziellen Freiheit. »Wenn man hingegen nur 35.000 Euro im Jahr verdient, wird's schwer, weit vor dem Rentenalter finanziell frei zu werden.« Er wisse noch, wo er herkomme, ergänzt Nico und denkt dabei an seine alten Freunde in Bremen. »Wenn ich sehe, was die dort verdienen, da geben wir schon viel Geld aus«, sagt er. Die vierköpfige Familie lebt von 2.500 bis 3.000 Euro im Monat. Die Zinsen für den Hauskredit seien bereits eingerechnet, die Tilgung allerdings nicht, da diese in das eigene Vermögen fließe. Nico und Meike nennen mir diese Zahlen und signalisieren: »Siehst du, wir sind nicht sparsam.«

Die Menschen, die ich für dieses Buch traf, sind fast nie sparsam. Jedenfalls versichern sie mir das. Sie identifizieren sich nicht mit diesem Wort, das Verzicht impliziert. Deshalb habe ich mir angewöhnt, ihnen eine Alternative anzubieten. Ich frage sie, ob sie sich als genügsam bezeichnen. Dieses Wort bedeutet nämlich, mit wenig zufrieden zu sein, aber auf nichts zu verzichten. Nico und Meike allerdings finden nicht einmal diesen Begriff zutreffend. »Wir geben einfach normal viel Geld aus«, sagen sie.

Ich kaufe ihnen ihre Bescheidenheit ab. Sie glauben, angesichts ihres Haushaltseinkommens sei es keine besondere Leistung, die Hälfte davon zu sparen. Ich sehe das anders. Ich kenne genügend Menschen, deren Konto am Ende des Monats leer ist, unabhängig davon, wie viel Geld sie verdienen. Vermögen entsteht schließlich nicht, indem man viel Geld verdient, sondern indem man viel Geld behält. Die Zahl der Menschen, die nennenswerte Beträge behalten, ist meiner Erfahrung nach gering.

Seit ich dieses Buch schreibe, lese ich die Interviewserie »Kontoauszug« von ZEIT ONLINE. Dort veröffentlichen Menschen mit verschiedensten Berufen und Werdegängen ihr Einkommen und erzählen bereitwillig, wofür sie ihr Geld ausgeben. Viele von ihnen haben eines gemeinsam: Egal, wie viel Geld diese Menschen verdienen, am Ende des Monats bleibt nur wenig übrig, bei manchen gar nichts. Einige von ihnen verfügen über ein monatliches Nettoeinkommen von 1.500 Euro, andere über 3.000 Euro. Ersparnisse haben nur wenige. Darunter sind Menschen, die ein Auto abbezahlen, das sie längst nicht mehr besitzen, die als Single in einer viel zu großen Wohnung leben, die sich in jungen Jahren eine Putzkraft leisten, die fast jeden Tag in Restaurants essen gehen, die absurde Summen für Versicherungen ausgeben oder die sich regelmäßig teure Wochenendreisen leisten. Wenn etwas übrig bleibt, dann selten mehr als 10 oder 15 Prozent des Einkommens.

Der WSI-Verteilungsbericht der Hans-Böckler-Stiftung bestätigt meinen Eindruck. Demnach verfügen 30 Prozent der deutschen Haushalte über so wenig privates Vermögen, dass sie ohne laufendes Einkommen nur wenige Wochen oder Monate über die Runden kämen, selbst wenn sie ihr gesamtes Hab und Gut liquidierten.[1] Oftmals sind die Einkommen dieser Menschen so gering, dass sie nie in der Lage sein werden, viel zu sparen. Doch andere Daten weisen darauf hin, dass nicht nur sozial benachteiligte Schichten ein geringes Vermögen aufweisen. Der SchuldnerAtlas 2017 von Creditreform zeigt, dass die Überschuldung von Verbrauchern vor allem in der Mittelschicht ansteigt.[2] Es sind immer mehr Normal- und Gutverdiener, die sich mit ihren Konsumentscheidungen in den Ruin treiben.

Zwar sind überschuldete Haushalte Extremfälle, die mich für dieses Buch nicht interessieren, aber dieses Phänomen, dass in vielen Haushalten – unabhängig vom Einkommen – am Monatsende nichts übrig bleibt, fasziniert mich. Es hat einen Namen: Lifestyle-Inflation. Sie ist in jeder Konsumgesellschaft dieser Welt zu beobachten. Sobald das Einkommen von Menschen steigt, steigen auch ihre Konsumausgaben. Diese Inflation der Lebenshaltungskosten zeigt sich am besten in Lebensphasen, in denen die Einkommen der Menschen sprunghaft ansteigen, zum Beispiel nach der Ausbildung bzw. nach dem Studium. Auszubildende und Studierende leben für gewöhnlich bescheiden. Lehrjahre seien schließlich keine Herrenjahre, heißt es im Volksmund. Mit dem Berufsbeginn steigen jedoch die Einnahmen unmittelbar an und es dauert nicht lange, bis auch die Ausgaben steigen. Denn, obwohl viele Menschen ihr Studium rückblickend als die beste Zeit ihres Lebens bezeichnen, will niemand auf Dauer wie ein Student leben. Aus der Wohngemeinschaft wird die erste eigene Wohnung, aus dem Fahrrad wird ein Auto und aus dem Dönerbistro eine Tapas-Bar. Anfangs findet man noch toll, was man sich alles leisten kann, aber genauso schnell nutzt sich der neue Konsum ab.

Ausgaben, die vor Kurzem noch als Luxus galten, sind plötzlich zur Notwendigkeit geworden, und bald weiß man nicht mehr, wie man im Studium mit so wenig Geld auskommen konnte. Die Lifestyle-Inflation ist ein vollautomatisierter Prozess, über den wir nicht nachdenken. Ist mehr Geld da, geben wir mehr Geld aus. So einfach ist das. Schließlich gibt es weit mehr Produkte und Dienstleistungen zu kaufen, als wir uns leisten könnten, sodass wir immer das Gefühl haben werden, es fehle uns noch etwas. Und wenn es uns nur genug fehlt, kaufen wir es, ohne es uns leisten zu können.

Als ich im letzten Jahr bei der Post ein Paket abholte, fiel mir ein Plakat der Postbank auf. Dort bezeichnete sich das Unternehmen als »Meine-gönn-ich-mir-Bank« und stiftete seine Kunden zum Konsum an: »Erfüllen Sie sich Ihre Wünsche von 3.000 bis 50.000 Euro« stand auf dem Plakat geschrieben. Einen passenden Werbespot der Bank fand ich anschließend im Internet. In diesem Spot sitzen ein bärtiger Mann und ein niedlicher Hund auf dem Sofa und wippen zu harten Beats aus der Stereoanlage mit ihren Köpfen. Die Kernaussage: »Gönnen Sie sich doch mal eine Hifi-Anlage auf Kredit. Die Postbank schafft Abhilfe für alle Menschen, die sich ihre Wünsche nicht leisten können.« Wunderbar, dachte ich mir, aber nichts für mich. Ich gönn' mir lieber Freiheit!

Die meisten Menschen werden nie vermögend sein. Denn aufgrund der Lifestyle-Inflation wird sich ihre finanzielle Lage unabhängig vom Einkommen nie ändern. Was sich hingegen ändert, sind die Autos, die sie fahren, die Kleidung, die sie tragen und die Restaurants, in denen sie essen. Dieses Verhalten ist normal. Deshalb finde ich es so beachtlich, dass Nico und Meike die Hälfte ihres Haushaltseinkommens sparen, auch wenn sie privilegiert sind. Es ist eine Leistung, sich von dem abzuwenden, was normal ist. Was die beiden von anderen Besserverdienern unterscheidet, zeigt beispielsweise ihr Umgang mit dem Auto, dem, so sagt Nico, »größten Wohlstandsvernichter unserer Gesellschaft«.

Nico fährt gerne Auto. Eine seiner schönsten Erinnerungen ist ein Tag im englischen Silverstone, an dem er auf einer Rennstrecke verschiedene Porschemodelle fahren durfte. »Mir schießt jetzt noch das Adrenalin durch die Adern, wenn ich daran denke«, sagt er. Das Problem mit Autos sei nur, dass sie so verdammt teuer sind und der finanziellen Freiheit im Weg stehen. Deshalb ist Nicos Verhältnis zu Autos pragmatisch. Bis er vierunddreißig Jahre alt war, hatte er nie ein Auto besessen. Anfangs fuhr er das seiner Eltern, später nutzte er Carsharing-Angebote und für längere Ausflüge mietete er manchmal ein Fahrzeug. Vergnügt rechnet Nico mir vor, dass er allein durch den Verzicht auf ein eigenes Auto genügend Eigenkapital gespart hatte, um vor sieben Jahren den Kredit für zwei Eigentumswohnungen in Berlin finanzieren zu können. Anstatt sein Kapital zu vernichten, tragen diese Immobilien erheblich zu Nicos Vermögensaufbau bei.

Vor einigen Jahren kaufte er schließlich doch sein erstes Auto, weil Meike und er ein Kind erwarteten und es in der Nähe ihrer Siedlung kein Carsharing gibt. Allerdings sollte es nicht irgendein Auto sein, sondern das Fahrzeug mit dem besten Preis-Leistungs-Verhältnis. Er wollte den exakten Punkt treffen, an dem ein gebrauchtes Auto den größten Wertverlust bereits hinter sich hat, aber noch neu genug ist, um ohne aufwendige Reparaturen auszukommen. Mithilfe eines Freundes fand er einen damals sieben Jahre alten Ford Focus Kombi mit 75.000 Kilometern auf dem Tacho. »Nicht schön, aber effizient«, kommentiert er seine Familienkutsche, die er für 6.500 Euro in bar gekauft hat. Das sei immer noch viel Geld, sagt Nico. Aber unter seinen Kollegen fahre er das billigste Auto und im Gegensatz zu vielen anderen Menschen könne er sich sein Fahrzeug tatsächlich leisten. Wenn er damit ins Büro oder zum Kunden fährt, sei es manchmal komisch, seinen alten Ford neben den neuen Mercedes-, BMW- und Audi-Limousinen stehen zu sehen, erzählt er mir. Allerdings komme das selten vor. »Komisch« ist es, weil ein Auto für viele nicht nur ein Fortbewegungsmittel ist, das sie von A nach B bringt. Es ist mehr als das, nämlich ein Spielzeug, und allen voran ein Statussymbol: Sag mir, welches Auto du fährst, und ich sage dir, wo du in der Gesellschaft stehst! Nico verzichtet auf Status im Tausch für seine Freiheit.

Ich kann ihn gut verstehen, denn ich habe bislang nie ein Auto besessen. Vor vielen Jahren hätte ich mir beinahe ein gebrauchtes Fahrzeug gekauft. Es scheiterte daran, dass ich Angst hatte, von Gebrauchtwagenhändlern oder Privatverkäufern übers Ohr gehauen zu werden. Ein neues Auto zu kaufen, kam mir nie in den Sinn. Im Rückblick bin ich froh, dass ich das Auto nicht gekauft habe, denn ich brauche keines. Seit zwölf Jahren lebe ich in Leipzig, einer Stadt, die über ein dichtes Nahverkehrsnetz verfügt. Sie ist gleichzeitig klein genug, um die meisten Strecken mit dem Fahrrad zurücklegen zu können. Ein Auto würde mich in Leipzig nicht entlasten, sondern belasten. Ich müsste ständig nach Parkplätzen suchen und oftmals dafür bezahlen. Ließe ich das Fahrzeug länger an einem Ort stehen, würde ich mir womöglich Sorgen machen und nach dem Rechten sehen. Ich müsste es regelmäßig warten lassen und hin und wieder in die Waschanlage fahren. Das alles kostet Zeit, Geld und Nerven.

Allerdings, auch wenn ich keinen angesehenen Beruf habe, wie Nico, scheint es manchmal, als würde mein Status darunter leiden, dass ich kein Auto besitze. Wenn ich mit meiner Freundin mit dem Zug in den Winterurlaub fahre oder mit dem Bus zu meiner Familie nach Berlin, befürchte ich, mich erklären zu müssen. Halten meine Verwandten mich für einen Geizkragen oder, schlimmer noch, für einen mittellosen Blogger, der sich nicht einmal ein Auto leisten kann? Manchmal stelle ich mir diese Fragen, aber letztendlich stehe ich über den Zweifeln. Schließlich weiß ich, dass der Status vieler Menschen nur vorgetäuscht ist. Die meisten neu zugelassenen Fahrzeuge gehören nicht ihren Besitzern, denn sie sind mit einem Kredit finanziert. Etwa 64 Prozent aller Neuwagen sind im Jahr 2017 vollständig oder teilweise finanziert worden, zeigt der DAT-Report 2018.[3] Rund 17 Prozent aller neuen Fahrzeuge sind geleast. Das heißt, nur 19 Prozent aller privaten Neuwagenkäufer konnten sich die 30.350 Euro leisten, die ein Neuwagen durchschnittlich kostet. Alle anderen müssen ihr Fahrzeug erst noch erarbeiten und bezahlen es später.

Noch wichtiger als der Kaufpreis ist, was ein Fahrzeug unter Berücksichtigung von Abschreibung bzw. Leasinggebühren, Kraftstoff, Wartung, Versicherung und Steuer monatlich kostet. Ein Freund von mir gibt für sein Auto jeden Monat fast so viel Geld aus, wie ich für meinen gesamten privaten Konsum benötige. Etwas weniger extrem sind die durchschnittlichen Kosten von etwa 500 Euro im Monat für einen Mittelklasse-Neuwagen. Immer noch viel Geld. Nico, der den Kaufpreis optimiert hat, gibt die Unterhaltskosten für seine Familienkutsche mit 266 Euro pro Monat an, einschließlich der Abschreibung des Kaufpreises.

Dass Nico und Meike vergleichsweise wenig Geld für ihr Auto ausgeben, liegt auch daran, dass sie es kaum benutzen. Beide fahren lieber mit dem Fahrrad. Nico sagt, Radfahren sei seine liebste Art, Geld zu sparen. Jeden Morgen fährt er mit seinem Drahtesel, den er gebraucht für 200 Euro gekauft hat, 11 Kilometer zur Arbeit. Er lässt sich Zeit, um nicht ins Schwitzen zu geraten. Anschließend wechselt er im Büro seine Hose. Erst auf dem Rückweg tritt er heftiger in die Pedale, um sich nach einem Tag am Schreibtisch auch körperlich zu verausgaben. Die frische Luft und die Bewegung täten ihm gut, erzählt er mir. Auf dem Rad kämen ihm die besten Ideen und nach einer halben Stunde sei er geistig erholt und ganz für seine Familie da. »Meine Frau und meine Kinder kennen mich fast nur gut gelaunt, wenn ich am Abend nach meiner Radtour von der Arbeit nach Hause komme. Dann wird gelacht und zusammen gespielt. Das ist Balsam für die Beziehung«, sagt er.

Ein harmonisches Familienleben hat für die beiden Priorität. Was früher die Kneipentour in London war, ist heute die Idylle im Reihenhaus.

»Wäre das nicht auch was für mich?«, frage ich mich an jenem Abend, als wir zusammen auf der Terrasse sitzen und nach dem

Essen noch den Wein trinken. Ich bekomme ein Gespür für ihr Familienleben, als Meike und Nico zusammen ihre zweijährige Tochter ins Bett bringen und mir derweil ihren vierjährigen Sohn anvertrauen. Sie setzen ihn mir auf den Schoß und drücken mir ein Kinderbuch in die Hand. Ob ich ihm vielleicht daraus vorlesen könne, fragen sie mich. So sitzen wir beide da, der Vierjährige und ich, und ich lese Geschichten vor, die er längst auswendig kennt.

Als ich ein paar Tage später wieder zu Hause bin, schreibe ich an Nico: »Hat mir Spaß gemacht, ihm vorzulesen. So einen Sohnemann könnte ich mir auch vorstellen.« Die Antwort kommt prompt und mit einem belustigten Augenzwinkern: »Sei vorsichtig, was du dir wünschst. Der Kleine ist nicht immer so niedlich. Heute hat er wieder sein wahres Gesicht gezeigt.«

Manchmal ist es gut, wieder auf den Teppich geholt zu werden, denke ich mir. Das gibt mir den Freiraum, die wirklich wichtigen Fragen zu stellen: »Sind Kinder nicht zu teuer, um finanziell frei zu werden?« Im Internet ist dies der häufigste Einwand gegenüber jungen Menschen, die von finanzieller Freiheit träumen. Desillusionierte Eltern kommentieren, man solle erst mal Kinder bekommen, dann würden sich solche Träume von selbst erledigen. Kinder kosteten schließlich ein Vermögen. Aus Erfahrung kann ich nicht sprechen, doch ich habe dieses Argument so oft gehört, dass ich es glauben muss. Nico hingegen sieht das anders. Er zückt sein digitales Haushaltsbuch, in dem er alle Ausgaben fein säuberlich dokumentiert hat, und rechnet mir vor, was ein Baby im ersten Jahr kostet: 1.925 Euro. So viel Geld haben Nico und Meike für ihr erstes Kind ausgegeben. Auf den Monat gerechnet sind das 160 Euro und damit weniger als das staatliche Kindergeld, das damals 184 Euro betrug und seitdem erhöht wurde. Nicos Rechnung enthält die Erstausstattung einschließlich Kinderwagen, Kinderbett, Kindersitz fürs Auto, Kleidung, Windeln, Spielsachen, Nahrung, Kleinkram aus der Apotheke sowie Kurse und Untersuchungen. Der Kinderwagen und ein Reisebett waren Geschenke von der Verwandtschaft. Deren Wunsch, etwas beizusteuern, müsse man nur moderieren, um nützliche Dinge zu erhalten, erzählt mir Meike. So könne man viel Geld sparen. Alle anderen Dinge kauften sie selbst, allerdings kaum Neuware. Sie erkundigten sich im Freundeskreis, ob jemand etwas abzugeben hätte, und kauften ihren Freunden und Bekannten deren gebrauchte Ausstattung ab. Was auf diese Weise nicht zu bekommen war, erwarben Nico und Meike bei eBay, auf Kinderbasaren und Kinderflohmärkten.

Für viele Eltern ist es unvorstellbar, gebrauchte Sachen für ihr Baby zu kaufen. Schließlich wollen sie für ihr Kind nur das Beste! Doch seinem Sohn sei es im ersten Jahr egal gewesen, ob das Kinderzimmer mit gebrauchten Möbeln eingerichtet oder das Spielzeug schon mal verwendet worden war, erklärt mir Nico. Im Zweifel spiele der Kleine sowieso lieber mit dem Süßstoffspender. Er sei ihm in dieser Hinsicht ein Vorbild, denn der Knirps mache sich nichts aus Konsum. Die einfachsten Dinge machten ihn glücklich: gemeinsam spielen, Geschichten vorlesen und kuscheln. Wäre das Spielzeug teurer, wäre der Junge auch nicht glücklicher, glaubt Nico. Wie viel ein Kind im ersten Jahr kostet, sei deshalb in erster Linie eine Entscheidung der Eltern, denn sie seien es, die das Geld ausgeben, nicht die Babys. Allerdings, das räumt Nico ein, verursache der Nachwuchs auch indirekte Kosten. Das Auto beispielsweise haben sie nur aufgrund ihrer Kinder angeschafft und auch ins Reihenhaus zogen die beiden für den Nachwuchs. Hätten sie keine Kinder, würden sie weiterhin in einer kleinen Wohnung in der Stadt leben, wenn auch zu einer höheren Miete pro Quadratmeter.

An anderer Stelle spart die junge Familie Geld ein, weil sie aufgrund der Kinder kaum noch ins Restaurant geht. Auch Kino- und Theaterbesuche sowie Kneipentouren sind selten geworden. Urlaubsreisen sind jetzt preiswerter, da sie als Familie nicht mehr um die Welt fliegen, sondern innerhalb Deutschlands bleiben oder nur zu den Großeltern fahren. Im Großen und Ganzen würden sich die indirekten Kosten und die Einsparungen in etwa aufheben, erzählt Nico. Dennoch sei Sohnemanns erstes Lebensjahr finanziell nicht spurlos an der Familie vorbeigegangen, denn der Sprössling riss ein Loch in das Familieneinkommen. Das Elterngeld glich Meikes früheres Gehalt nicht aus und auch Nico nahm eine Auszeit fürs erste Kind, deshalb reduzierte sich auch sein Einkommen. Die größte Belastung im ersten Lebensjahr seien deshalb nicht die Ausgaben, erklärt Nico, sondern die geringeren Einnahmen.

Ab dem zweiten Lebensjahr wird es etwas undurchsichtiger, was ein Kind kostet. Zwar stiegen die direkten Kosten nicht weiter an, da sie keine größeren Anschaffungen mehr benötigten oder sie die Dinge anderen Eltern günstig abkaufen konnten, erklärt mir Nico. Doch wenn man sein Kind in die Betreuung gebe, könne es je nach Kommune teuer werden. Für den Kitaplatz des Erstgeborenen zahlte die Familie bis zum dritten Lebensjahr 440 Euro im Monat. Danach deutlich weniger. Jetzt, da der Junge vier Jahre alt ist und die Tochter zwei Jahre, beziffert Nico die direkte finanzielle Belastung durch die Kinder nach Verrechnung des Kindergeldes mit etwa 100 Euro pro Monat und Kind.

Kinder werden also immer Geld kosten und je älter sie werden, desto teurer werden sie, aber sich Nachwuchs zu leisten, muss lange nicht so teuer sein, wie manche Eltern glauben. Wie bei anderen Konsumentscheidungen auch komme es darauf an, sich nicht jeden Mist aufschwatzen zu lassen und klug einzukaufen, so Nico. Ohne Kinder wäre es leichter für ihn, finanziell frei zu werden, sagt er, doch sein Nachwuchs stünde dem Ziel nicht im Weg. Finanzielle Freiheit und Kinder, beides seien Lifestyle-Entscheidungen, die einander nicht ausschlössen, aber ausbalanciert werden müssten. Kinder, sagt Nico, könnten sogar von Eltern profitieren, die keine finanziellen Sorgen haben und nicht um jeden Preis arbeiten müssen. »Diese Freiheit wird auch den Kleinen zugutekommen.«

Wie genau diese Freiheit aussehen wird, das weiß der Familienvater noch nicht. In sechs Jahren, so lautet Nicos Ziel, möchte er nicht mehr arbeiten müssen. Die Lebenshaltungskosten der Familie sollen aus den

Mieteinnahmen der beiden Eigentumswohnungen in Berlin sowie aus den Dividenden und Kurssteigerungen eines Wertpapierdepots bestritten werden. In ihrem Reihenhaus könnten sie mietfrei leben, vielleicht verkaufen sie es aber auch, investieren das Geld und wohnen wieder zur Miete.

Nico hat keinen in Stein gemeißelten Plan. Ein wenig bezweifelt er sogar, in Zukunft darauf zu vertrauen, dass sein Vermögen die Familie ernährt. Schließlich könne jede noch so gute Kalkulation hinfällig werden, wenn jemand in der Familie erkrankt oder einen Unfall erleidet. Sollte ihm in den nächsten Jahren etwas zustoßen, könnte Meike das Haus nicht halten. Sie müsste umziehen, sich allein um die Kinder kümmern und ihren Lebensstandard senken. Schon deshalb gehen die beiden davon aus, auch dann noch Geld zu verdienen, wenn sie es nicht mehr müssten. Meike sowieso. Auf meine Frage, ob sie sich auf die finanzielle Freiheit freue, erzählt sie mir, dass das eigentlich Nicos Traum sei. Sie unterstütze seine Vision, möchte aber in jedem Fall weiterarbeiten. Auch Nico glaubt, dass er die Arbeit nicht völlig aufgeben wird. Einerseits, um seine Zeit sinnvoll zu füllen, aber auch, um einen zusätzlichen finanziellen Puffer aufzubauen. Am liebsten wäre es ihm, viele verschiedene Einkommensquellen zu haben.

Es ist ein wenig paradox: Nico möchte sich von dem Druck befreien, arbeiten zu *müssen,* wird sich aber nur dann wirklich unabhängig fühlen, wenn er weiterhin Geld verdient. Sein Ziel, mit fünfundvierzig Jahren finanziell frei zu sein, verstehe ich deshalb als etwas, auf das er sich freuen kann. Gleichzeitig ist es für ihn kein Datum, an dem sein Leben auf den Kopf gestellt wird. Stattdessen geht er davon aus, dass er sich schon in den kommenden Jahren zunehmend freier fühlen wird. Je höher die Rücklagen ansteigen, desto größer wird das Sicherheitsnetz. Gleichzeitig sei das Ersparte ein Sprungbrett, erzählt er mir. Je größer sein Vermögen sei, desto günstiger werde seine Verhandlungsposition gegenüber seinem Arbeitgeber, entweder für ein besseres Gehalt oder für mehr Freizeit. »Vielleicht«, sagt er, »kann ich meine Wünsche durchsetzen, wenn ich endgültig keine Angst mehr haben muss, gekündigt zu werden.« Womöglich werde er in Zukunft aber auch eine selbständige Karriere ausprobieren, die ihm mehr Freiheit sowie eine höhere Identifikation mit der Arbeit verspreche.

Schon jetzt verbringen Nico und Meike dank ihrer Ersparnisse mehr Zeit mit ihren Kindern, als andere Eltern es können. Meike blieb über das erste Jahr der Elternzeit hinaus noch eine Weile zu Hause. Auch Nico findet die Elternzeit eine großartige Idee und nahm nach der Geburt beider Kinder jeweils einen Monat und nach deren erstem Geburtstag zwei Monate frei. So genoss er von 2014 bis 2017 jedes Jahr mindestens einen zusätzlichen freien Monat. Im Durchschnitt musste er nur 190 bis 200 Tage im Jahr arbeiten, rechnet er mir vor. Sich diese Freiheit nehmen zu können, war schon damals ein weiterer Anreiz, Kapital anzusparen. Während einer dieser Auszeiten beschloss er endgültig, finanziell frei werden zu wollen. Er will nun mehr davon, mehr von dieser Freiheit.

Als die Sonne an jenem Abend längst untergegangen ist, wir das Abendessen verzehrt und den Wein ausgetrunken haben, bin ich glückselig. Erstmals seit ich die finanzielle Freiheit für mich entdeckt hatte, habe ich mit Menschen gesprochen, die wissen, was seit Monaten in mir vorgeht. Ich fühle mich verstanden. Am Ende fährt Nico mich in seiner Familienkutsche zum Bahnhof. Wir reden noch ein bisschen, weil der Abend uns beiden Spaß gemacht hat, bis mein Zug kommt. Ich spüre, dass der Anfang für mein Buch gemacht ist, und als ich aus Bad Vilbel ausfahre, weiß ich schon, mit wem ich als Nächstes sprechen werde. Nico räumte während unseres Gesprächs ein, dass es mit einem Einkommen von 35.000 Euro im Jahr ungleich schwerer sei, finanziell frei zu werden. Das leuchtet mir ein, aber ich möchte wissen, ob es dennoch möglich ist. Deshalb fahre ich bald nach Hannover.

OLIVER SPART EIN VERMÖGEN

Die Ironie erkenne ich erst, als ich am Kröpcke stehe, einem sternförmigen Platz in der Innenstadt von Hannover. Tausende Menschen wuseln durch die Filialen von Peek & Cloppenburg, Karstadt und Deichmann. Auch der Apple Store ist gut besucht. Ausgerechnet hier bin ich mit Oliver verabredet. Er ist der Einzige, den es nicht stört, wenn ich ihn sparsam nenne. Im Gegenteil, möglichst wenig zu konsumieren, entspricht ausdrücklich Olivers Philosophie.

Während ich mich noch über die Ironie unseres Treffpunktes amüsiere, rollt Oliver entspannt auf einem grünen Hollandrad heran. Mit einem Skateboard auf dem Rücken, das er am Rucksack befestigt hat, wirkt er wie ein Student, der die Vorlesung schwänzt, um den sonnigen Nachmittag im Skatepark zu verbringen. Er trägt ein weites, ausgeblichenes Nike-T-Shirt, hat zottelige Haare und ein Ziegenbärtchen.

Genügsam war der Hannoveraner schon immer, doch heute bezeichnet er sich als Frugalist – als jemand, der mit bescheidenen Mitteln zufrieden lebt. Sein frugales Leben begann vor fünf Jahren, als Oliver noch studierte. Damals hatte er mit Nebenjobs bereits 13.000 Euro angespart und er war bereit, das Geld auszugeben. »Ich habe mir früher gern Dinge gekauft, um mir das Leben zu erleichtern oder um etwas Neues zu haben«, erzählt er mir. Im Internet verglich er Preise für die neueste Computertechnik, in der Stadt bummelte er durch die Geschäfte und suchte nach Klamotten, in denen er gut aussah.

»Ich war voll auf Lifestyle-Inflation gepolt«, sagt er. Seine Ersparnisse hatte er für die Zeit nach dem Studium eingeplant. Er würde ein Auto brauchen, neue Möbel für eine eigene Wohnung, einen großen Fernseher und ein besseres Smartphone. »Wenn man erwachsen ist«, dachte Oliver damals, »braucht man diese Dinge.« Er kalkulierte, dass er dafür 15.000 Euro benötigen würde. Alles, was er bis zu seinem Masterabschluss über diese Summe hinaus ansparen würde, wollte er verbraten.

Dass er seine Ersparnisse dennoch nie verjubelte, schreibt Oliver seinem damaligen Mitbewohner zu. Dieser war im Internet auf ein Blog gestoßen, das ihn völlig aus der Fassung zu bringen schien. Jeden Tag lag er Oliver mit *Mr. Money Mustache* in den Ohren, dem kanadischen Blogger, der mit dreißig Jahren in den Ruhestand gegangen war. Es ist die gleiche Website, die im vergangenen Jahr auch mich in den Bann gezogen hatte. Wenn Oliver mit seinen Einkäufen aus dem Supermarkt nach Hause kam, belehrte ihn sein Mitbewohner, was *Mr. Money Mustache* von derart verschwenderischem Konsum halten würde. »Das ist doch Quatsch«, entgegnete Oliver damals. »Niemand kann mit dreißig Jahren in Rente gehen.« Neugierig machten ihn die Erzählungen seines Mitbewohners trotzdem. Eines Tages rief er im Internet das Blog auf und begann zu lesen.

»Von einem Moment auf den anderen hatte sich mein Leben verändert«, sagt er. Mit einem Mal hatte Oliver ein neues Ziel gefunden, auf das er sich für die Zeit nach seinem Masterabschluss freute: Er wollte finanziell frei werden. Bis dahin hatte ihn der Ausblick auf ein vierzig Jahre währendes Arbeitsleben nicht eben mit Vorfreude erfüllt. Aber nun sah er einen Ausweg. Von Autos, Möbeln und einem großen Fernseher wollte Oliver nichts mehr wissen. Stattdessen sollten seine damaligen Ersparnisse erst der Anfang sein. Er nahm sich vor, ein Haushaltsbuch zu führen, jede Ausgabe zu hinterfragen und rigoros zu sparen. Zum Ende seines Studiums, zwei Jahre später, besaß er bereits ein Vermögen von 30.000 Euro. Oliver erzählt mir, es sei ein großes Glück gewesen, schon als Student auf die finanzielle

Freiheit gestoßen zu sein. Denn so konnte er nach dem Berufseinstieg, wenn die meisten Menschen ihre Ausgaben erhöhen, die Lifestyle-Inflation bewusst vermeiden. Anstatt sich ein Auto zu leisten, in eine eigene Wohnung zu ziehen und alle zwei Jahre ein neues Smartphone zu kaufen, lebte er weiter wie ein Student.

Heute ist Oliver neunundzwanzig Jahre alt, hat drei Jahre Berufserfahrung als Softwareentwickler und lebt von rund 800 Euro im Monat. Etwa 70 Prozent seines Nettoeinkommens legt er auf die hohe Kante. Spätestens bis zu seinem vierzigsten Geburtstag möchte er genug Geld gespart haben, um den Lebensunterhalt allein aus seinem Vermögen zu bestreiten. Für diese Zeit kalkuliert er mit Ausgaben von 1.400 Euro, also weit mehr, als er heute ausgibt. Wenn er nicht mehr arbeitet, erklärt er mir, müsse er seine Krankenversicherung selbst bezahlen, vielleicht werde er dann Kinder haben und ein bisschen Lifestyle-Inflation habe er auch eingeplant. Deshalb rechne er mit höheren Ausgaben, als er sie heute hat.

»Mit 40 in Rente« – gibt man diese Worte in die Google-Suchmaske ein, stößt man auf Zeitungsberichte und Fernsehbeiträge über Oliver, denn sein Ziel begeistert die Journalisten und ein prägnanter Titel verspricht viele Klicks. Für manche Leser mag eine Geschichte über den Hannoveraner ähnlich inspirierend sein wie die Texte von *Mr. Money Mustache*. Andere hingegen reagieren mit Kritik. Sie begreifen nicht, weshalb ein junger Mensch, der bisher kaum Berufserfahrung hat, schon vom Ausstieg träumt. Sie kommentieren, er habe vielleicht den falschen Job gewählt.

Ich verstehe die Kritik, denn als ich fünfundzwanzig Jahre alt war, habe ich mich nicht gefragt, wann ich mich endlich zur Ruhe setzen kann. Ich war voller Tatendrang, wollte richtig ranklotzen und wenn mir eine Arbeit nicht gefallen hat, habe ich etwas anderes gemacht. Allerdings, hätte ich damals schon von finanzieller Freiheit gelesen, vielleicht wäre ich den gleichen Weg gegangen wie Oliver. Für diese Vermutung spricht, dass ich mich jetzt so sehr von diesem Thema einnehmen lasse, obwohl ich in meiner Arbeit sehr frei bin. Deshalb glaube ich nicht, dass Oliver, Nico oder auch ich einfach nur im falschen Job stecken.

Oliver hält die Kritik, man solle lieber den Arbeitgeber wechseln, anstatt von der Rente zu träumen, für Schwarz-Weiß-Denken. Man tue so, als gebe es nur gute oder schlechte Jobs, und entweder sei man glücklich mit seiner Arbeit oder nicht. »Sicher«, sagt er, »es gibt Menschen, die ihren Job hassen.« Die sollten etwas gegen ihre Unzufriedenheit tun. Allerdings gebe es auch Menschen wie ihn, die mit ihrer Arbeit zufrieden seien, aber dennoch nicht einen großen Teil ihres Lebens vom Beruf einnehmen lassen wollen. Seinem Vorgesetzten erklärte Oliver einst, dass er sich sein Leben als Torte vorstelle. Die Arbeit symbolisiere ein Stück dieser Torte, die Beziehung mit seiner Freundin Joana ein zweites und sein Hobby Skaten ein drittes. Darüber hinaus gebe es weitere Aspekte seines Lebens, die alle auf seiner Torte Platz finden sollten. Die Stückchen müssten nicht alle gleich groß sein, sagt Oliver. »Aber bei einem Vollzeitjob nimmt die Arbeit zu viel Platz ein. Sie verdrängt die anderen Bereiche meines Lebens.« Das gefalle ihm nicht, erklärte er seinem Chef. Sein Ziel sei es, über die Größe jedes Tortenstücks frei bestimmen zu können und die Aufteilung regelmäßig zu verändern. Das gelinge am besten, wenn man kein Arbeitseinkommen mehr brauche.

»Geld spielt nun einmal eine große Rolle in unserem Leben«, sagt er. Das akzeptiere er und deshalb sei es für ihn erstrebenswert, ausreichend Ersparnisse aufzubauen. »Es geht mir nicht darum, von Geld möglichst viel kaufen zu können.« Stattdessen, ergänzt er, möchte er in Zukunft Entscheidungen treffen können, ohne über Geld nachdenken zu müssen. Ob er seinen Job liebe oder hasse, sei für dieses Ziel irrelevant. Zufriedenheit sei ohnehin nur eine Momentaufnahme. »Selbst wenn ich meinen Beruf heute liebe, weiß ich nicht, ob ich das in fünf Jahren noch tue, wenn ich vielleicht eine Familie gegründet und neue Prioritäten formuliert haben werde«, sagt er. Oliver schließt auch nicht aus, das Interesse an Softwareentwicklung zu verlieren, wenn er älter ist. Wäre er dann auf ein Arbeitseinkommen angewiesen, könnte das zum Problem werden. Deshalb sei finanzielle Freiheit für ihn so wichtig, sagt er. Er möchte in Zukunft frei über sein Leben bestimmen können. Sparsam zu leben, sei im Vergleich dazu nur ein kleines Opfer.

Während Oliver weiterhin wie ein Student lebt, obwohl er längst nicht mehr studiert, verändert sich sein Umfeld. Manche seiner Freunde kaufen Autos auf Kredit oder ziehen in größere Wohnungen, die sie mit ihrem Krempel vollstellen. »Wir müssen uns langsam mal vergrößern«, heißt es dann, bevor sie in eine noch größere Wohnung ziehen oder ein Einfamilienhaus kaufen. Oliver glaubt, die Größe eines Hauses orientiere sich oftmals nicht am Bedarf, sondern am finanziellen Spielraum. Je größer die Finanzierung von der Bank, desto größer das Eigenheim. Dahinter stehe die Annahme, dass mehr Wohnfläche zu einer gesteigerten Lebenszufriedenheit führe, erzählt mir Oliver. Er bezweifle allerdings, dass Menschen in größeren Häusern glücklicher seien. Für ihn seien andere Kriterien bei der Entscheidung für eine Unterkunft wichtig: die Nähe zum Arbeitsplatz sowie zur Familie und zu Freunden, nette Nachbarn, Ruhe und das Freizeitangebot in der Umgebung. Am meisten hänge die Lebenszufriedenheit aber davon ab, mit wem man zusammenwohne. »Wenn meine Kriterien erfüllt sind«, sagt er, »tragen Wohnkomfort und Größe nicht weiter zu meiner Zufriedenheit bei.« Im Gegenteil, mehr Fläche und eine bessere Ausstattung seien unverhältnismäßig teuer und würden den Weg zur finanziellen Freiheit nur unnötig erschweren. »Meine Maxime lautet deshalb: so klein wie möglich.«

Auf seiner Website *frugalisten.de* rechnet Oliver vor, dass ein Single mit 30 Quadratmetern gut zurechtkommen sollte und ein Pärchen nicht mehr als 42 Quadratmeter bräuchte. Allerdings liegen diese Werte weit unter der Realität in der Bundesrepublik Deutschland. Die Wohnfläche pro Kopf steigt von Jahr zu Jahr an. Lag sie 1990 noch bei

34,8 Quadratmetern, betrug sie im Jahr 2016 schon 46,5 Quadratmeter.[4] Ein Grund dafür sind die zunehmenden Singlehaushalte, ein anderer sind die gestiegenen Erwartungen der Mieter. Die meisten Menschen steigern ihren Anspruch an die Wohnfläche im Verlauf ihres Lebens. Minderjährige beanspruchen im Durchschnitt 30 Quadratmeter. Mit der Volljährigkeit steigt die Zahl sprunghaft an, da junge Menschen ihr Elternhaus verlassen, vielleicht erst in eine Wohngemeinschaft ziehen und anschließend in eine eigene Wohnung. Diese Wohnungen werden später immer größer, trotzdem stagniert die Wohnfläche pro Kopf zwischen Mitte zwanzig und Mitte vierzig, da sich mehrere Familienmitglieder eine Wohnung teilen. Anschließend steigt die Fläche pro Kopf wieder an, da die junge Generation den Haushalt verlässt. Die Alten bleiben dann oft in viel zu großen Häusern wohnen. So verfügen 65-Jährige im Durchschnitt über 55 Quadratmeter Wohnfläche pro Kopf.[5]

Oliver will diese Wohnflächeninflation nicht mitmachen. Vor einigen Monaten bezog er mit Joana eine neue Wohnung und blieb seiner Rechnung treu. Das Pärchen lebt nun in einer Zweizimmerwohnung auf 46 Quadratmetern. Für die kleine Wohnung in Hannover bezahlen sie 470 Euro. Olivers Anteil an der Miete beträgt etwa 10 Prozent seines Nettoeinkommens. Damit liegt er weit unter dem Durchschnitt: Deutsche Haushalte geben etwa 35 Prozent ihres Haushaltseinkommens fürs Wohnen aus.[6] Allein dadurch kann Oliver weit mehr von seinem Gehalt sparen als andere Menschen. Noch nicht eingerechnet sind Ersparnisse durch weniger Möbel, weniger Instandhaltung und billigere Umzüge. Für die Einrichtung ihrer neuen Wohnung gaben Oliver und Joana jeweils nur 500 Euro aus, weil sie fast alles bei eBay und über Kleinanzeigen kauften.

Marktplätze wie eBay sind Olivers erste Anlaufstelle, wenn er etwas kaufen muss. Ja, wenn er *muss*. Denn er *will* eigentlich nie. Er kauft nichts aus Langeweile, Frust oder als Statussymbol, sondern nur, weil er es wirklich benötigt. Als er einen Laptop brauchte, um im

Home Office zu arbeiten, kaufte er kein neues MacBook – wie ich –, sondern ein gebrauchtes Thinkpad für 200 Euro, das er mit einem internen Speicher für 30 Euro und einer besseren Festplatte für 40 Euro aufrüstete. Das Gerät nennt er liebevoll sein »FrugalBook«.

Oliver behält die Dinge nur so lange, wie er sie braucht. Er begreift eBay nicht als Kaufhaus, sondern als eine Art Warenlager, aus dem man sich etwas ausleiht und es anschließend wieder zurücklegt. Oftmals »leiht« er die Gegenstände kostenlos, wie das Tandem, das er bei eBay kaufte. Joana und er fuhren damit im Urlaub 190 Kilometer. Anschließend verkaufte er das Fahrrad für den gleichen Preis weiter. Das hätte den Vorteil, sagt er, dass man sich um diese Dinge nicht kümmern müsse. Man brauche sie nicht instand zu halten, nicht zu lagern, nicht zu reparieren, auch den Wertverlust müsse man nicht selbst tragen. Außerdem sei es nachhaltiger, einen Gegenstand von vielen Menschen nutzen zu lassen, als ihn in den Keller zu stellen und einmal im Jahr zu verwenden. Selbst Dinge, die er vielleicht noch mal gebrauchen könnte, gibt Oliver zurück in das virtuelle Warenlager. Wenn er etwas benötigt, kauft er es noch einmal.

Jede Menge Geld spart Oliver dadurch, dass er vieles selbst macht, wofür andere Geld ausgeben. »Die meisten Menschen werfen einfach Geld auf ihre Probleme und hoffen, dass sie dadurch verschwinden«, sagt er. Er meint damit die Reinigungskraft, die das Haus säubern soll, und den Gärtner, der den Rasen mäht. Aber auch den Lieferdienst, der das Essen bringt, den Heimtrainer, der das Fett schmelzen lassen soll, oder den Staubsaugerroboter, der leise über den Fußboden surrt. Oliver versucht, seine Probleme zu lösen, ohne dafür Geld auszugeben. Als er in einem früheren Job täglich 27 Kilometer mit dem Fahrrad zur Arbeit fuhr – ein Auto besitzt Oliver nicht –, steckten innerhalb von drei Monaten zehnmal Dornen in seinem Fahrradschlauch. Die meisten Menschen hätten ihr Fahrrad in einer Werkstatt reparieren lassen und sich spätestens nach dem dritten Platten einen Marathonreifen gekauft, der kaum zu zerstören ist. Da schließe ich mich ein. Der Frugalist in Oliver wollte diese Pannen jedoch nicht auf sich sitzen lassen. Er flickte den Fahrradschlauch selbst, auch wenn es ihn anfangs den ganzen Abend kostete. Er identifizierte die dornigen Stellen auf seinem Arbeitsweg und trug sein Fahrrad darüber hinweg oder beseitigte die Dornen. Etliche Male musste er den Reifen flicken. Er erzählt mir, dass es ihn zeitweise selbst nervte. »Aber«, sagt er, »für mich ist das ein Teil dieser Lebensweise, sich bewusst der Unbequemlichkeit zu stellen und daran zu wachsen.« Nach einigen Versuchen brauchte er weniger als 20 Minuten, um das Rad auszubauen, den Schlauch zu flicken und das Fahrrad wieder fahrtüchtig zu machen. Er hatte eine neue Fähigkeit gewonnen, anstatt sich von einem Dienstleister abhängig zu machen und diesen zu bezahlen.

Seine Kritiker wenden ein, es sei sinnvoller, für die Reparatur 20 Euro zu bezahlen, anstatt selbst unzählige Stunden Arbeit zu investieren. Schließlich sei der Stundensatz eines Softwareentwicklers höher als der eines Fahrradmonteurs. Dieselbe Logik wenden Menschen an, die sich eine Reinigungskraft für die private Wohnung leisten. Man verdiene ja Geld, um sich mit genau solchen Problemen nicht mehr beschäftigen zu müssen, sagen sie. Oliver entgegnet: »Wenn es immer danach ginge, müsste ich sechzehn Stunden am Tag Software programmieren.« Diese Arbeit sei besser bezahlt als jede Aufgabe, die in seinem Haushalt anfalle. »Allerdings«, sagt er, »würde ich dabei total unglücklich werden.« Er möchte nicht den ganzen Tag am Computer sitzen.

Ich tendiere dazu, mich Oliver anzuschließen. Zwar gehöre ich zu den Menschen, die ihr Fahrrad in die Werkstatt bringen, anstatt es selbst zu reparieren. Aber ich möchte auch nicht immer mehr Geld verdienen müssen, um mir alltägliche Aufgaben vom Hals zu schaffen. Es wäre mir nicht geheuer, für spezielle Fähigkeiten gut bezahlt zu werden, aber nicht mehr kochen, putzen und defekte Gegenstände reparieren zu können – Fähigkeiten, die für ein freies Leben selbstverständlich sind. Könnte ich nichts selbst tun, sondern müsste stets die Hilfe anderer in Anspruch nehmen, wäre ich ein ziemlich hilfloses, abhängiges Wesen. Ich müsste bis ins hohe Alter arbeiten, um mir meine Unfähigkeit leisten zu können. Olivers Ansatz, vieles selbst zu reparieren und zu erledigen und dabei auch noch Geld zu sparen, gefällt mir deshalb gut.

»Ich versuche so viel es geht zu sparen«, sagt Oliver, »aber was sich nicht vermeiden lässt, kostet eben, was es kostet.« Er spare folglich nicht verbissen, sondern vermeide nur unnötigen Konsum. Angesichts seiner Lebensweise ist es kaum verwunderlich, dass Oliver mit 800 Euro im Monat auskommt. Diese Zahl sei seit fünf Jahren ziemlich konstant, erzählt er mir. In dieser Zeit ist er mehrmals umgezogen, zuletzt von England nach Deutschland, und er wechselte den Arbeitgeber, aber die 800 Euro blieben gleich. Seit er seine Website betreibt, dokumentiert er Einnahmen und Ausgaben auch dort, deshalb kann ich sie hier bedenkenlos nennen. Im Jahr 2017 hatte er Nettoeinnahmen von 30.866 Euro – einschließlich Geldgeschenken und eBay-Verkäufen. Dem standen Ausgaben von 8.635 Euro gegenüber. Das heißt, im letzten Jahr sparte Oliver 22.231 Euro bzw. 72 Prozent seines Einkommens. Ich möchte nicht von so wenig Geld leben, wie er es tut, doch ich bewundere ihn dafür, dass es ihm gelingt und er dabei sehr zufrieden auf mich wirkt.

Aber nicht jeder ist auf Olivers Lebensstil gut zu sprechen. Manche Leser, die durch einen Zeitungsbericht erstmals von seinen Ideen hören, reagieren geradezu allergisch. Es scheint, als fühlten sie sich von seiner sparsamen Lebensweise angegriffen und glaubten, sie müssten sich dafür rechtfertigen, dass ihre Lebenshaltungskosten weit höher sind. Wenn Oliver von seinem Ziel erzählt und davon, wie er dieses erreichen möchte, wenden die »Ja-aber-Menschen« sofort eine Reihe von Gegenargumenten ein:

»Ja, aber mit (m)eine/m/r Partner/in funktioniert das nicht.«
»Ja, aber mit Kindern geht das nicht.«

»Ja, aber so grenzt man sich von der Gesellschaft aus.«

»Ja, aber ich lebe lieber heute, als für morgen zu sparen.«

»Ja, aber diese Entbehrungen kann man nicht lange durchhalten.«

Oliver kennt jedes dieser Argumente. Die Menschen verstünden nicht, sagt er, dass diese Lebensweise für ihn keine Entbehrung sei. »Ich verzichte auf nichts«, beteuert er. »Gäbe es keine finanzielle Freiheit und keine Aktien, in die ich investieren könnte, würde ich trotzdem nicht mehr konsumieren. Stattdessen würde ich sofort weniger arbeiten und genauso viel konsumieren.« Dass er fast drei Viertel seines Einkommens spare, sei nicht die Folge eines strengen Plans, sondern seiner Lebensweise, die auf konsequenten Entscheidungen beruhe.

Ich glaube, dass viele Menschen selbst nicht verstehen, welche Bedeutung ihre Entscheidungen haben. Ob ich etwas als Entbehrung empfinde, weiß ich erst, wenn ich es mit einer Alternative vergleiche. Ist es eine Entbehrung, nicht für eine Woche auf die Malediven zu fliegen, aber stattdessen fürs gleiche Geld einen Monat Urlaub an der Mecklenburgischen Seenplatte zu machen? Wiegt der Verzicht auf einen Neuwagen schwer, wenn ich mir dafür eine zweijährige Auszeit leisten kann? Tut es sehr weh, nicht in einem 150 Quadratmeter großen Eigenheim zu wohnen, wenn ich dafür keine Existenzängste ausstehen muss, sobald es meinem Arbeitgeber schlecht geht? Eine Entscheidung zu treffen, heißt immer, zwischen mehreren Alternativen zu wählen. Oliver sagt dazu, man könne zwar alles haben, aber nicht alles zur gleichen Zeit. »Gehe ich ins Restaurant, kann ich in der gleichen Zeit nicht in den Skatepark gehen. Kaufe ich mir ein großes Haus und fahre jedes Jahr in den Skiurlaub, muss ich dafür Vollzeit arbeiten gehen und kann nicht mittags im Garten grillen, wenn ich Lust dazu habe.« Zufällig sei es so, sagt er, dass ihn jene Dinge am glücklichsten machten, die kein Geld kosten. »Freundschaften, Spaß und Lebensglück sind kostenlos.« Lediglich arbeitsfreie Zeit brauche er dafür, und die werde er sich von seinen Ersparnissen kaufen.

An Ideen mangelt es Oliver nicht, was er mit mehr Freizeit anfangen würde. Er erzählt mir von einer Liste, die er vor einiger Zeit bei einem Brainstorming erstellt habe. Ich bitte ihn, sie mir zu schicken. Kurz nach unserem Treffen liegt sie in meinem Postfach:

- Erst mal ausschlafen
- Krafttraining
- Entspannt und ausführlich frühstücken
- Im Wald joggen gehen
- Skaten gehen und anschließend im Skatepark grillen
- Mit anderen Skatern einen eigenen Skatepark bauen
- Mit meinen Kindern ein Baumhaus im Wald bauen (oder einen Staudamm am Fluss)
- Meinen Kindern bei den Hausaufgaben helfen
- Lagerfeuer im Garten oder am Strand veranstalten, Freunde und Nachbarn einladen
- Mit dem Fahrradanhänger zum Supermarkt fahren und den Wocheneinkauf erledigen
- Gemüse im Garten anbauen
- Einer Urban-Gardening-Gemeinschaft beitreten und dort mit anderen Gemüse anbauen
- Ein Repair Café gründen oder bei einem mitmachen
- Aufträge für ausgewählte Kunden programmieren (höchstens zehn Stunden pro Woche)
- Artikel für mein Blog schreiben
- Einen ausgefeilten Rentenrechner programmieren
- Ein Treffen für finanziell freie Menschen organisieren
- An anderen Treffen für finanziell freie Menschen teilnehmen
- Ein kleines Computerbusiness gründen – kaputte Laptops bei eBay ersteigern und wieder flott machen
- Freunde einladen und gemeinsam Pizza machen
- Ein Pokerturnier veranstalten
- Essen kochen, Brot backen

- Alte Fahrräder aufkaufen und wieder fit machen
- Eine Fahrradtour quer durch Deutschland machen und dabei meine Freunde besuchen
- Meinen Kindern eine Gute-Nacht-Geschichte vorlesen

Diese Ideen sind offenkundig spontan entstanden und nicht die Grundlage für sein zukünftiges Leben. Doch wenn er auf die Liste blicke, freue er sich umso mehr auf die Freiheit, erzählt mir Oliver. Er räumt ein, dass er viele dieser Dinge schon jetzt tun könnte. Nicht nur Privatiers – also Menschen, die genug Geld haben, um nicht mehr arbeiten zu müssen – würden im Wald joggen, ihren Kindern aus einem Buch vorlesen und Brote backen. Allerdings, mit einem Vollzeitjob müsste er sich für wenige Tätigkeiten entscheiden. In der Summe seien es zu viele, um sie regelmäßig zu tun und parallel vierzig Stunden in der Woche zu arbeiten.

Wie viel ihm an diesen Wünschen wirklich gelegen ist, kann Oliver zurzeit selbst ausprobieren, denn als wir uns in Hannover treffen, gönnt er sich eine Auszeit von drei Monaten – finanzielle Freiheit auf Probe nennt er diesen Versuch. Die Auszeit ergab sich, weil er und seine Freundin aus England zurück nach Deutschland zogen. Zuerst suchte Joana eine Arbeitsstelle, weil sie es in ihrer Branche schwerer habe, einen Job zu finden, sagt Oliver. Wohin auch immer es sie verschlagen hätte, er wäre ihr dorthin gefolgt. Sie erhielt eine Zusage in Hannover, deshalb zogen sie in die niedersächsische Landeshauptstadt. Oliver war es recht, denn seine Eltern leben in der Nähe und er hat Freunde in der Region.

Er schwärmt bei unserem Treffen von seiner Auszeit, doch sich diese Freiheit zu gönnen, war ihm nicht leicht gefallen. Er hatte ausreichend Ersparnisse, um sechs Jahre ohne Arbeit leben zu können, aber sich drei Monate freizunehmen, damit tat er sich schwer. »Es steckt tief in uns drin, arbeiten zu müssen«, sagt er. »Auch in mir.« Sein englischer Arbeitgeber hatte ihm angeboten, in Hannover als Freelancer weiterzuarbeiten. Schon wenige Tage nach dem Umzug hätte er an seinen Job einfach anknüpfen können. Oliver dachte an das Einkommen, auf das er verzichtet, wenn er eine Auszeit nimmt, und daran, dass er es nicht am Aktienmarkt anlegen kann und ihm dadurch zukünftige Gewinne entgehen. Ein Vierteljahr nicht zu arbeiten, würde ihn nach seiner Kalkulation teuer zu stehen kommen. Auch vor der Lücke im Lebenslauf hatte er Angst. Was würden potentielle Arbeitgeber von jemandem denken, der einen ganzen Sommer lang nicht arbeitet? »Ich hatte ein bisschen Schiss und habe lange gezögert«, sagt Oliver.

Einerseits bin ich überrascht, dass ausgerechnet Oliver, der entspannte Frugalist, der von der Freiheit träumt, sich beinahe keine Auszeit gegönnt hätte. Andererseits hat er recht. Wir sind darauf konditioniert, eine lückenlose Erwerbsbiographie vorzuweisen und froh zu sein, einen Arbeitsplatz zu haben. Das ging auch an Oliver nicht spurlos vorbei. Am Ende überredete er sich selbst, dass eine dreimonatige Lücke bei einem Umzug aus England nach Deutschland nicht ungewöhnlich sei und er sich im Zweifel darauf berufen könne, als Freelancer gearbeitet zu haben. Heute lacht er darüber, von diesen Zweifeln gequält worden zu sein. Im Nachhinein sei es eine klare Sache, erzählt mir Oliver. »Wenn man die Möglichkeit hat, einen Sommer freizumachen, sollte man es tun.« Er bereue nichts und genieße seine befristete Freiheit in vollen Zügen. »Ich mache nur Dinge, auf die ich Lust habe.« Nachdem er in Hannover angekommen war, besuchte er seine Freunde in Bremen, Hamburg und Braunschweig. Er feierte mit ihnen Geburtstag und half bei zwei Umzügen. Mit einem seiner Freunde machte er Musik in dessen Bandproberaum. Sie schrieben ein Lied zusammen, tranken Bier und Whisky-Cola. Wenn die anderen keine Zeit für ihn hatten, ging er in die örtliche Bibliothek und stöberte in Büchern. Oliver weiß allerdings, dass er als Privatier nicht jede Woche seine Freunde besuchen können wird. Sie haben Jobs, Familien und ihren eigenen Alltag. Es wird sich also nicht beliebig wiederholen lassen. »Aber jetzt«, sagt er, »macht's erst mal Spaß.«

Wenn er in Hannover ist, geht er am liebsten skaten. »Die Zeit vergeht dabei wie im Flug«, erzählt er mir mit einem Strahlen im Gesicht. »Ich vergesse alles um mich herum. Es gibt nur mich, das Board, den Park und den blauen Himmel.« Alles andere – Arbeit, Probleme und Aufgaben, die er noch erledigen muss – wird unwichtig. »Wenn die anderen Skater und ich am Abend geschafft sind«, sagt er, »bleiben wir oft noch eine Weile im Park sitzen, trinken ein Bierchen und lachen viel.« Beim Skaten habe er viele seiner langjährigen Freunde kennengelernt, erzählt er mir. Auch in Hannover habe er durch sein Hobby schnell Anschluss gefunden. Nach unserem Gespräch wird er wieder in den Skatepark fahren, deshalb trägt er sein Board mit sich herum.

Neben seinem Hobby habe er noch einen Stapel an Projekten, die er während seiner Freiheit auf Probe gern umsetzen würde, erzählt mir Oliver. Seine Website wolle er neu gestalten, weitere Artikel schreiben, Krempel bei eBay verkaufen und einen neuen Handyvertrag brauche er auch, da er wieder in Deutschland lebe. Allerdings, gesteht er, habe er sich zu diesen Aufgaben bisher nicht aufraffen können. »Ich bin zurzeit völlig unproduktiv«, gibt er zu. »Ich kann mit der Freiheit noch nicht vollständig umgehen.« Oftmals stehe er später auf, als es gut für ihn sei und mache dann nicht die Dinge, die er sich vorgenommen hatte. An manchen Tagen, sagt er, gammele er nur herum. Am Abend wundere er sich dann, wie die Zeit so schnell vergehen konnte. Eine Erfahrung, die ich gut nachvollziehen kann, schließlich bin ich nur deshalb zu diesem Buch gekommen, da ich mich selbst zu nichts anderem motivieren konnte.

Seine Lethargie führt Oliver darauf zurück, dass ihm die Routinen fehlen. Als er noch in Vollzeit arbeitete, kam er aus dem Büro nach Hause, arbeitete an der Website und erledigte andere Aufgaben, die gemacht werden mussten. Der Abend war der einzige Zeitpunkt, an dem das für ihn möglich war. Jetzt, da er alle Zeit der Welt hat, hat die Zeit für ihn an Wert verloren. »Diese Freiheit bringt auch Verantwortung mit sich«, sagt Oliver. Man brauche mehr Selbstdisziplin, da es keinen Arbeitsvertrag gebe, der die Rahmenbedingungen regelt. »Disziplin aufzubringen, ist für mich allerdings das kleinere Opfer, als bei einem Vollzeitjob chronisch zu wenig Zeit zu haben.«

Zwei Monate seiner Auszeit hat Oliver bereits hinter sich, es bleibt nur noch einer. Bald wird er wieder arbeiten müssen und nicht mehr so viel Freizeit haben. Darauf freue er sich zwar nicht, erzählt er mir, aber er sehe den kommenden Aufgaben gelassen entgegen. Zunächst wird er für seinen englischen Arbeitgeber als Freelancer von zu Hause arbeiten. Fest vereinbart sei das zwar noch nicht, aber er sei zuversichtlich, dass es klappen werde. Er wolle einen Tagessatz von 340 Euro durchsetzen. Das sei weit mehr, als er als Angestellter verdient hatte, aber als freier Mitarbeiter sei ein Zuschlag normal, erklärt mir Oliver, schließlich würde er seine Krankenversicherung selbst bezahlen müssen und einen Kündigungsschutz gebe es für Freelancer auch nicht. Ein Auftrag könnte ohne Vorwarnung storniert werden. Diese Flexibilität sei den Unternehmen etwas wert. Er freut sich nun darauf, in einem Monat die Arbeit im Home Office auszuprobieren.

Allerdings wird es dabei nicht bleiben, das weiß er jetzt schon. Die Auszeit hat Olivers Idee von Freiheit verändert. Von seinem ursprünglichen Plan, noch zehn Jahre in Vollzeit zu arbeiten, um dann finanziell frei zu sein, weicht er ab. Das Ziel reize ihn zwar weiterhin, erzählt er mir, aber es liege zu weit in der Zukunft. Zehn Jahre seien eine lange Zeit, um etwas zu tun, das man eigentlich hinter sich lassen will. Deshalb interessiert sich der 29-Jährige nun für Teilzeitmodelle. Er erzählt mir von einem Nebenjob, den er nach seinem Zivildienst ausübte. Damals arbeitete er nur zwölf Stunden pro Woche und verdiente etwa 500 Euro im Monat. »Das war eine tolle Zeit«, sagt er. »Zwölf Stunden Arbeit sind nichts! Da hast du Dienstagmittag schon Wochenende. Das ist richtig cool.« Dieser Teilzeitjob, versichert er mir, habe ihm noch besser gefallen als seine dreimonatige Auszeit, denn damals hätte das Tortenstück, das für die Arbeit steht, genau die richtige Größe gehabt. Jetzt hingegen sei es ihm zu klein geworden. Er möchte ja arbeiten, sagt er mir, nur nicht die ganze Zeit und er wolle flexibel sein. Nur anderthalb Tage pro Woche zu arbeiten, könne er sich zwar noch nicht vorstellen, aber sobald er auf dem halben Weg zur finanziellen Freiheit ist, sei es eine Option für ihn. Wenn das bedeutet, dass er bis zu seinem vierzigsten Geburtstag nicht finanziell frei ist, könne er damit gut leben, solange er trotzdem viele Freiheiten besäße. »So oder so«, sagt er, »früher oder später werde ich finanziell frei sein, egal, für welches Arbeitsmodell ich mich entscheide.« Seine Sparsamkeit werde schon dafür sorgen.

Für die nahe Zukunft hat Oliver gemäßigtere Pläne. Bis Ende 2017 möchte er als Freelancer im Home Office arbeiten. Anschließend sucht er einen Teilzeitjob in Festanstellung, möchte aber weiterhin Aufträge als freier Mitarbeiter annehmen. Damit, sagt er, bekäme er das Beste aus beiden Welten. Über den festen Job wäre er sozialversichert und in einen Kollegenkreis eingebunden, als Freelancer hingegen könne er einen besseren Stundensatz abrechnen. Solange er nur nebenberuflich selbständig sei, müsse er auf seine Einnahmen keine Sozialversicherungsabgaben zahlen. Auf diese Weise bekäme er mit dreißig Stunden Arbeit pro Woche ein genauso hohes Nettoeinkommen wie mit einem Vollzeitjob. Die einzige Frage sei, ob er einen Teilzeitarbeitsplatz findet, denn entsprechende Stellenausschreibungen sehe er im Internet nie.

Nach unserem Treffen blieb ich mit Oliver in Kontakt und verfolgte sein Blog. Seitdem ist es so gekommen, wie er es sich gewünscht hatte. Seit Januar 2018 ist er in Teilzeit als Javaentwickler in einer kleinen Softwareagentur in Hannover angestellt. Er arbeitet vierundzwanzig Stunden pro Woche. Montags bis donnerstags von 9 Uhr bis 15 Uhr. Sechs Stunden am Tag seien genau richtig für ihn, schreibt er. »Man schafft etwas, ist am Abend aber nicht völlig erledigt. Gerade dann, wenn ich genug habe, ist Feierabend.« Mit dem Fahrrad pendelt er nur fünf Minuten, sodass er schon kurz nach 15 Uhr zu Hause ist. »Manchmal arbeite ich dann noch ein oder zwei Stunden als Freelancer oder beschäftige mich mit dem Blog.« Freitag, schreibt er, sei sein anstrengendster Tag, denn dann arbeite er bis zu acht Stunden für einen anderen Auftraggeber. Vielleicht werde das in Zukunft aber etwas weniger.

Das Geld stimmt in dieser neuen Konstellation auch. In seiner Festanstellung verdient er nach der Probezeit 1.666 Euro netto für eine Sechzig-Prozent-Stelle. Von seinem früheren Arbeitgeber in England erhält er zusätzlich 600 Euro netto im Monat. Hinzu kommen 100 Euro von einem weiteren Kunden. Sein monatliches Nettoeinkommen beträgt folglich etwa 2.300 Euro. Das sei genauso viel wie in seinem letzten Vollzeitjob, erzählt mir Oliver, allerdings bei nur dreißig Stunden Arbeit pro Woche. »Meine Lebensqualität ist gestiegen«, ergänzt er. »Ich verbringe weniger Zeit im Büro, habe einen kurzen Arbeitsweg und viel freie Zeit und Energie für meine Hobbys.«

Oliver optimiert mit der Kombination aus Freelancertätigkeit und Teilzeitjob nicht nur seine Lebensqualität, sondern auch sein Einkommen. Für ihn ist es der nächste konsequente Schritt in Richtung finanzielle Freiheit. Bislang resultierte Olivers hohe Sparquote vor allem aus seiner frugalen Lebensweise. Da er höchstens 800 Euro zum Leben braucht, kann er bis zu 70 Prozent seiner Einkünfte sparen. Vielleicht könnte er seine Ausgaben – auf Kosten der Lebensqualität – noch ein wenig reduzieren, doch selbst wenn er weitere 100 Euro sparte, käme er seinem Ziel dadurch nicht spürbar näher. Sein Einkommen zu steigern, ist für Oliver nun der größere Hebel auf dem Weg zur Freiheit.

Das gilt für jeden, der finanziell frei sein möchte. Ausgaben zu reduzieren, ist zwar eine notwendige Voraussetzung, doch eine mindestens genauso wichtige Stellschraube ist die Einnahmenseite. Um in jungen Jahren an ein Vermögen zu gelangen, müsse man sein Erwerbspotential steigern, schreibt der 52-jährige Albert Warnecke auf seiner Website. Der als »Finanzwesir« bekannte Blogger erreicht jeden Monat Zehntausende Leser. In einem seiner Texte verweist er auf den Bruttolebensverdienst, der für ungelernte Menschen im Durchschnitt mehr als 1.000.000 Euro beträgt.[7] Universitätsabsolventen verdienen in ihrem Berufsleben sogar 2.300.000 Euro vor Abzug von Steuern. Diese Daten veröffentlichte das Institut für Arbeitsmarkt- und Berufsforschung vor einigen Jahren.[8] Man solle diese Zahlen zwar nicht auf die Goldwaage legen, schreibt Albert, aber sie lieferten zumindest zwei Informationen: Im Verlauf einer langen Karriere verdienen wir alle eine Menge Geld und wir verdienen umso mehr, je besser wir ausgebildet sind. Bildung lohnt sich also, denn mit einer höheren Qualifikation steigt der Lebensverdienst. Allerdings kann man aus diesen Zahlen nicht schlussfolgern, dass ein Universitätsabschluss immer zu höheren Einkommen führt als eine Berufsausbildung. Ich kenne Menschen, deren Studium sich finanziell nie auszahlen wird, und ich kenne Menschen mit einer abgeschlossenen Berufsausbildung, die weit mehr verdienen als ein durchschnittlicher Universitätsabsolvent. Das individuelle Erwerbspotential ergibt sich folglich nicht automatisch aus einer formellen Ausbildung.

Der Finanzwesir schreibt, es sei deshalb wichtig, zu Beginn der Karriere in sich selbst zu investieren, in das eigene Arbeitsvermögen oder auf Neudeutsch: das Humankapital. In dieser frühen Phase entscheide sich, ob man im Verlauf des Lebens 1, 2 oder 3 Millionen Euro verdiene. Daraus ergebe sich, ob man später Monat für Monat Geld zurücklegen könne oder nach einem Verlust des Arbeitsplatzes Sozialleistungen beantragen müsse. Im Vergleich dazu sei es unerheblich, für welches Tagesgeldkonto man sich entscheide oder welchen Aktienfonds man kaufe.

Die jungen Jahre seien laut Albert auch deshalb wichtig, weil das Erwerbspotential mit jedem Jahr sinke. Ein 25-Jähriger mag noch das Potential haben, 2 Millionen Euro zu verdienen, doch für einen 65-Jährigen ist das Einkommen aus Arbeit eine versiegende Quelle. Für weniger gut ausgebildete Arbeitnehmer falle das Potential schneller als für hochqualifizierte Fachkräfte: »Die Bewerbung eines fünfzigjährigen Geschäftsführers ist willkommen, einen fünfzigjährigen Sachbearbeiter braucht kein Mensch.«

Albert schreibt weiter, Humankapital sei das wertvollste Vermögen junger Menschen, gleichzeitig ginge von ihm aber ein Klumpenrisiko aus. Das heißt, wer zwar gut verdiene, sich aber von einem einzigen Arbeitgeber abhängig mache, lebe riskant. Schließlich würde auch niemand sein ganzes Vermögen in eine einzige Aktie stecken. Der Finanzwesir schlägt deshalb vor, man solle sich so qualifizieren, dass man für mehrere Unternehmen interessant ist. Als Arbeitnehmer müsse man immer in der Lage sein zu kündigen – schließlich ist eine Kündigung das einzige Druckmittel gegenüber dem Arbeitgeber – oder aber schnell eine neue Arbeitsstelle zu finden, wenn man selbst gekündigt werde.

Oliver scheint dem Rat des Finanzwesirs aufs Wort zu folgen. Als Softwareentwickler ist er auf dem Arbeitsmarkt gefragt und findet selbst dann eine Arbeitsstelle, wenn er Sonderwünsche wie eine Teilzeitbeschäftigung fordert. Außerdem, erzählt er mir, lege er in seinen Jobs großen Wert darauf, etwas dazuzulernen. Er interessiere sich nur für Stellenausschreibungen, bei denen die Hälfte des Aufgabengebiets neu für ihn sei. Die Fähigkeiten eignet er sich während der Arbeit an. Auch zu Hause, an seinem FrugalBook, probiert er Neues aus und entwickelt sich dadurch stets weiter. Er wird dabei so gut, dass er bei jedem Jobwechsel einen besseren Arbeitsplatz bekommt.

Um die Abhängigkeit von Arbeitgebern zu reduzieren, empfiehlt Albert, mehrere Einkommensströme zu erschließen. Eine seiner Ideen ist mir besonders sympathisch: Er schlägt vor, das Arbeitsvermögen wie ein Wertpapierportfolio aufzuteilen. In einen sicheren Anteil, der zwar wenig Rendite erwirtschaftet, aber das Portfolio stabilisiert, und einen riskanten Anteil, der zwar stark schwankt, aber eine Überrendite erzielt.[9] Der sichere Teil könne beispielsweise eine Teilzeitbeschäftigung sein, die den Lebensunterhalt gewährleiste, aber emotional kaum belaste. Diesen Job könne man um eine selbständige Tätigkeit ergänzen, die kein sicheres Einkommen verspreche, dafür aber die Chance auf einen hohen Gewinn.

Auch diese Idee erinnert mich an Olivers neue Situation, denn er baut das von Albert beschriebene Humankapital-Portfolio auf. Ein Teilzeitjob deckt seine Kosten – da er sehr sparsam lebt, kann er von diesem Einkommen sogar etwas zurücklegen – und nebenher stellt er als Freelancer zwei Auftraggebern wesentlich höhere Stundensätze in Rechnung. Oliver schafft folglich die besten Voraussetzungen, um sein Erwerbspotential voll auszuschöpfen und dabei möglichst unabhängig von nur einem Arbeitgeber zu sein. Deshalb erwartet er für die nächsten zehn Jahre ein kontinuierlich steigendes Einkommen.

Die Gedanken des Finanzwesirs finde ich auch in meinem Lebenslauf wieder. Als ich dreiundzwanzig Jahre alt war, verstand ich nichts von Diversifikation und Humankapital, aber ich erschuf instinktiv mehrere Einkommensströme. Meine erste Arbeitsstelle nach dem Studium war schlecht bezahlt, aber da ich sparsam lebte, deckte der Job meine Kosten. Die Welt des Onlinemarketings war damals neu für mich, ich lernte die notwendigen Fähigkeiten erst während der Arbeit und nach Feierabend. Schon nach wenigen Wochen begann ich, sie für mich zu nutzen, indem ich zuerst ein Blog und kurz darauf eine Website erstellte, mit der ich erste Einnahmen erzielte. Nach einem Jahr befand ich mich in einer guten Verhandlungsposition, da mein gewerbliches Einkommen mein Gehalt bereits überstieg. Deshalb traute ich mich, nur noch in Teilzeit zu arbeiten und konzentrierte mich auf die lukrative Selbständigkeit. Je mehr Zeit ich darin investierte, desto höher stiegen meine Einnahmen und desto freier fühlte ich mich. In den vergangenen zwölf Jahren besaß ich zu jedem Zeitpunkt mehrere Einnahmequellen und noch bevor eine versiegte, hatte ich schon die nächste erschlossen. Heute beziehe ich mein Einkommen aus drei Blogs und vier Büchern. Ich bin weiterhin breit aufgestellt.

Einkommen aus Arbeit kann allerdings nicht beliebig gesteigert werden. Die zur Verfügung stehende Arbeitszeit ist endlich und auch höhere Stunden- und Tagessätze lassen sich nur in einem gewissen

Rahmen durchsetzen. Schließlich steht jeder Angestellte und Freelancer im Wettbewerb mit anderen. Zwar kann man durch individuelle Qualifizierung und Verhandlungsgeschick viel erreichen, doch irgendwann ist Schluss, denn der Markt regelt den Preis für jede Arbeitsleistung.

Auf breiter Fläche können die Einkommen ohnehin nicht stark steigen, denn sie orientieren sich am Wirtschaftswachstum und dieses schwächt sich in großen Volkswirtschaften zunehmend ab. Im Jahr 2017 war das deutsche Wachstum mit 2,2 Prozent außergewöhnlich hoch im Vergleich zum Durchschnittswert der letzten zehn Jahre von 1,3 Prozent.[10] Die Reallöhne – Einkommen aus Arbeit nach Abzug der Inflation – stiegen seit 2007 nur um 1 Prozent pro Jahr.[11] Immerhin, die Löhne steigen, aber die Zugewinne sind so gering, dass die meisten Menschen mit Arbeit allein nicht wohlhabend werden können.

Wer Vermögen aufbauen will, muss aus seinem Arbeitseinkommen Kapital ansparen und es investieren, denn die Kapitalrendite ist weitaus höher als das Lohnwachstum. Während die Löhne nur um 1 Prozent pro Jahr steigen, beträgt die Rendite für ein weltweites Portfolio aus Aktien, Immobilien und Anleihen etwa 6 Prozent nach Inflationsausgleich.[12] Das heißt, Menschen mit Kapital werden schneller reich als Menschen, die für ihr Geld arbeiten. Da kaum jemand von Geburt an Kapital besitzt, müssen die meisten Menschen es zunächst durch Arbeit verdienen und es anschließend nicht für Konsum ausgeben, sondern in Aktien, Immobilien und Anleihen investieren. Es ist die einzige Möglichkeit, finanziell frei zu werden. Dafür sorgt allein die Inflation, die jedes Jahr einen kleinen Teil unserer Ersparnisse auffrisst. Geld, das nicht gewinnbringend investiert ist, verliert an Wert. Ein konkretes Beispiel soll dies verdeutlichen: 1.000 Euro, die ich vor zehn Jahren auf einem nicht verzinsten Girokonto angespart habe, sind heute nur noch 874 Euro wert und in fünfunddreißig Jahren, wenn ich Rentner bin, wird das gleiche Geld nur noch eine Kaufkraft von 437 Euro haben. Zwei Jahrzehnte später, wenn ich so alt bin, dass ich ganz sicher kein Arbeitseinkommen mehr erwirtschaften kann und auch keine staatliche Rente beziehe, sind meine ursprünglichen 1.000 Euro nicht einmal mehr 300 Euro wert. In einer Welt mit Inflation ist es folglich nicht möglich, Geld anzusparen und von diesem noch fünfzig Jahre später zu leben. Es sei denn, man investiert es mit einer hohen Rendite.

Bei einer jährlichen Inflation von 2 Prozent und einer Kapitalertragsteuer von 25 Prozent zuzüglich Solidaritätszuschlag muss sich Kapital mit 2,5 Prozent verzinsen, damit es nicht an Wert verliert. Möchte man nicht allein den Wert erhalten, sondern Vermögen aufbauen, braucht man eine weit höhere Rendite. Auf lange Sicht ist diese nur am Aktienmarkt und am Immobilienmarkt möglich. Deshalb investiert jeder, mit dem ich für dieses Buch über finanzielle Freiheit gesprochen habe, entweder in Aktien, in Immobilien oder in beide Anlageklassen. Am liebsten investieren diese Menschen in Aktien, da es am einfachsten ist und die Transaktionskosten gering sind.

Für die Mehrheit der Deutschen sind Aktien allerdings ein rotes Tuch. Viel lieber legen sie ihr Geld in Sparbüchern, Giro-, Tagesgeld- und Festgeldkonten, Bausparverträgen, Lebensversicherungen und Rentenversicherungen an. In der aktuellen Niedrigzinsphase erzielen die so investierten Ersparnisse jedoch keine Rendite. Stattdessen werden sie durch die Inflation Jahr für Jahr vernichtet. Aktien gehören zu den unbeliebtesten Anlageformen in Deutschland, denn mit ihnen verbindet man Begriffe wie Spekulation, Börsencrash und die T-Aktie der Telekom, mit der viele Privatanleger im Jahr 2000 hohe Verluste verbucht haben. Die Menschen haben Angst vor der Aktie, wissen oftmals aber gar nicht, was eine Aktie genau ist. Oliver und Albert empfehlen deshalb, sich finanziell zu bilden. Auf ihren Websites erklären sie, was Aktien sind, wie Aktienmärkte funktionieren und wie Privatanleger Kapital anlegen können, ohne Geschäftsberichte auswerten zu müssen. Sie empfehlen, nicht in einzelne Aktien zu investieren, sondern in ganze Märkte. Denn, während bei Einzelaktien ein Totalverlustrisiko droht, erzielt der weltweite Aktienmarkt auf lange Sicht eine positive Rendite – zumindest hat er das in der Vergangenheit immer getan. Das bedeutet, im weltweiten Durchschnitt steigen die Aktienkurse über Zeiträume von zehn, zwanzig oder dreißig Jahren an. Die historische Rendite nach Berücksichtigung der Inflation beträgt zwischen 6 und 7 Prozent. Sollte dies auch in der Zukunft so sein, müsste man viele Aktien aus der ganzen Welt kaufen, um eine hohe Rendite zu erzielen und dabei das Ausfallrisiko von wenigen Einzelaktien zu vermeiden.

Tausende Aktien aus den USA, Europa und Asien zu kaufen, wäre allerdings aufwendig und würde so hohe Transaktionskosten nach sich ziehen, dass es für den normalen Sparer nicht lohnend wäre. Deshalb kauft Oliver sogenannte Indexfonds. Diese bilden einen Aktienindex ab, zum Beispiel den deutschen Aktienindex DAX, den amerikanischen Index S & P 500 oder den MSCI World Index, der die Kursentwicklung von mehr als 1.600 Unternehmen aller Industrieländer abbildet. In Deutschland spricht man anstatt von Indexfonds häufig von ETFs. Das Kürzel steht für Exchange Traded Funds, also börsengehandelte (Index-)Fonds. Oliver besitzt nur wenige Fonds, hält über diese allerdings Anteile an Tausenden Unternehmen aus der ganzen Welt. Indexfonds sind im Vergleich zu anderen Fondsarten äußerst preiswert. Da der Fonds nichts weiter tut, als einen bestehenden Index abzubilden, muss er keine gut bezahlten Manager beschäftigen, die pausenlos Aktien kaufen und verkaufen. Stattdessen hält der Indexfonds nur die Aktien, die sich im Index befinden, deshalb verursacht er kaum Transaktionskosten. Auch Oliver handelt mit seinen Fonds nicht. Er kauft lediglich alle paar Monate neue Anteile von dem Geld, das aus seinem Arbeitseinkommen übrig bleibt. Seine Fonds will er in den nächsten zehn Jahren nicht anrühren. Erst wenn er in die Rentenphase eintritt, wird er regelmäßig Anteile verkaufen, um von den Erlösen zu leben. Bis dahin bleibt Oliver passiv.

»Ich bin überzeugter Passivist«, sagt er. »Genau wie die meisten Finanzwissenschaftler glaube ich, dass sich im heutigen Finanzmarkt mit Einzelaktien und ständigem Handeln keine höhere Rendite erzielen lässt als durch passive Geldanlage.« Passiv zu investieren, heißt für ihn, dass er sich um nichts kümmern muss. Er wolle sich nicht ständig mit seinen Finanzanlagen beschäftigen, erzählt er mir. Stattdessen fahre er lieber Skateboard, schreibe für sein Blog und programmiere Software. Zum besseren Verständnis lese er allerdings ganz gern mal ein Finanzbuch.

Viele der Menschen, mit denen ich gesprochen habe, investieren einen Teil ihres Vermögens passiv in Indexfonds. Sie folgen damit der vorherrschenden wissenschaftlichen Meinung und auch den Empfehlungen von Investmentgrößen wie Warren Buffett[13] und André Kostolany[14]. Manche von ihnen investieren darüber hinaus trotzdem in Einzelaktien, weil es ihnen Spaß macht oder weil sie auf eine höhere Rendite hoffen. Passiv in ETFs zu investieren, scheint der Standardweg zu sein, mit dem Menschen in Zukunft finanziell frei werden wollen.

Allerdings, sagt der Finanzwesir Albert Warnecke, werde die Bedeutung von Indexfonds oft überbewertet. Er glaubt: »Mit ETFs wird niemand reich.« Zwar seien sie ein gutes Mittel, um bestehendes Vermögen diversifiziert zu investieren, aber wer noch nicht viel Vermögen habe, werde dieses nicht mit Indexfonds erlangen. Wer am Kapitalmarkt reich werden wolle, müsse in hochspekulative Anlagen investieren – wie zum Beispiel Kryptowährungen – und dabei viel Glück haben. Dieser Reichtum sei allerdings nicht planbar.

Alberts Aussage deckt sich mit meinen Beobachtungen. Ich habe bei meinen Recherchen niemanden kennengelernt und von niemandem gelesen, der mit einem breit diversifizierten Aktienmarktinvestment wohlhabend geworden ist. Die Vermögen entstanden stattdessen aus hohen Arbeitseinkommen, wie bei Nico, aus hohen Sparleistungen, wie bei Oliver, aus Unternehmensgründungen, wie bei mir, und manchmal aus Investitionen in Immobilien. Es mag 60-Jährige geben, die wohlhabend geworden sind, weil sie drei oder vier Jahrzehnte gespart und konsequent am Aktienmarkt investiert haben, aber 40-Jährige gibt es nicht. Denn denen fehlt die Zeit, um von der vollen Macht des Zinseszinses zu profitieren.

Oliver kennt dieses Argument. Er weiß, dass sein ETF-Portfolio in den nächsten zehn Jahren kaum zu seinem Vermögensaufbau beitragen wird. Wenn er in Frührente geht, kann es sogar sein, dass sein Depot weniger wert sein wird, als das, was er eingezahlt hat, denn die Aktienmärkte können innerhalb weniger Jahre stark schwanken. Folglich wird er nicht finanziell frei sein, weil er in Aktien investiert, sondern weil er sehr viel spart. Trotzdem braucht er das Aktienportfolio, um später von seinem Vermögen leben zu können. Denn sein ganzer Plan basiert auf der sogenannten 4-Prozent-Regel.

Diese Regel ist die spannendste Regel, seit es Regeln gibt. Als ich zum ersten Mal von ihr las, wurde die finanzielle Freiheit für mich greifbar, und weil sie so griffig ist, kennt sie jeder, der eines Tages von seinem Vermögen leben möchte. Laut der 4-Prozent-Regel ist man finanziell frei, wenn die jährlichen Lebenshaltungskosten nicht mehr als 4 Prozent des Vermögens betragen. Angenommen, ich hätte 1 Million Euro gespart. Dann könnte ich jedes Jahr 40.000 Euro, also 4 Prozent, aus meinem Vermögen entnehmen, ohne dieses jemals aufzuzehren. Anders ausgedrückt, muss ich das 25-Fache meiner jährlichen Ausgaben ansparen, um finanziell frei zu sein, denn 40.000 Euro × 25 Jahre = 1.000.000 Euro.

Oliver möchte ein Vermögen von 420.000 Euro aufbauen, denn aus diesem kann er 16.800 Euro pro Jahr entnehmen, ohne seine Ersparnisse zu verbrauchen. Dieser Betrag entspricht seinen Lebenshaltungskosten von 1.400 Euro im Monat, die er für sein Leben in Freiheit einplant. Da die Regel einen Inflationsausgleich erlaubt, kann er den zu entnehmenden Betrag jedes Jahr sogar ein wenig steigern. Die wichtigste Voraussetzung ist allerdings, dass er seine Ersparnisse nicht aufs Girokonto legt, denn ohne Zinsen und unter Berücksichtigung der Inflation wäre sein Vermögen nach etwa zwanzig Jahren aufgezehrt. Stattdessen setzt die 4-Prozent-Regel voraus, dass das Geld am Aktien- und Anleihemarkt investiert wird.

Die Regel basiert auf der sogenannten Trinity-Studie, die 1998 von drei Wissenschaftlern der Trinity University in Texas veröffentlicht wurde. Die Studie untersuchte die Erfolgsquoten von Wertpapierportfolios mit verschiedenen Zusammensetzungen aus amerikanischen Aktien und Anleihen über lange Zeiträume. Vereinfacht dargestellt, ergab die Studie folgendes Ergebnis: Jedes Portfolio, das zu 75 Prozent aus Aktien und 25 Prozent aus Anleihen bestand, aus dem jährlich höchstens 4 Prozent der Anlagesumme entnommen wurde, war über Zeiträume von dreißig Jahren erfolgreich – das heißt, es wurde nicht aufgezehrt. Dabei spielte es keine Rolle, ob das Portfolio 1929 aufgesetzt und bis 1959 beobachtet wurde oder ob der Beobachtungszeitraum 1950 bis 1980 oder 1965 bis 1995 war. Später wurde die Studie aktualisiert, sodass auch Zeiträume bis 2009 berücksichtigt werden konnten. In jedem Zeitraum über dreißig Jahre war ein Portfolio aus Aktien und Anleihen mit einer 4-Prozent-Entnahmerate erfolgreich. Hätte man den Portfolios hingegen 5 Prozent ihres ursprünglichen Werts entnommen, wären viele von ihnen gescheitert. Die 4-Prozent-Portfolios hielten durch, die meisten von ihnen gewannen sogar an Wert. Der Mittelwert eines ursprünglichen 1,000-Dollar-Portfolios betrug nach dreißig Jahren inflationsbereinigt 5,968 Dollar. Es hatte sich versechsfacht.[15]

Ob ein Portfolio aufgezehrt wird oder im Wert steigt, hängt von der sogenannten »Sequence of Returns« ab, der Reihenfolge der zu erwartenden Renditen. Die Renditen am Aktienmarkt sind nicht konstant. Sie können in einem Jahr bei 40 Prozent liegen und im nächsten Jahr bei negativen 30 Prozent. Legt man einmalig Geld an und lässt dieses über mehrere Jahrzehnte liegen, wird die durchschnittliche Rendite am Ende bei etwa 6 Prozent pro Jahr liegen. Dabei ist unerheblich, in welchen Jahren Überrenditen oder Verluste erzielt werden. Das sieht allerdings anders aus, wenn man beginnt, 4 Prozent pro Jahr aus dem Portfolio zu entnehmen. Dann nämlich ist es wichtig, in welcher Reihenfolge die Renditen auftreten. Erzielt ein Portfolio in den ersten zehn Jahren deutlich positive Renditen und erst später gibt es Jahre mit Verlusten, dann wird das Portfolio trotz der Entnahme mehrere Jahrzehnte überdauern. Es ist gut möglich, dass man am

Ende seines Lebens wesentlich reicher ist, als man es zum Renteneintritt war. Macht das Portfolio allerdings in den ersten Jahren nach Rentenbeginn Verluste und die positiven Renditen kommen erst später, steigt das Risiko, das Portfolio aufzuzehren, weil man in den ersten schwachen Jahren zu viel Substanz aus dem Portfolio entnimmt, die später durch eine hohe Rendite nicht wieder aufgeholt werden kann. Dass ein Portfolio aufgrund der ungünstigen Reihenfolge von Renditen aufgezehrt werden kann, ist das Sequence-of-Returns-Risiko. In der 4-Prozent-Regel sind ungünstige Reihenfolgen bereits berücksichtigt, deshalb werden 4 Prozent als »sichere Entnahmerate« bezeichnet.

In den ersten Monaten faszinierte mich diese Regel. Ihretwegen fand ich an manchen Abenden nicht in den Schlaf. Ich wollte finanziell frei werden und mit der 4-Prozent-Regel konnte ich exakt ausrechnen, wann es so weit sein würde. Allerdings, je länger ich über sie nachdachte, desto mehr Zweifel kamen mir an ihrer Glaubwürdigkeit. Ich fragte mich, ob diese Regel wirklich wasserdicht sei. Werde ich es mir leisten können, eines Tages meine Karriere aufzugeben und folglich mein Humankapital zu zerstören, nur weil die Trinity-Studie mir das nahelegt? Mittlerweile, mehr als ein Jahr nach meinem ersten Kontakt mit der 4-Prozent-Regel, bin ich von ihr nicht mehr überzeugt. Ich glaube, sie ist ein guter Indikator dafür, wie viel Vermögen man ungefähr braucht, um nicht mehr arbeiten zu müssen, aber sie lässt zu viele Fragen offen, als dass ich mich von ihr abhängig machen würde.

Zum einen berücksichtigt die Studie nur *historische* Renditen des Aktien- und Anleihemarkts. Allerdings gibt es keine Garantie dafür, dass diese Wertpapiere auch in Zukunft eine ähnlich hohe Rendite erwirtschaften werden. Viele Experten glauben, dass die Renditen in den nächsten zehn bis fünfzehn Jahren geringer ausfallen werden, da viele Aktienmärkte – vor allem der amerikanische – momentan überdurchschnittlich hoch bewertet sind und sichere Anleihen in der aktuellen Niedrigzinsphase kaum noch Zinsen erwirtschaften.

Zum anderen basiert die Trinity-Studie auf dem *amerikanischen* Wertpapiermarkt. Als Europäer investiere ich jedoch nicht nur in den USA, weil ein solches Portfolio nicht gut diversifiziert wäre und weil der Dollar nicht meine Heimatwährung ist. Für Märkte außerhalb der USA gibt es allerdings weniger aussagekräftige historische Daten und die, die es gibt, weisen oftmals eine geringere Rendite aus als der amerikanische Markt. Manche Aktienmärkte wurden zeitweilig gleich ganz ausgelöscht, wie in der Sowjetunion und in China nach der kommunistischen Revolution 1949. In Deutschland verloren Aktionäre während des ersten und zweiten Weltkriegs jeweils mehr als 90 Prozent ihres eingesetzten Kapitals. Der japanische Markt hat sich nach einer riesigen Blase Ende der 1980er Jahre bis heute nicht erholt. Die internationalen Märkte zeigen also, dass nicht immer alles so stabil läuft wie in den letzten hundert Jahren in den USA.

Auch der Zeithorizont der Trinity-Studie von dreißig Jahren ist zu gering für Menschen, die bereits mit fünfunddreißig oder vierzig Jahren finanziell frei werden wollen. Deren Portfolio müsste mindestens fünfzig Jahre durchhalten. Ob ein Portfolio aus Aktien und Anleihen dies zuverlässig leisten kann, darüber gibt es keine Informationen. Berechnungen der renommierten Investmentgesellschaft Vanguard legen nahe, dass es diese Sicherheit für so lange Zeiträume nicht geben kann. Der »Retirement Nest Egg Calculator« des Unternehmens berechnet eine Wahrscheinlichkeit von nur 81 Prozent, dass ein Portfolio aus 75 Prozent Aktien und 25 Prozent Anleihen einen Zeitraum von fünfzig Jahren überleben wird. Selbst für eine Laufzeit von dreißig Jahren beträgt die Erfolgswahrscheinlichkeit nur 90 Prozent.[16]

Leider bleibt auch das Sequence-of-Returns-Risiko bestehen, selbst wenn historisch ungünstige Renditereihenfolgen in der 4-Prozent-Regel bereits berücksichtigt sind. Denn es gibt keine Garantie dafür, dass man in der Zukunft nicht mit noch ungünstigeren Renditereihenfolgen konfrontiert wird, als es in der Vergangenheit der Fall war. Die letzte Finanzkrise von 2007 bis 2009 könnte so ein Beispiel dafür sein. Angenommen, ich wäre 2007 in Frührente gegangen. Kurz darauf hätte sich der Wert meines Aktienportfolios halbiert. Anschließend sind die Zinsen für Staatsanleihen und Festgeldkonten massiv gefallen. Ich weiß nicht, ob dieses Portfolio danach noch fünfzig Jahre überleben würde.

Ein letztes Problem der 4-Prozent-Regel ist, dass sie Steuern nicht berücksichtigt. In Deutschland werden Kapitalerträge mit 25 Prozent zuzüglich Solidaritätszuschlag besteuert. Ein erheblicher Teil der Erträge landet somit beim Fiskus. Für Oliver ist das kein Problem, da er bei seinen geringen Einnahmen, mit denen er für die Zukunft plant, kaum Steuern zahlen wird, doch damit dürfte er einen Ausnahmefall darstellen.

Folglich gibt es eine Reihe von Unsicherheiten, die aus der vermeintlich sicheren Entnahmerate eine eher unsichere Rate machen. Wenn ich es mir genau überlege, würde ich mich bestenfalls mit einer Entnahme von 3,5 Prozent sicher fühlen und würde nach dem Steuerabzug von weniger als 3 Prozent meines Vermögens leben müssen. Ich bräuchte also weit höhere Ersparnisse, als die 4-Prozent-Regel zunächst suggeriert. Hinzu kommen persönliche Unsicherheiten, die ich nicht ausblenden kann: Werde ich in Zukunft höhere Lebenshaltungskosten haben, weil ich mir mit zunehmendem Alter mehr Komfort wünsche? Werde ich Kinder haben? Würden wir als Familie anders wohnen, als ich es heute tue? Werden meine Gesundheitskosten im Alter steigen? Es ist eine Hassliebe zwischen mir und der 4-Prozent-Regel. Einerseits schnuppere ich durch sie an der großen Freiheit, aber verlassen möchte ich mich auf sie nicht. Ich bin zu sehr Angsthase, als dass ich es könnte.

Oliver hingegen sieht die Risiken dieser Regel entspannt. Er glaubt, seine Ausgaben in der Entnahmephase im Ernstfall flexibel anpassen zu können oder mit einem kleinen Job ein zusätzliches Einkommen zu verdienen. Ich habe volles Vertrauen in ihn, mehr als in mich selbst. So, wie ich Oliver kennengelernt habe, bin ich überzeugt, dass er seine Ersparnisse nie aufzehren wird. Dafür ist er zu sparsam, zu kreativ, zu clever. Ich glaube aber, dass andere Menschen mit der

4-Prozent-Regel auf die Nase fallen würden. Für diese allerdings gibt es eine Alternative. In einer Facebook-Gruppe bin ich auf einen jungen Mann gestoßen, der einen ganz anderen Weg geht.

MARCELLO ARBEITET FÜR DREI LEBEN

Als Marcello mit einem Hauptschulabschluss in die Lehre ging, deutete nichts darauf hin, dass der Sohn italienischer Einwanderer sich einmal berechtigte Hoffnungen machen könnte, finanziell frei zu sein. Auf den ersten Blick sind seine Voraussetzungen dafür bis heute kaum besser geworden. Der 36-Jährige arbeitet als Sachbearbeiter am Frankfurter Flughafen, seine Frau Maria ist Arzthelferin in Teilzeit, gemeinsam ziehen sie drei Kinder auf. Dass wir an einem kalten Tag im Dezember trotzdem über finanzielle Freiheit sprechen, ist allein mit Marcellos unbändigem Willen zu erklären. Er glaubt, man müsse mehr leisten, als von einem erwartet werde. Dann könne man auch Ziele erreichen, die so ambitioniert sind wie seines. »Ich habe die Regeln des Erfolgs nicht bestimmt«, erzählt er mir, »aber ich versuche, nach ihnen zu spielen.«

Ich habe gerade auf die Klingel an dem Mehrfamilienhaus gedrückt, in dem die fünfköpfige Familie wohnt, da reißt ein junger Mann mit Bürstenhaarschnitt und Dreitagebart die Tür auf und grinst mich an. Er ist einen Kopf kleiner als ich, was teils meiner Größe geschuldet ist, teils aber auch seiner. Die muskulösen Oberarme sehen nach Fitnessstudio oder schwerer körperlicher Arbeit aus. Marcello begrüßt mich freundlich und bittet mich, in den Hausflur einzutreten. Er ist nach unten gekommen, um mir im Erdgeschoss etwas zu zeigen. Der junge Italiener zieht einen Schlüssel aus seiner Hosentasche, schließt eine der zwei Türen auf und präsentiert mir eine frisch sanierte Wohnung. Die Schuhe brauche ich nicht abzutreten, sagt er, es müsse sowieso noch mal gewischt werden. »Hier im Bad habe ich alles neu gemacht, neue Badewanne, neue Toilette«, erklärt er mir. Die Wände in der gesamten Wohnung habe er selbst verputzt, den Boden gefliest und die Küche eingebaut. »Du kannst dir nicht vorstellen, wie das hier vorher aussah.« Damit ich es mir doch vorstellen kann, zeigt er mir Fotos von einer Baustelle, die mich als Laien mit zwei linken Händen vor Ehrfurcht erstarren lässt. Ich sehe überall Schutt, aufgerissene Wände und Decken. Jetzt hingegen sieht die Wohnung bezugsfertig aus. Einen Mieter habe er schon gefunden, erzählt Marcello.

Anschließend gehen wir hinauf in die erste Etage, wo er mit seiner Familie lebt. Auch diese Wohnung sowie die beiden Wohneinheiten im zweiten Obergeschoss gehören ihm. Vor dreizehn Jahren hat Marcello das gesamte Haus gekauft. In seiner Wohnung muss ich mir nun doch die Füße abtreten, »sonst schimpft meine Frau«, sagt er mit einem schelmischen Grinsen. Maria wartet schon in der Küche auf uns. Sie bietet mir eine Tasse Kaffee an und stellt zwei Teller mit Donuts, Apfeltaschen und anderem süßen Gebäck auf den Tisch. Es sei ihr ein wenig unangenehm gewesen, mich in der Küche zu empfangen, erzählt Marcello mir später, weil sie etwas abgewohnt aussehe. Die Einbauküche sei fünfzehn Jahre alt und die Raufasertapete müsse mal wieder gestrichen werden, meint er. Für mich allerdings sehen die Küche und auch die anderen Zimmer erstaunlich frisch und aufgeräumt aus. Ich hatte mehr Chaos erwartet in einer Wohnung, in der drei kleine Kinder leben.

Am Küchentisch erzählen mir die beiden ihre Lebensgeschichten, vor allem Marcello redet fast ohne ein- und auszuatmen. Nach einer Lehre zum Einzelhandelskaufmann wechselte er an den Frankfurter Flughafen, wo er seit mittlerweile siebzehn Jahren arbeitet. Sein Arbeitgeber verantwortet die Bodenabfertigung. Marcello bezeichnet sich selbst als den verlängerten Arm der Buchhaltung, man könne aber auch Sachbearbeiter sagen. Er sitzt bei seiner Arbeit permanent am Computer, erstellt Flugdokumente für die Piloten, Passagierlisten für die Stewards und Ladedokumente für die Crew auf dem Rollfeld. Die Arbeit läuft im Schichtsystem: Frühschicht, Tagesschicht, Spätschicht, Nachtschicht. Es gebe immer Flüge vor- und nachzubereiten, erklärt mir Marcello. Die Prozesse seien standardisiert, sodass er bei Schichtbeginn die Arbeit von einem Kollegen übernehme und sie am Ende des Arbeitstages wieder übergebe. Marcello arbeitet stets sieben Tage am Stück in der gleichen Schicht. Anschließend hat er drei oder vier Tage frei und bekommt eine neue Schicht zugewiesen. Für die Frühschicht steht Marcello um 4 Uhr morgens auf, das Frühstück spart er sich dann und sitzt eine Stunde später am Schreibtisch. Am frühen Nachmittag kommt er nach Hause, gegen 20 Uhr geht er ins Bett. Der Schichtbetrieb sei manchmal anstrengend, sagt er, doch er sei jung, da könne er das durchziehen. Schließlich gebe es gute Schichtzuschläge. So kommt Marcello als Sachbearbeiter nach siebzehn Jahren im Unternehmen auf 3.000 Euro netto monatlich. Er liebe seinen Job nicht, erzählt er mir, trotzdem fahre er gern zur Arbeit. Mit seinen Kollegen komme er gut aus und er möge es, etwas zu leisten. Bis zum gesetzlichen Rentenalter zu arbeiten, das wolle er allerdings nicht.

Marcello möchte unbedingt finanziell frei sein. Vor etwa vier Jahren hat er sich dieses Ziel in den Kopf gesetzt. Damals erzählte ihm ein Kollege von Indexfonds, mit denen man breit gestreut in den Aktienmarkt investieren könne. Daraufhin fand Marcello im Internet die Website des Finanzwesirs sowie andere Finanzblogs, auf denen häufig von finanzieller Freiheit die Rede war. Er war sofort infiziert. Auf meine Frage, was ihn zu diesem Ziel motiviere, fehlt es Marcello nicht an Antworten. Der erste Grund, sagt er, betreffe seinen Beruf. Er möchte nicht dauerhaft einer festen Arbeit nachgehen müssen und spricht davon, in einer »arschlochfreien Zone« leben zu wollen. Ein Begriff, den auch der Finanzwesir Albert Warnecke manchmal verwendet.

»Sind denn deine Kollegen Arschlöcher?«, frage ich Marcello.

»Nein, das nicht«, erwidert er. »Aber es gibt Kollegen, die ihren Job nicht so gerne machen wie ich. Sie kommen morgens genervt ins

Büro, grüßen nicht und sind lustlos. Es gibt Vorgesetzte, die an manchen Tagen ihren Frust an den Mitarbeitern auslassen. In deren Schusslinie möchte ich nicht stehen.« Zwar lasse er sich selten die Laune verderben, sagt Marcello, aber er sei auch nur ein Mensch und schlechte Laune stecke nun einmal an. Sollte das in Zukunft schlimmer werden, möchte er in diesem Umfeld nicht arbeiten müssen.

Was die Zukunft bringe, sei ohnehin unsicher, sagt er. Niemand könne ihm garantieren, dass es seinen Arbeitsplatz in zehn Jahren noch geben werde. Kurz vor unserem Treffen verlor Marcellos Arbeitgeber die Konzession am Frankfurter Flughafen. Dadurch standen viele Arbeitsplätze auf dem Spiel. Ein anderes Unternehmen gewann die Konzession und übernahm alle Mitarbeiter – doch das hätte auch anders ausgehen können, erklärt er mir. In dieser Zeit, sagt Marcello, sei er ein wenig nervös geworden. Angst hätte er zwar nicht gehabt, »aber man macht sich Gedanken.« Für ihn besteht kein Zweifel daran, dass er einen anderen Job finden würde, sollte er seine Arbeitsstelle verlieren, doch ob er dann das gleiche Gehalt bekäme, nach acht Stunden den Stift fallen lassen könnte und weiterhin einen kurzen Arbeitsweg hätte, da ist er sich nicht so sicher. Von dieser Unsicherheit möchte Marcello sich unabhängig machen.

Mit ihrem Wunsch nach finanzieller Freiheit denken Maria und er aber noch weiter in die Zukunft voraus. Werden Menschen wie sie, die noch dreißig Jahre arbeiten müssen und dabei stets in die Rentenkasse einzahlen, später eine gesetzliche Rente bekommen, von der sie gut leben können? Darauf wollen sie sich nicht verlassen. Maria erzählt mir von ihrer Mutter, die fünfundvierzig Jahre im Krankenhaus gearbeitet habe, bis sie nicht mehr konnte. Heute erhalte sie eine Rente von 1.000 Euro im Monat. Das reiche zwar zum Leben, sagt Maria, aber mehr auch nicht. Auch von einem alten Mann erzählen mir die beiden, der in ihrer Straße Werbeprospekte austrage, um seine Rente aufzustocken. »Nach zwei Häusern muss sich der arme Kerl hinsetzen und ausruhen«, sagt Marcello. So wolle er im Alter nicht leben. Er möchte nicht von der gesetzlichen Rente abhängig sein, sondern von selbst erarbeitetem Vermögen leben.

Außerdem wollen Marcello und Maria nicht darauf vertrauen, in dreißig Jahren, wenn sie sich zur Ruhe setzen können, noch fit genug zu sein, um den Lebensabend auszukosten. In ihrem Umfeld gebe es genügend Menschen, die ihre Rente nicht mehr genießen könnten, weil sie krank und gebrechlich seien. Marcellos Vater beispielsweise habe vor einigen Jahren einen Schlaganfall erlitten und sei seitdem ein anderer Mensch geworden, pessimistischer und weniger lebensfroh als früher. Marias Vater musste nach einem Unfall häufig operiert werden und ist heute Invalide. Ein Kollege von Marcello verstarb kurz nach dem Eintritt in die Rente. Diese Geschichten begleiten sie durch ihr Leben. Dass es vielen älteren Menschen körperlich und finanziell nicht gut geht, motiviert die junge Familie, finanziell frei zu werden, um sich für später abzusichern und gleichzeitig mehr Freiheit zu haben, während sie noch jung sind.

Vor allem möchten sie mehr Zeit für die Familie haben. Ihre achtjährige Tochter sagt manchmal: »Papa, du musst immer arbeiten. Wann kuschelst du mal wieder mit mir?« Das könne er nur schwer ertragen, sagt Marcello. »Die Familie ist meine Basis, ohne sie geht gar nichts.«

Davon kann ich mich selbst überzeugen, als er mir den Rest der Wohnung zeigt. An den Wänden im Wohnzimmer hängen Fotos der Kinder, der gesamten Familie und der Hochzeit von Maria und Marcello. Wahrer Wohlstand, erzählt er mir, sei die Kombination aus finanzieller Freiheit und Familie. Er wolle deshalb nicht *trotz* seiner Kinder finanziell frei werden, sondern *wegen* seiner Kinder. In sieben Jahren soll es so weit sein. Wenn nichts dazwischenkommt, werden sie dann einen Meilenstein erreicht haben, den sie für sich als Freiheit definieren. Es gehe ihnen beiden nicht darum, immer reicher zu werden, erzählen sie mir. Sie haben keine abgehobenen Ziele, streben nicht nach Luxus, sehnen sich nicht nach großen Reisen. Maria und

Marcello möchten lediglich bescheiden und entspannt leben und sich um ihre Kinder sowie ihre Eltern kümmern können.

Marcello erzählt mir, sein Vater habe ihn gelehrt, bescheiden zu sein. In seiner Jugend sprachen sie häufig über Geld und als Marcello in die Lehre ging, forderte der Vater von ihm einen Beitrag zum Haushaltsgeld. Anfangs fand er es irritierend, im eigenen Elternhaus 200 Euro Miete zahlen zu müssen, doch im Rückblick empfindet er es als eine nützliche Lektion im Umgang mit Geld. Da er es in seiner Kindheit nicht anders kennengelernt hat, fällt es ihm nun leicht, bescheiden zu leben.

Seit Marcello finanziell unabhängig werden möchte, lebt er noch sparsamer, als er es vorher schon getan hatte. Stolz erzählt er mir die Geschichte des Familienautos. Bis vor einigen Jahren besaßen Maria und er einen Opel Meriva, der für eine fünfköpfige Familie jedoch zu klein wurde. Bei einer guten Gelegenheit verkauften sie das Auto für 4.500 Euro, um bald ein größeres zu kaufen. Für ihr Wunschfahrzeug, einen gebrauchten VW Touran mit sieben Sitzen, benötigten sie allerdings 12.000 Euro. Sie hätten das Geld leicht aus ihren Rücklagen aufbringen können, doch sie hatten sich geschworen, diese nicht anzurühren. Die Ersparnisse waren für die finanzielle Freiheit vorgesehen. Deshalb warteten sie sieben Monate, bis sie das neue Auto kauften. So lange dauerte es, um die Differenz von 7.500 Euro anzusparen. In der Zwischenzeit fuhren sie zu fünft in Marias VW Polo. Bei gutem Wetter legten sie manche Wege zu Fuß zurück oder fuhren mit dem Fahrrad. Es waren entbehrungsreiche sieben Monate, doch als sie schließlich ihr Wunschauto kauften, waren sie stolz auf sich.

Vor allem Marcello macht es Spaß, so zu leben. Wie Oliver, der Frugalist, empfindet er es nicht als Verzicht. Sparen sei für ihn kein Zwang, erzählt er mir, sondern diene seiner zukünftigen Freiheit. »Ich bin immun geworden gegen Konsum«, sagt er. Was in der Werbung angepriesen werde, interessiere ihn nicht. »Wenn Maria nicht wäre, würde ich seit fünf Jahren mit der gleichen Jogginghose herumlaufen«, erzählt er mir und ist vielleicht ein bisschen froh, dass es

Maria gibt. Ihr hingegen fällt es schwerer, so sparsam zu leben wie ihr Mann. Sie lasse sich leicht von den schönen Kleidern anderer Frauen beeindrucken, erzählt sie mir, oder von teuren Reisen, von denen ihre Bekannten erzählen. Sie frage sich dann, warum die anderen sich das leisten können, sie aber nicht. Die Antwort gibt sie sich gleich selbst: »Die anderen können es sich nicht leisten«, sagt sie. »Der Kleiderschrank mag voll sein, aber das Konto ist leer und manch ein Urlaub wird auf Kredit gebucht.« Wenn Maria sich diese Realität vor Augen hält, ist sie beruhigt, weil sie weiß, dass sie das nicht will. Sie hätte gern teurere Kleider, aber nicht für den Preis, dadurch der Tretmühle nicht zu entkommen.

Manchmal, wenn Marcello glaubt, Maria gebe zu viel Geld aus, bittet er sie, einen Blick ins Haushaltsbuch zu werfen. »Ich kaufe gern für die Kinder ein«, sagt sie entschuldigend. Sie wisse aber selbst, dass manche dieser Ausgaben unnötig seien. Während unseres Gesprächs springt Marcello plötzlich auf und holt sein Haushaltsbuch aus dem Wohnzimmer. Seit drei Jahren notiert er darin jeden Betrag. Stolz zeigt er mir die beschriebenen Seiten der letzten Jahre. Ich sehe die Einnahmen der Familie: Gehälter, Kindergeld, Mieteinnahmen, Dividenden. Und die Kosten: Auto, Gewerkschaft, Rundfunkbeitrag, Kindergarten etc. Das Jahr 2018 hat er schon vorbereitet, dabei ist es noch nicht einmal angebrochen. Es wirkt, als könne er es kaum erwarten, die Einnahmen und Ausgaben fürs kommende Jahr aufzuschreiben.

Marcello mag mit seinem Haushaltsbuch etwas übereifrig wirken, aber er ist nicht der Einzige, der seine Geldströme minutiös protokolliert. Praktisch jeder, der finanziell frei werden möchte, führt ein Haushaltsbuch. Oliver, der Frugalist, bezeichnet es als »das Buch, das dich reich macht«, weil es einem bewusst mache, wie effizient man mit seinen Finanzen umgehe. Einmal im Monat übertrage er deshalb alle Beträge von Kassenbons, Kreditkartenbelegen und Kontoauszügen in eine digitale Tabelle. Auch Nico, der Familienvater mit dem Reihenhaus, pflegt alle Einnahmen, Ausgaben und Kontostände in eine Excel-Datei ein. Alle drei konnten mir ihre exakten Lebenshaltungskosten nennen.

Marcello beziffert die Fixkosten seiner Familie mit 875 Euro im Monat. Dazu gehören unter anderem der Kindergarten für die beiden jüngsten Kinder, die Musikschule für die älteste Tochter, Versicherungen und Mietnebenkosten. Hinzu kommen die variablen Kosten des Alltags von durchschnittlich 1.700 Euro im Monat. Daraus ergeben sich in Summe monatliche Lebenshaltungskosten von 2.575 Euro. Ein größerer Urlaub oder ein neues Auto wie der VW Touran sind noch nicht eingerechnet. Dass ihre Ausgaben für eine fünfköpfige Familie im Rhein-Main-Gebiet vergleichsweise gering sind, liegt nicht zuletzt an der fehlenden Kaltmiete, denn sie leben in einer Eigentumswohnung. Darüber hinaus gehören ihnen vier weitere Wohneinheiten im gleichen Haus. Dieses Haus ist es, das ihren Traum von der finanziellen Freiheit realistisch werden lässt.

Als Marcello dreiundzwanzig Jahre alt war, traf er eine der wichtigsten Entscheidungen seines Lebens, auch wenn er sich deren Tragweite damals nicht bewusst war. Ursprünglich wollte er nur ein Eigenheim kaufen. »Schließlich hieß es immer, ein Haus sei die beste Altersvorsorge«, erinnert sich Marcello. Er suchte und suchte, fand allerdings kein Haus, das seinen Ansprüchen genügte. Rückblickend ist er dankbar, dass es nicht sofort klappte, denn heute würde er kein Einfamilienhaus mehr besitzen wollen. Er weiß nicht mehr, wie es dazu kam, aber Marcello hält es für eine glückliche Fügung, dass er auf ein Mehrfamilienhaus mit sechs Wohnungen in Rüsselsheim gestoßen war. »Ein bisschen Glück gehört einfach dazu«, sagt er. Sein Vater half ihm damals, die richtige Entscheidung zu treffen. Er riet dem jungen Marcello: »Du sollst dir Gedanken machen, aber du sollst dich nicht fürchten.« Im Jahr 2005 kauften sie zusammen das damals fast fünfzig Jahre alte Haus, dessen Wohnungen sanierungsbedürftig waren. Der Kaufpreis betrug 270.000 Euro. Der 23-jährige Marcello hätte allein keine Finanzierung erhalten, deshalb stieg der Vater mit in den Kredit ein und steuerte etwas Eigenkapital bei. Die Kaufnebenkosten in Höhe von 25.000 Euro teilten sie sich. Erst bei einer späteren Refinanzierung wurde Marcello zum alleinigen Kreditnehmer und Eigentümer des Hauses. Seine Eltern schenkten ihm ihren Anteil, dafür erhielten sie ein lebenslanges kostenfreies Wohnrecht in einer der Wohnungen. Bisher wohnen sie nicht im Haus, aber Marcello wünscht sich, dass sie bald einziehen.

Anfangs konnte Marcello den Kredit nicht allein aus Mieteinnahmen bedienen, denn die Zinsen waren damals weit höher und die Mieten weit niedriger, als sie es heute sind. Monat für Monat gab er etwas von seinem Gehalt dazu. Die geringen Mieteinkünfte und der überschaubare Kaufpreis waren ein Sinnbild für den Zustand des Hauses. Marcello wusste, dass er noch viel Geld und Arbeit würde investieren müssen. Eine handwerkliche Ausbildung hatte er allerdings nicht. Er stand vor der Entscheidung, sich selbst beizubringen, wie man Fliesen legt, Wände verputzt und Fenster austauscht, oder für diese Tätigkeiten einen Handwerker zu beauftragen. Sein Vater sagte zu ihm: »Wenn du nichts lernen willst, dann bezahle.« Da Marcello nicht bezahlen konnte, musste er lernen. Er eignete sich die notwendigen Fertigkeiten selbst an und zog mit Maria in eine der unsanierten Wohnungen. Marcello riss die Fliesen ab, setzte neue Fenster und Türen ein und erneuerte die Elektrik. Er sanierte ein Zimmer nach dem anderen, während die beiden auf ihrer eigenen Baustelle lebten. Auch sein Vater packte häufig mit an sowie Freunde und Bekannte der Familie, die von Beruf Fliesenleger, Maurer oder Gas-Wasser-Installateur sind. Es gab immer Leute, die helfen konnten. Niemand wollte Geld dafür nehmen. »Würde ich meinen Freunden Geld anbieten, wären sie sauer«, beteuert Marcello. Dafür hilft auch er ihnen oder bedankt sich mit einem gemeinsamen Essen.

Nachdem er seine eigene Wohnung saniert hatte, machte er mit der nächsten weiter. Jedes Mal, wenn ein Mieter auszog, sanierte er dessen Wohnung. Zehn Jahre lang modernisierte Marcello jede einzelne Wohneinheit und das Treppenhaus. Etwa 90.000 Euro Materialkosten hat er in dieser Zeit ins Haus gesteckt. Das Geld dafür zweigte die Familie von ihrem Haushaltseinkommen ab. Für die Arbeitsleistung eines Handwerkers mussten sie jedoch nur einmal bezahlen. Für eine Kleinigkeit, die er nicht allein machen durfte, musste Marcello eine Firma für 120 Euro beauftragen. »Hätten wir für alles Handwerker bezahlen müssen«, erzählt mir Marcello, »wäre die ganze Rechnung nicht aufgegangen.« Es lohnt sich, weil er fast alles allein oder mit Freunden der Familie machte. »Wenn ich vierzig Kilogramm schwere Zementsäcke schleppen musste, fluchte ich bei jeder einzelnen Stufe«, erzählt er mir. »Aber ich war immer motiviert. Der Ausblick auf die höheren Mieteinnahmen hat mich angetrieben.«

Vor ein paar Jahren, als seine Familie größer wurde, legte Marcello die zwei Wohnungen in der ersten Etage zusammen. Dort leben sie nun zu fünft auf 100 Quadratmetern mit vier Zimmern und zwei Bädern. Die übrigen vier Wohnungen im Haus sind vermietet. Da Marcello den Wert der Wohnungen steigern konnte und die Zinslast seit der Refinanzierung deutlich gesunken ist, bezahlen seine Mieter den Hauskredit ab – einschließlich der Wohnung, in der Marcello und Maria mietfrei leben. Es bleibe sogar noch etwas übrig, erzählt er mir vergnügt. Einen Teil des Überschusses legt er für zukünftige Instandhaltungsmaßnahmen zurück. Der Rest fließt als passives Einkommen auf sein Konto. Wenn nichts dazwischenkommt, wird der Kredit in sieben Jahren getilgt sein.

Dass sie ihr Ziel erreichen werden, daran besteht für sie kein Zweifel, denn mittlerweile vermieten sich die Wohnungen fast von selbst. Sie veranschlagen eine Kaltmiete von 9,50 Euro pro Quadratmeter. Für die gute Lage mitten in Rüsselsheim sei das ein attraktiver Preis, erklärt mir Marcello. Das schlage sich auch in der Zahl der Bewerbungen nieder. Für die frisch sanierte Wohnung, die er mir gezeigt hatte, erhielt er fast 2.000 Anfragen. Ein klares Zeichen dafür, dass er eine höhere Miete verlangen könnte. Doch es liege ihm nichts daran, den höchstmöglichen Preis zu erzielen, versichert er mir. Wichtiger sei ihm, dass seine Bewohner sich die Miete wirklich leisten könnten. So wolle er unnötigen Ärger vermeiden. »Man kann mit Immobilien Stress haben, aber nur, wenn man seine Hausaufgaben nicht macht«, sagt er aus Erfahrung. Deshalb nimmt sich Marcello Zeit bei der Auswahl eines neuen Mieters. Über die Jahre habe er gelernt, worauf es dabei ankomme. »Es hat sich bewährt, dass die Leute einen Job haben«, erklärt er mir. Nicht nur des Geldes wegen, sondern weil er Mieter bevorzuge, die einen geregelten Tagesablauf haben. So gebe es weniger Probleme untereinander. Ein Restrisiko bestünde zwar immer, erzählt er mir, aber in den letzten dreizehn Jahren hatte er nur selten Schwierigkeiten mit seinen Mietern und nie musste er vors Gericht ziehen, um die Miete einzuklagen. Differenzen konnte er stets im persönlichen Gespräch auflösen. Dass ihm das gelang, schreibt er ein wenig seiner bescheidenen Art zu. Marcello lässt nicht den Vermieter raushängen, sondern sieht sich als Dienstleister für seine Mieter. Er ist geduldig, hört zu und hilft gern. Auch Maria hat diese Sicht verinnerlicht: »Wenn ein Mieter ein Problem hat, müssen wir schnell handeln und uns selbst zurücknehmen.« Das komme jedoch nur noch selten vor, sagt sie, weil die Wohnungen gut in Schuss seien.

Allerdings verlief ihr Leben als Eigentümer eines großen Hauses nicht immer so entspannt. Ihr großes Ziel, finanziell frei zu werden, basiert überwiegend auf dem Haus, aber es ist auch das Haus, das sie an ihre persönlichen Grenzen brachte. Am Küchentisch frage ich Maria, wie wichtig ihr dieses Ziel sei, denn bisher habe ich das Gefühl, es sei hauptsächlich Marcellos Idee gewesen. »Das Ziel ist mir auch sehr wichtig«, sagt sie. »Aber ich mag es nicht, wenn er mich damit jeden Tag zulabert und wenn es zu stressig wird.« An anstrengenden Tagen zweifelt sie bis heute, ob ihr Weg der richtige ist. »Ich habe ihn schon ganz schön verflucht«, sagt sie. »Es gab Tage, da war ich ordentlich sauer.« Denn was im Rückblick wie eine Erfolgsgeschichte klingt, war in den letzten dreizehn Jahren harte Arbeit. Anfangs lebten sie monatelang auf einer Baustelle, mitten im Bauschutt. Anschließend kam das erste Kind, später noch Zwillinge, dazu.

»Emotional war das eine Achterbahnfahrt«, sagt sie. Das Haus habe in dieser Zeit zu oft im Mittelpunkt gestanden, erzählt sie mir. Für Marcello gab es nur noch die Arbeit am Flughafen und das Haus, während Maria sich um die Kinder kümmerte und nach einiger Zeit selbst wieder arbeiten ging. »Zeitweise haben mich Bekannte gefragt, ob ich keinen Mann zu meinen Kindern habe, weil ich immer allein mit ihnen unterwegs war und Marcello arbeitete.« In den Urlaub fuhren die beiden nur selten, weil es immer eine Baustelle gab, die gerade fertig werden musste. In manchen Phasen hatten sie so wenig Zeit füreinander, dass Maria nicht mehr mitmachen wollte.

»Sie war kurz davor, sich von mir zu trennen«, erzählt mir Marcello und blickt dabei entschuldigend zu seiner Frau hinüber.

»Ja«, bestätigt sie, »die Nerven lagen blank.«

Vor einigen Jahren war Marcello so überlastet, dass er schwer erkrankte. Kurz vor Weihnachten wurde er mit einer Blutvergiftung und Lungenembolie ins Krankenhaus eingeliefert. In der Nacht fielen seine beiden Lungenflügel zusammen. »Es fühlte sich an, als würde jemand seine Hand in meinen Hals stecken und die Lunge herausziehen«, sagt er. Es war so schlimm, dass er von Rüsselsheim nach Frankfurt verlegt und dort für drei Wochen in ein künstliches Koma versetzt werden musste. Die Ärzte signalisierten Maria, dass Marcello diese Erkrankung wahrscheinlich nicht überleben würde. Als er im Koma lag, dachte sie an die Tochter und an das Haus und fragte sich, wie sie das alles geregelt bekommen sollte. Nach einem Monat ging es Marcello wieder besser, aber er brauchte ein Jahr, um sich von diesem Vorfall zu erholen. Das Ehepaar lernte sich daraufhin neu kennen, lernte das Familienleben und die einfachen Dinge wieder mehr zu schätzen. Marcello sagt, er lebe seitdem bewusster und nehme seine Gesundheit ernst. Wenn es draußen kalt und nass sei, ziehe er sich entsprechend an, um nicht einmal eine Erkältung zu riskieren.

Kürzertreten möchte er aber nicht. Im Grunde ihres Herzens sind sie beide echte Energiebündel. Das müssen sie auch sein, denn anders wäre ihr Projekt nicht möglich gewesen. Sie erzählen mir, dass sie fast nie auf der Couch sitzen und noch seltener fernsehen – zwei Dinge, die ich fast täglich mache. Marcello sehne sich nicht einmal nach Auszeiten. »Ich habe immer das Bedürfnis, etwas zu tun. Ein zweiwöchiger Urlaub ist für mich schon eine Woche zu lang.« Wenn er doch mal durchatmen müsse, gieße er eine Tasse Tee auf und unterhalte sich mit seiner Frau am Küchentisch. Danach sei er wieder energiegeladen, sagt er. Auf meine Frage, ob die finanzielle Freiheit den ganzen Aufwand wirklich wert sei, zögert er keine Sekunde: »Für mich definitiv, und das Ziel ist so greifbar nahe! Wer weiß, wie viel ich später noch leisten kann, deshalb arbeite ich jetzt für drei Leben.«

Er sagt, er sei stolz auf das, was sie bereits erreicht hätten und er wisse, dass sie sich die finanzielle Freiheit in sieben Jahren verdient haben werden. »Es liegt an einem selbst, ob man auf der Couch sitzt oder ob man etwas macht mit seiner Zeit.« Seiner Frau sei er dankbar dafür, dass sie das alles mitmacht. »Würde sie nicht mitziehen, könnten wir das Ziel nicht erreichen.« In unseren Gesprächen betont er immer wieder, wie wichtig es sei, dass sie beide an der gleichen Seite des Strangs ziehen.

Ein weiteres Merkmal von Marcellos Erfolg ist, dass er früh anfing, ein Vermögen aufzubauen. Zwar wusste er mit dreiundzwanzig Jahren, als er das Haus kaufte, noch nichts von finanzieller Freiheit. Doch mit dieser Entscheidung stellte er früh die Weichen, um sein späteres Ziel erreichen zu können. Heute sind Marcello und Maria beide Mitte dreißig und ernten bald die Früchte ihrer Arbeit. Ich bezweifle, dass sie das Projekt stemmen könnten, würden sie jetzt erst damit beginnen. Nicht nur, dass sie den Hauskredit erst mit Mitte fünfzig abbezahlt hätten, sie könnten vermutlich nicht die Energie aufbringen, ein ganzes Haus zu sanieren, beruflich tätig zu sein und drei Kinder aufzuziehen.

Auch Oliver, der Frugalist, fing zeitig an. Im Alter von vierundzwanzig Jahren – damals war er noch Student – begann er, genügsam zu leben, und investierte seine Ersparnisse in den Aktienmarkt. Nico, der Familienvater mit dem Reihenhaus, machte direkt nach dem

Studium Karriere in einem gut bezahlten Beruf, investierte mit Anfang dreißig in zwei Eigentumswohnungen und legt seine Ersparnisse seit Jahren am Aktienmarkt an. Ich selbst gründete früh eine Marketingagentur und verdiente den größten Teil meines Vermögens kurz vor und nach meinem dreißigsten Geburtstag.

Es deutet alles darauf hin, dass man früh anfangen muss zu sparen, um finanziell frei werden zu können. Das bestätigt auch ein Text des Finanzwesirs Albert Warnecke, der mir in Erinnerung blieb. In diesem behauptet der Blogger, Vermögen würden in den Zwanzigern gemacht.[17] Diese Meinung klingt auf den ersten Blick absurd, schließlich verdienen junge Menschen am Anfang ihrer Karriere nur wenig. Doch Albert argumentiert, in den Zwanzigern werde die Saat für das spätere Vermögen gelegt. Zum einen schlage die Lifestyle-Inflation in jungen Jahren noch nicht so stark zu, denn man habe weder die Zeit noch das Einkommen, sich einen großen Kostenapparat aufzubauen. Deshalb sei es in den Zwanzigern leichter, sich eine genügsame Lebensweise anzugewöhnen und vom ersten Einkommen einen bedeutenden Anteil zu sparen. Mit steigenden Verpflichtungen, wie einer eigenen Familie, werde es später immer mühsamer, Geld zurückzulegen. Wenn man es dann nicht schon gewohnt sei zu sparen, würde man in dieser schwierigeren Situation nicht mehr damit anfangen.

Mindestens genauso wichtig, schreibt Albert, sei der Faktor Zeit. Das verdeutlicht ein Rechenbeispiel: Wer mit fünfundzwanzig Jahren beginnt, jeden Monat 400 Euro zurückzulegen, hat bereits nach zehn Jahren 48.000 Euro angespart. Da Sparen zur Gewohnheit geworden ist, wird derjenige wahrscheinlich weiterhin Rücklagen bilden und ein immer größeres Vermögen aufbauen. Wer hingegen erst zehn oder fünfzehn Jahre später beginnt, Ersparnisse anzuhäufen, kann diesen Rückstand nicht mehr aufholen. Erst recht nicht, wenn man den Zinseszinseffekt berücksichtigt: Legt der sparsame 25-Jährige seine 400 Euro am Aktienmarkt an, verfügt er nach zehn Jahren bei einer inflationsbereinigten Aktienmarktrendite von 6 Prozent schon über 65.324 Euro. Nach zwanzig Jahren hat er bei einer unveränderten

Sparrate bereits 182.309 Euro angespart. Mit zunehmender Zeit entfaltet der Zinseszins eine immer größere Macht. Dem Spätstarter fehlt die Zeit, das jemals aufzuholen.

Der Finanzwesir schlussfolgert: Wer in jungen Jahren über ein gutes Einkommen verfüge, die Lebenshaltungskosten niedrig halte und die Überschüsse am Aktienmarkt oder in Immobilien investiere, könne sich mit vierzig oder fünfzig Jahren zwangsläufig über ein stattliches Vermögen freuen. Andersherum bedeute das aber auch: »Wer bis vierzig seine Siebensachen nicht zusammen hat, braucht nicht mehr von der finanziellen Freiheit zu träumen. Der Zug ist dann abgefahren.«

Marcello wusste von all dem mit dreiundzwanzig Jahren nichts, aber bescheiden zu leben, war er aus seinem Elternhaus gewohnt und instinktiv stellte er mit dem Hauskauf die Weichen für seine finanzielle Freiheit. Erst später, als er erstmals von diesem Begriff hörte, begann er, sich intensiv mit seinen Finanzen auseinanderzusetzen. Die letzten zehn Bücher, die er gelesen hat, handeln vom Umgang mit Geld und unternehmerischem Denken. Wie zum Beweis springt er erneut vom Küchentisch auf und holt einen Stapel Bücher aus dem Wohnzimmer.

»Damit du schreiben kannst, dass du sie gesehen hast«, sagt er.

Vor mir liegen Klassiker wie *Rich Dad Poor Dad, Der Weg zur finanziellen Freiheit* und *Ich bin raus*. Auch das Kinderbuch *Ein Hund namens Money* von Bodo Schäfer steckt in dem Stapel. Marcello liest seiner achtjährigen Tochter daraus vor. Jeden Abend ein paar Seiten, anschließend sprechen sie darüber. Er möchte seinen Kindern vermitteln, wie die Welt funktioniert: dass man arbeiten muss, dass Fleiß mit einem guten Beruf belohnt wird und dass sich Geld vermehrt, wenn man es anlegt. Das befriedige ihn ungemein, sagt er. Am liebsten würde er alle Menschen dazu aufrufen, mehr Bücher zu lesen, sich weiterzubilden und sich über den Umgang mit Geld zu informieren. Er glaubt, die Menschen machten dies zu wenig. Zwei seiner

Kollegen beschäftigten sich mit Aktien, erzählt er mir, aber außer denen kenne er niemanden, der über Finanzen Bescheid wisse.

Ich teile Marcellos Eindruck. In einer Welt, die vom Geld regiert wird, ist die Finanzbildung der meisten Menschen erstaunlich schlecht. Sie lernen es weder in der Schule noch im Studium. Mit etwas Glück erfahren Kinder von ihren Eltern, wie man mit Geld umgeht, doch wahrscheinlicher ist, dass auch die keine Ahnung haben. Ich nehme mich von den Ahnungslosen nicht aus. Erst seit eineinhalb Jahren setze ich mich mit Geld auseinander. Im Nachhinein ist es mir schleierhaft, wie ich das Thema so lange vernachlässigen konnte. Ich war doch erfolgreicher Unternehmer, habe gut verdient und viel gespart, aber erst die Aussicht auf ein finanziell freies Leben ermutigte mich dazu, etwas über Geld zu lernen.

Nach meinen Recherchen glaube ich, dass Menschen, die nach finanzieller Freiheit streben, rationaler mit ihrem Geld umgehen. Anstatt es für Konsum auszugeben, entscheiden sie, wie sie mit ihrem Vermögen die größtmögliche Lebensqualität erwerben können, und erkennen, dass Freiheit und Unabhängigkeit ein schöneres Leben versprechen als ein neues Auto oder ein großes Eigenheim.

Auch Marcello und Maria wissen, wofür sie sparen, denn sie haben ihr Ziel fest im Blick. Im Jahr 2025 möchten sie finanziell frei sein. Wie ihr Leben dann aussehen soll, haben sie für sich entschieden: Demnach werden sie weiterhin arbeiten, vielleicht in Teilzeit oder in einer geringfügigen Beschäftigung. Vielleicht gönnen sie sich eine vorübergehende Auszeit, doch so richtig vorstellen können sie sich das bislang nicht. Nichts zu tun, das sei nicht nach ihrem Geschmack. »Ich möchte nicht aufhören«, erzählt mir Maria. »Ich möchte die Stunden reduzieren und mit weniger Zeitdruck weiterleben wie bisher.« Das allein empfände sie als eine deutliche Verbesserung ihrer Lebensqualität. Der Zeithorizont ergibt sich aus der Laufzeit des Hauskredits. Im Jahr 2025 wird dieser vollständig getilgt sein. Ab dann können die beiden alle Mieteinnahmen für sich behalten. Marcello hängt an diesem Termin. Irgendwann finanziell frei zu sein, sagt er, motiviere ihn nicht. Er brauche das feste Datum.

Jetzt, da das Haus instand gesetzt ist, sollen die Überschüsse aus ihrem Einkommen ins Wertpapierdepot fließen. Marias Gehalt legen sie vollständig in Aktien an. »Wenn's nach mir ginge, müsste sie nicht arbeiten gehen«, sagt Marcello. »Aber sie möchte auch finanziell etwas zu unserem Ziel beitragen.« Jeden Monat investieren sie mindestens 1.500 Euro, manchmal auch mehr, wenn Marcello Sonderzulagen erhält. Zusätzlich zahlen sie monatlich 500 Euro auf ein Tagesgeldkonto ein. Davon leisten sie sich den nächsten Urlaub, ein neues Auto oder unvorhergesehene Anschaffungen. Die Schwankungen am Aktienmarkt stören Marcello nicht, denn der größte Teil des Familienvermögens stecke ohnehin im Haus, erzählt er mir. Er schätze den heutigen Wert auf 800.000 Euro. Das Depot solle bis 2025 noch auf 300.000 Euro wachsen. Wenn die Märkte sich positiv entwickeln, könnte es auch mehr sein. Das Haushaltseinkommen der Familie soll sich dann aus Mieteinnahmen, Dividenden, Kindergeld, einem Halbtagsjob und einem Minijob speisen. Marcello zückt sein Smartphone und zeigt mir seine Kalkulation, die er als Screenshot auf dem Display gespeichert hat. Das Ziel ist ihm so wichtig, dass er es jeden Tag sehen will. Seine Rechnung sieht mehrere Sicherheitspuffer vor. Er geht beispielsweise davon aus, dass seine Eltern in dem Haus mietfrei leben werden – doch sollten sie nicht einziehen, würden seine Mieteinnahmen weit höher ausfallen. Aus dem Depot möchte er zudem weniger entnehmen, als er es nach der 4-Prozent-Regel könnte. Mieterhöhungen, Gehaltssteigerungen und ein höheres Kindergeld sind nicht vorgesehen, aber wahrscheinlich. Auch die geplanten Lebenshaltungskosten enthalten ein großzügiges Polster für Notfälle. Er hat alles ganz genau geplant. Illusionen wolle er sich allerdings nicht hingeben, sagt Marcello. Es könne sein, dass in den nächsten Jahren noch Dinge passieren, die er nicht vorhersehen kann. Es könnte schlechter laufen, als er es geplant habe – oder auch besser.

Aber, so begrenzt die Aussagekraft eines siebenjährigen Plans sein mag, er braucht dieses konkrete Ziel, auf das er hinarbeiten kann. Es hilft ihm, sich zu orientieren und es gibt seinem Handeln einen Sinn.

Marcellos Weg, jetzt für drei Leben zu arbeiten, um es in sieben Jahren besser zu haben, steht beispielhaft für viele Menschen, die von finanzieller Freiheit träumen. Ich verstehe ihr Ansinnen, denn ich weiß noch, welche Anziehungskraft dieses Ziel in den ersten Monaten auf mich ausübte. Nicht mehr arbeiten zu müssen, unabhängig zu sein, das schien meine Antwort auf eine große Sehnsucht. Warum sollte man nicht alles für dieses Ziel geben? Allerdings, seit ich an der Freiheit geschnuppert habe und mich anschließend vor lauter Langeweile entschloss, dieses Buch zu schreiben, frage ich mich, ob auch Nico, Oliver und Marcello am Ende ihres Weges eine Enttäuschung erwarten wird. Sie nannten mir zwar gute Gründe, weshalb sie nach ihrem Ziel streben, aber sie wissen kaum, was sie mit der freien Zeit anfangen würden. Ungewöhnlich ist das allerdings nicht.

Der Blogger Peter Ranning rief auf seiner Website *der-privatier.com* seine Leser und andere Autoren dazu auf, sich mit der Frage auseinanderzusetzen, was ihr großes Ziel für sie bedeute: »Freiheit oder Langeweile?« Etwa die Hälfte der Teilnehmer antwortete, dass Freiheit nie langweilig sein könne. Doch was genau sie sich unter Freiheit vorstellen, blieb meistens im Ungefähren. Viele schrieben, selbstbestimmter handeln und mehr Zeit für Familie, Freunde, Hobbys und Projekte haben zu wollen. Andere möchten neue Erfahrungen sammeln, besondere Momente erleben oder ehrenamtlich tätig werden. Doch fast immer blieben die Antworten ungenau. Welche Projekte meinen sie? Haben sie schon einmal ein Ehrenamt ausgeübt? Wie sieht ein besonderer Moment aus? Die Antworten überzeugen mich nicht, denn sie klingen genau nach den Dingen, die ich schon immer tun wollte, aber doch nicht getan habe, als ich die Möglichkeit dazu hatte.

Ich glaube, die Menschen, mit denen ich bisher gesprochen habe, erkennen bereits selbst, dass es nicht leicht wird, mit einer Freiheit umzugehen, die vierundzwanzig Stunden am Tag, sieben Tage in der Woche andauert, und beginnen, ihre Pläne anzupassen. Nico erwartet nicht, dass es den einen Tag geben wird, an dem er seinen Beruf an den Nagel hängt und als Privatier in Vollzeit lebt. Er wird stattdessen versuchen, einen seichten Übergang zu organisieren. Oliver erzählte mir nach seiner »Freiheit auf Probe«, dass die Freiheit für ihn zu früh gekommen sei. Er wüsste sie nicht mit Bedeutung zu füllen und versucht nun lieber, sich mit einem Teilzeitmodell langsam an sie zu gewöhnen. Marcello plant ohnehin, auch in Freiheit weiterzuarbeiten.

Finanzielle Freiheit ist deshalb kein schlechtes Ziel. Sie fasziniert mich weiterhin und auch die Menschen, die sie erreichen wollen, interessieren mich. Es ist nur ungewiss, was genau wir von ihr erwarten können. Kaum jemand weiß, was junge Menschen mit ihrem Leben anfangen, wenn sie nicht mehr arbeiten müssen. Es gibt nur wenige von ihnen und sie sind schwer zu finden, weil sie sich selten zu erkennen geben. Doch manchmal genügt schon ein wenig Glück. Denn noch bevor ich selbst jemanden ausfindig machen konnte, meldete sich André bei mir.

Teil II

–

Finanziell frei – und nun?

ANDRÉ HADERT MIT DER FREIHEIT

André* schrieb mir, er sei siebenunddreißig Jahre alt, verheiratet und finanziell frei. Er besäße drei stattliche Häuser und zwei Sportwagen. »Manchmal ist das schon geil«, räumt er ein, als Kind habe er davon immer geträumt. »Aber diese Träume sind für mich geplatzt, denn heute frage ich mich: Ja gut, und was jetzt?«

Er frage sich auch, warum die meisten Menschen glaubten, Luxus würde sie glücklich machen, wenn es doch nicht wahr sei. Es störe ihn, dass alle zum Geld strebten, aber er, der das Geld habe, trotz seines Wohlstands unzufrieden sei.

Andrés Kommentar unter einem meiner Blogtexte kam mir gerade recht, denn ich hatte mir vorgenommen, auch finanziell freie Menschen zu finden, die mir nicht nur versichern, wie glücklich sie seien. Ich berichtete ihm von meinem Buch und bat ihn, mir mehr von sich zu erzählen. Noch ahnte ich nicht, dass André mir sein Leben ausführlicher beschreiben würde als jeder andere.

Wir vereinbarten ein Telefonat, in dem er eine Anekdote nach der anderen abfeuerte und mir in drei Stunden große Teile seiner Lebensgeschichte präsentierte. André ist einer dieser Menschen, die erst aufhören zu reden, wenn man ihnen ins Wort fällt, und da ich das ungern tue, ließ ich ihn erzählen. Anschließend blieben wir in engem Kontakt. Fast täglich schrieb André mir eine E-Mail, in der er mir chronologisch aus seinem Leben berichtete. Es schien ihm Freude zu bereiten, die letzten siebenunddreißig Jahre aufzuarbeiten. Es rief allerdings auch schmerzhafte Erinnerungen in ihm hervor. Er wolle mir alles erzählen, schrieb er in einer seiner E-Mails, und habe nur eine Bedingung: »Ich möchte anonym bleiben. Du weißt ja, wir leben in einer Neidgesellschaft.«

Noch bevor ich André besuchen konnte, bot er an, mir einige hundert Kilometer entgegenzukommen. Seine Frau besäße ein Ferienhaus an einem See in Thüringen, schrieb er mir, dort könnten wir uns treffen, schließlich sei das Grundstück nicht weit von Leipzig entfernt. Mit einem Mietwagen fahre ich deshalb zum vereinbarten Treffpunkt und als ich auf den Parkplatz eines Gasthofes einbiege, sehe ich Andrés weißen Mercedes GLE bereits von Weitem. Er winkt mir zu und bedeutet mir, ihm zu folgen. Wir fahren einige Minuten durch ein unscheinbares Dorf, bevor wir das dunkelbraun gestrichene Holzhaus erreichen. Der Mann, von dem ich schon so viel weiß, steht nun erstmals vor mir. Unter seinem Fleecepullover im Army-Design wölben sich sowohl ein kleiner Bauch als auch kräftige Oberarme, die André regelmäßig im Fitnessstudio stählt. Die kurzen blonden Haare stehen widerborstig in alle Himmelsrichtungen ab und an einem Ohr baumelt ein goldener Ring, von dem er mir versichert, dass er echt sei. »Alles, was ich trage, ist echt«, sagt er.

Zunächst zeigt mir André das Grundstück, er führt mich vorbei an der Hollywoodschaukel bis zum Steg, den er kürzlich hat erneuern lassen. Die geräumige Plattform aus Holz ragt weit übers Wasser und ist von Schilf umgeben. Im Sommer könnte man hier tolle Grillabende veranstalten, denke ich mir. Doch jetzt ist November und es ist mir entschieden zu kalt, um noch lange an der frischen Luft zu bleiben. Deshalb gehen wir ins Haus, das an diesem eisigen Tag von einem kleinen Ofen und einer elektrischen Heizung erwärmt wird. André bietet mir eine Tasse Tee an und beginnt anschließend, sein Leben noch einmal von vorn aufzurollen.

Dass André einmal wohlhabend sein würde, war bis vor wenigen Jahren nicht abzusehen. Er wuchs in Verhältnissen auf, die ich, ohne zu übertreiben, als schwierig bezeichnen kann. Seinen Vater lernte er erst kennen, da war André schon erwachsen. Die Beziehung zur Mutter sei immer kompliziert gewesen. Sie habe ihn häufig mit Kochlöffeln, Gürteln und Gartenschläuchen geschlagen und sei mit der Erziehung von Kindern überfordert gewesen, erzählt er mir. Immerhin, die kleine Familie lebte im Haus der Großeltern, die sich besser um ihn und seine jüngere Stiefschwester kümmerten, als die Mutter es tat. Die Oma schickte sie zur Schule, kochte das Mittagessen, wusch die Kleidung und reinigte die Wohnung. Das einfache Haus war vom Opa hergerichtet worden. Es verfügte nur über ein winziges Bad, die Zimmer wurden mit Öfen geheizt und die Fenster seien dünn wie Papier gewesen, erinnert sich André. Sein Großvater nahm ihn oft mit in den Wald, um Pilze zu sammeln, und ans Wasser, um gemeinsam zu angeln. Bis heute ist André gern in der Natur und hat sich das Angeln als Hobby bewahrt.

In der Schule gehörte André immer zu den coolen Jungs, hatte eine große Klappe, aber er war nicht auf den Kopf gefallen. Er hätte aufs Gymnasium gehen können, sagt er, wollte das aber nicht. Die Hauptschule lag näher am Haus der Großeltern und er habe dort nicht so viel lernen müssen. Ohnehin wollte André früh sein eigenes Geld verdienen, da die Mutter nur unzureichend für ihn sorgte. Nach der neunten Klasse ging der Jugendliche von der Schule ab und fand schnell eine Lehrstelle in einer Werkstatt. Die Arbeit machte ihm Spaß und er lernte, dass Leistung sich auszahlt. An Samstagen schob er Sonderschichten und erhielt dafür am Ende des Monats einen Briefumschlag mit 250 Mark vom Chef.

Eines Tages erhielt er einen Anruf von einer unabhängigen Finanzberaterin, die ihm eine Versicherung aufschwatzen wollte. Das gelang ihr nicht, doch da André gut plaudern konnte, warb sie den 16-Jährigen als Berater an. Am Telefon vereinbarte er Termine mit Kunden und fuhr nach der Arbeit mit seinem Motorroller zu ihnen nach Hause. Die Beraterin empfahl ihm das Buch D*ie erste Million in 7 Jahren* von Bodo Schäfer. Es sei das erste Buch gewesen, das er freiwillig gelesen habe, erzählt er mir. Es habe sein Verständnis von Geld verändert, auch wenn er damals nur wenig Kohle hatte. Das Versicherungsgeschäft warf nicht viel ab, denn viele Kunden kündigten das Produkt innerhalb der Widerrufsfrist, sodass er die Provision zurückzahlen musste. Er hatte zweifelsfrei das Talent, Menschen etwas zu verkaufen, aber er verkaufte Produkte, die niemand brauchte.

André schmiss den Nebenjob hin und heuerte als Barkeeper in einer Studentenkneipe an. Dort arbeitete er abends nach seiner Schicht in der Werkstatt. Er fand schnell Gefallen am Nachtleben, an den Mädchen und am Geld. Von seinem Lohn und dem Trinkgeld bezahlte er den Führerschein und leistete sich sein erstes Auto. Mit einem sportlichen Alfa Romeo zog er in der Stadt die Aufmerksamkeit auf sich. »Ich war damals schon ein Angeber«, erzählt er mit einem Schmunzeln. Die Anerkennung anderer Menschen sei ihm wichtig und früher dachte er noch, er bekäme sie, indem er schnelle Autos fährt.

In der Kneipe erhielt André ein weiteres Jobangebot. Fünf Abende in der Woche sollte er am Tresen in einer Diskothek arbeiten. Seine Lehre ließ er derweil schleifen, meldete sich tagsüber immer häufiger krank. In der Disco hingegen übernahm er Verantwortung und wurde mit einer Festanstellung und 2.500 Mark monatlich belohnt. Das Geld war für ihn so verlockend, dass André seine Lehre ohne Abschluss hinschmiss und sechs Tage pro Woche in der Diskothek arbeitete.

Das Nachtleben forderte jedoch seinen Tribut. Über Freunde kam André schon früh mit Marihuana in Berührung. Als er nach einem Ausflug in die Niederlande von der Polizei mit 70 Gramm erwischt wurde, erhielt er eine Freiheitsstrafe auf Bewährung. Trotzdem kiffte er weiter und um die langen Nachtschichten durchzuhalten, nahm er bald auch Speed. Am Wochenende arbeitete er beinahe durch, ohne zu schlafen. Mit den Drogen in seinem Körper wäre er aber ohnehin nicht mehr zur Ruhe gekommen. Bei der Arbeit lernte er ein Mädchen kennen, das damals achtzehn Jahre alt war. Schon beim ersten Date landeten sie im Bett und jedes Mal, wenn sie sich trafen, vertrieben sie sich die Zeit mit Sex. Wenig später erfuhr er, dass sie mehrere

Strafverfahren wegen Körperverletzung und Scheckkartendiebstahl gegen sich laufen hatte. Einen Teil ihrer gemeinsamen Beziehung verbrachte sie im Jugendgefängnis. Das Leben meinte es damals nicht gut mit ihm. Es sollte erst eine Wendung nehmen, als er sich von seiner Freundin trennte und anschließend Sonja* kennenlernte.

Auch sie traf er in einer Diskothek, aber mit ihr war es anders als mit seinen bisherigen Freundinnen. Sonja brachte Ordnung in Andrés chaotisches Leben. Er ließ die Finger von den Drogen und verabschiedete sich aus seinem Freundeskreis, mit dem ihn nur das Marihuana, das Speed und die Diskothek verbanden. Sonja lebte damals zusammen mit ihrem Vater in einem großen Haus und André zog bald mit ein. Wenn er mir von seinem Schwiegervater erzählt, spricht er immer von »dem Papa«. Er, der seinen Vater bis dahin nicht kennengelernt hatte, hatte nun einen Papa, zu dem er ein enges Verhältnis aufbaute. Nach drei Jahren heiratete er seine Sonja.

Über Geld wurde in Andrés neuer Familie wenig gesprochen, aber es war immer welches da. Sonja bekam »Taschengeld« vom Vater und beglich damit die meisten Ausgaben des jungen Paars. André nutzte seine handwerkliche Begabung, um sich mit einem Haus- und Gartenservice selbständig zu machen. Er kann mit Holz, Metall und anderen Baumaterialien arbeiten. Sein Einkommen genügte, um ein eigenes Taschengeld zu verdienen und nicht vollständig von der Familie abhängig zu sein. Doch woher das viele Geld kam, wusste er damals nicht so genau, denn der Papa arbeitete längst nicht mehr.

Eines Tages entdeckten Ärzte bei einer Routineuntersuchung im Rachen des Vaters ein Krebsgeschwür in der Größe eines Golfballs. Mit dieser Diagnose begann für die dreiköpfige Familie eine harte Zeit, die vier Jahre andauern sollte. Sonja und André pflegten den Papa, der die meiste Zeit zu Hause verbrachte. Fortan drehte sich der Alltag nur noch um den erkrankten Vater. Die beiden besorgten Medikamente, bereiteten spezielle Nahrung zu, versorgten Wunden und brachten ihn zur Behandlung in die Klinik. Es habe damals gute und schlechte Phasen gegeben, erzählt mir André, deshalb hatten sie immer wieder die Hoffnung, der Papa könnte den Krebs besiegen. Nach unserem Treffen schickt mir André Fotos aus dieser Zeit. Ich sehe den ganz normalen Alltag: André mit Goldkette und Basecap zusammen mit dem Vater auf einer Parkbank, zusammen an einem Fluss, zusammen in einer Kneipe. Doch dann werden die Bilder schrecklich. Sie zeigen den Verfall des Papas. Nachdem ihm die Lymphknoten entfernt werden mussten, schwoll sein Gesicht so stark an, dass er bald nicht mehr essen, nicht mehr sprechen und an manchen Tagen nichts mehr sehen konnte.

Diese Zeit ging auch bei André und Sonja an die Substanz. Ärzte diagnostizierten ihm ein Burn-out, das er jedoch nicht akzeptieren wollte, weil er sich für stärker hielt. Auch die Ehe war zeitweise belastet, doch letztendlich schweißte die Herausforderung das Paar noch enger aneinander. »Wir halten zusammen wie Pech und Schwefel«, erzählt mir André. Der Papa verstarb im September 2014 in einem Hospiz. Er hinterließ seiner Tochter ein Vermögen von 7 Millionen Euro.

Woher dieses Vermögen stammte, erfuhr André in kleinen Häppchen während der schweren Erkrankung seines Schwiegervaters und erst nach dessen Tod verstand er, welchen Umfang das Erbe hatte. Denn Sonja hatte kein Bargeld geerbt, sondern ein komplexes Geflecht aus Unternehmensbeteiligungen und Immobilien. »Das Nachlassverzeichnis hat sogar unseren Notar verblüfft, obwohl er ein alter Hase im Geschäft ist«, erzählt mir André. Sonjas Großvater hatte in den 1960er Jahren ein Marketingunternehmen gegründet, das in seiner Nische zum Marktführer in Deutschland aufstieg und europaweit bis zu 400 Mitarbeiter beschäftigte. Aus dieser Firma löste er später erfolgreiche Geschäftsbereiche heraus und lagerte sie in neue Gesellschaften aus. Zusammen mit einem Geschäftspartner gründete der Opa auch ein Unternehmen in der Schweiz. So entstand über Jahrzehnte ein Netzwerk aus Firmen, das Sonja und André, die in keines dieser Unternehmen involviert waren, nun verstehen mussten.

Einige dieser Gesellschaften sind seit Jahren nicht mehr profitabel gewesen, deshalb wickelten die beiden sie ab oder verkauften sie für kleine Beträge. Auch die Anteile an der Schweizer Firma stießen sie ab, da die Zusammenarbeit mit dem zweiten Gesellschafter sie zermürbte. Außerdem brauchten Sonja und André Geld, denn das Erbe zog erhebliche Kosten nach sich. Allein für Rechtsanwälte, Steuerberater und Notare mussten sie einen sechsstelligen Betrag aufbringen. Zwei andere Posten gingen sogar in die Millionen: Sonja wurde von ihrem Vater als Alleinerbin eingesetzt, da sie die einzige von drei Geschwistern war, die sich während seiner Erkrankung um ihn gekümmert hatte. Allerdings erhielten ihre Schwester sowie ihr Bruder jeweils einen Pflichtanteil, den Sonja ihnen auszahlen musste. Zudem schlägt bei einem Erbe in dieser Größenordnung auch der Staat mit der Erbschaftssteuer zu. Von den mehr als 7 Millionen Euro musste Sonja etwa 2,8 Millionen für ihre Geschwister, den Staat, Anwälte, Berater und Notare aufbringen. Jeder dieser Anspruchsberechtigten erhielt Bargeld – eine knappe Ressource für Sonja und André. Ihnen blieben nur zwei Alternativen: profitable Unternehmen und Immobilien zu verkaufen oder einen hohen Kredit aufzunehmen. Sie entschieden sich für die Bankfinanzierung, denn sie wollten die Substanz ihres neuen Wohlstands erhalten. Damit trägt Sonja das unternehmerische Risiko, während alle anderen ausbezahlt wurden. Aber immerhin kam ihr die aktuelle Niedrigzinsphase zupass. Sie erhielt einen Millionenkredit zu einem Zinssatz von 1,3 Prozent. Die Kreditraten kann sie aus den Erträgen der Gesellschaften sowie den Mieteinnahmen begleichen.

Es ist André wichtig zu betonen, dass ihm nichts von diesem Vermögen gehört. Sonja sei die alleinige Erbin. »Das hat auch strategische Gründe«, sagt er. »Sollte mit diesem ganzen Konstrukt etwas schiefgehen, hängen wir nicht beide in der Schuld. Ein so großes Vermögen muss klug und nachhaltig verwaltet werden. Das erzählt dir aber niemand, schon gar nicht ungefragt.« André unterstützt seine Frau bei der Verwaltung ihres Vermögens und arbeitet daran, eigene Ersparnisse aufzubauen. Er verwaltet die Gewerbeimmobilien, die nun Sonja gehören, und bezieht dafür ein Gehalt. Viel zu tun habe er damit nicht, erzählt er mir, da er einige Dienstleistungen an andere Firmen auslagere. Mal treffe er sich mit einem Handwerker oder Gartenbauer, mal kommuniziere er mit den Mietern. Aber diese Tätigkeit sichere ihm ein monatliches Nettoeinkommen von 1.500 Euro, die er einer Firma seiner Frau in Rechnung stellt. Seine eigenen Einnahmen benötigt er nicht für den Konsum, sondern legt sie am Aktienmarkt an. In den nächsten zehn Jahren möchte er für sich selbst einige hunderttausend Euro angespart haben, um nicht abhängig von Sonja zu sein.

Den Lebensunterhalt bestreitet das Ehepaar allein aus Sonjas Erbe. Die beiden wohnen in dem Haus, in dem sie schon mit dem Papa gelebt hatten. Eine tolle Villa sei das, erzählt mir André, mit 450 Quadratmeter Wohnfläche und einem großen Grundstück. Ein- oder zweimal im Jahr fahren sie zu ihrem Haus am See in Thüringen, wo ich mich mit André treffe, und mindestens einmal fliegen sie nach Menorca, wo Sonja ein Ferienhaus gehört. Zusammen besitzen sie fünf Autos, von dem jedes einen Zweck erfüllt. Den Mercedes GLE mit über 400 PS nutzen sie für längere Strecken, denn der Wagen biete einen guten Überblick über die Straße und sei sehr sicher, so André. Für kurze Wege in die Stadt haben sie einen BMW 1er. Im Transporter fährt André mit den Hunden raus oder zum Angeln oder er bringt Gartenabfälle weg bei seiner Tätigkeit als Hausverwalter. Die beiden Sportwagen fährt er nur zum Vergnügen.

Außerdem sei er wie eine Elster, erzählt André mir. Er stehe auf alles, was glänzt. Deshalb trägt er oft Goldketten, goldene Ohrringe und teure Uhren. Ein Foto, das er mir per Facebook schickte, zeigt seine »Schatzkiste« mit zwölf Uhren von Rolex und Breitling. Dazu lichtete er seinen linken Unterarm ab, um den eine weitere Uhr gelegt ist: »Als Beweis, dass es echt ist, meine linke Hand dazu. Hier erkennst du eine große Narbe. Das kannst du überprüfen, wenn wir uns mal sehen«, schrieb er mir. Ich glaube es ihm auch so und unterlasse es, mir bei unserem Treffen seine Narbe anzusehen.

Statussymbole und blinkender Schmuck befremden mich und sie wollen nicht so recht in das Narrativ dieses Buchs passen. Sonja und André geben zudem weit mehr Geld aus als alle anderen Menschen, die ich für meine Recherche getroffen habe. Dennoch glaube ich, dass sie mit ihrem Wohlstand verantwortungsvoll umgehen. Der Mercedes sei das einzige Fahrzeug, das sie neu gekauft haben, erzählt mir André, und auch den würden sie schon seit einigen Jahren fahren. Die anderen Autos haben sie gebraucht gekauft. Auch die Luxusuhren kaufte er aus zweiter Hand. Er suche gezielt nach Schnäppchen, beispielsweise Uhren ohne Originalbox oder ohne Papiere, aber von einem seriösen Händler. Von Menschen, die unverhofft an viel Geld gelangen, heißt es oft, sie könnten damit nicht gut umgehen. Jeder kennt die Geschichten von Lottomillionären, die nach wenigen Jahren pleite sind. Sonja und André hingegen scheinen mit Bedacht zu konsumieren. Sie geben nicht mehr aus, als durch Mieteinnahmen und Gewinnbeteiligungen jedes Jahr hereinkommt. Denn es ist ihr Ziel, bis zu ihrem Lebensende vom Erbe des Papas zu zehren.

Natürlich möchte ich von André wissen, wie sein Leben nun aussieht, da er kaum noch arbeitet, sich nicht mehr um den kranken Schwiegervater kümmern muss und durch das Erbe seiner Frau mehr Geld hat, als er es jemals für möglich gehalten hatte. Wie lebt jemand, der alle Möglichkeiten hat?

Ein gewöhnlicher Tag beginnt für André um 5 Uhr morgens. Länger zu schlafen, habe er schon versucht, sagt er, aber danach fühle er sich erschöpfter, als wenn er zeitig aus dem Bett kommt. Nach dem Aufstehen setzt er sich an seinen Computer, der im Keller steht. Er trinkt eine Dose Red Bull – eines seiner Laster –, surft auf YouTube und Facebook, liest Blogs und Foren und informiert sich über Aktienkurse. Jeden zweiten Tag, manchmal auch öfter, geht er um 8 Uhr ins Fitnessstudio. Dort bleibt er eine bis anderthalb Stunden. Um diese Zeit habe er seine Ruhe und alle Freiheiten, weil die meisten Geräte noch nicht besetzt seien. »Ich komme sehr gut alleine klar«, erzählt er mir. »Am liebsten trainiere ich allein, konzentriere mich auf die Übungen und höre dabei Hip-Hop.« Es gebe Phasen, in denen er öfter ins »Gym« gehe, wie er es nennt, und Phasen, in denen er den Sport schleifen lasse. Zurzeit geht er regelmäßig. Bis vor elf Jahren sei er spargeldünn gewesen, erzählt mir André, aber durch das Training habe er sich einen muskulösen Körper erarbeitet. Er ist zwar kleiner als ich, aber ich sehe ihm an, dass er mir jederzeit das Licht ausknipsen könnte, wenn er es wollte. Auch mental helfe ihm der Sport, sagt er. Wenn er mal nicht ins Gym gehe, bekomme er eher schlechte Laune. Deshalb gehe er lieber einmal öfter als einmal zu wenig.

Nach dem Sport habe er meistens etwas im Haus zu tun. »Irgendeine Arbeit ergibt sich fast immer«, sagt er. Schließlich leben Sonja und er im Eigenheim auf einem großen Grundstück. Oftmals initiiere sie ein neues Projekt, das er dann umsetze. Einen Handwerker zu bezahlen, erzählt mir André, dafür sei er zu geizig. Er habe ja die notwendigen Fähigkeiten, und wenn es nicht zu viel Arbeit werde, mache sie ihm auch Spaß. Wenn die kleineren Aufgaben erledigt sind, holen er und Sonja sich etwas zu essen oder gehen zum Mittagessen ins Restaurant. Anschließend macht er für ein bis zwei Stunden Mittagsschlaf. Am Nachmittag kauft André fürs Abendessen ein. Das Gemüse holt er beim regionalen Händler, der nur zweimal in der Woche geöffnet hat, oder in der Metro. Dort kauft er gern Fleisch ein, das auch mal 50 Euro pro Kilogramm kosten darf. Er liebt es zu kochen und verbringt viele Abende in der Küche. Auf Netflix schaut er gern die Sendungen *Chef's Table* und *Schlemmen mit Gérard Depardieu*. Zum Essen trinken die beiden eine Flasche Wein, allerdings räumt André ein, dass es manchmal zu viel werde mit dem Alkohol. Dann hält er sich wieder etwas zurück. Nach dem Abendessen geht er entweder zeitig ins Bett oder spielt mit Sonja Videospiele. Wie beim Sport könne er sich auch beim Spielen gut entspannen, sagt er.

Wovon er sich als Privatier entspannen muss, erzählt mir André sehr ausführlich. Aus dem Erbe seien jede Menge Arbeit und Verpflichtungen entstanden, sagt er. Anfangs empfanden sie die

Abwicklung noch als aufregend. Der Papa hatte ihnen ein riesiges Vermögen vermacht und nun wurden sie erstmals selbst zu Unternehmern und Immobilieneigentümern. Doch der Nachlass sei kompliziert. »Sonja kämpft sich seit mehr als drei Jahren durch einen riesigen Berg an Unterlagen. Sie sortiert und koordiniert alles, nimmt Überweisungen vor. Das hätte ich niemals geschafft«, sagt er. Häufig haben sie mit Notaren, Rechtsanwälten und Steuerberatern zu tun. Vor einiger Zeit prüfte das Finanzamt sie gleich zweimal. »Wir mussten Unterlagen zusammensuchen und Aussagen zu Vorgängen machen, die viele Jahre zurücklagen und von denen wir keine Ahnung hatten. Das war extrem nervig«, erinnert sich André. Auch um die Immobilien müssen sie sich kümmern. »Wir machen die Hausverwaltung, betreuen die Mieter, ändern und verlängern Verträge und modernisieren die Gebäude«, sagt er. »Da musst du dir einen genauen Plan machen, Handwerker beauftragen, diese überwachen und die Kosten im Blick behalten.«

Zudem hinterließ ihnen der Papa noch andere Vermögenswerte, die ihnen viel Arbeit machten: Als der Vater sich während seiner Krankheit aus dem öffentlichen Leben zurückgezogen hatte, erschuf er sich zu Hause eine Welt aus Briefmarken, Münzen und Mineralien. »Diese Dinge mussten wir katalogisieren und von einem gerichtlich anerkannten Sachverständigen bewerten lassen. Du kannst dir nicht vorstellen, wie aufwendig das war«, sagt André. Anschließend versteigerten Sonja und er diese Vermögenswerte. Er glaubt, dass sie diese Aufgaben gut meistern, zumal sie sich in alles erst einarbeiten mussten. Aber nach drei Jahren gehe es ihnen auf die Nerven. Ihnen fehle das befriedigende Gefühl, mal etwas abzuschließen, erklärt mir André. Seit Jahren stehe immer wieder etwas Neues an, mit dem sie nicht gerechnet hatten, und oftmals seien es Verpflichtungen, die ihnen wenig Freude bereiteten. Zwar werde es immer weniger, je mehr Dinge sie geregelt bekommen, doch André geht davon aus, dass sie noch ein bis zwei Jahre mit dem Nachlass zu tun haben werden.

»Ich vermisse manchmal das unbeschwerte Leben meiner Jugend und in den frühen Zwanzigern«, sagt er. Er erinnere sich nun oft an einen Rat, den ihm ein befreundeter Gastwirt vor Jahren gab. Der habe zu ihm gesagt: »André, Besitz ist eine Last. Je mehr du hast, desto mehr musst du dich um ihn kümmern und desto mehr Probleme hast du.« Damals wusste er diese Aussage noch nicht einzuordnen, doch nun erkenne er sich selbst darin wieder. Zwar lebten er und Sonja in großem Luxus, aber dieser ziehe so viele Verpflichtungen nach sich, dass sie sich manchmal gefangen fühlten. Bis auf kurze Ausflüge zu ihren Ferienhäusern haben sie jahrelang keinen richtigen Urlaub gemacht. Zuerst, weil sie den kranken Vater pflegten, später dann, weil sie aufgrund des Nachlasses ständig Termine wahrnehmen mussten.

»Als ich neulich meine Fotos bei Facebook durchsah, habe ich festgestellt, dass ich zuletzt wenig für mich selbst gemacht habe«, erzählt mir André. Er sei schon lange nicht mehr angeln gewesen, das fehle ihm. Bis vor zwei Jahren fuhr er vier- oder fünfmal im Jahr mit Freunden an den oberen Main. Damals warf er seine Ausrüstung in den Transporter, schlug am Fluss ein Zelt auf und blieb ein paar Tage. Er zeigt mir Fotos von einem fröhlichen André, der stolz einen großen Fisch in die Kamera hält. Die Tradition mit den Freunden sei einfach eingeschlafen, er hoffe aber, sie wiederbeleben zu können.

Auch die Porschetreffen fehlen ihm, bei dem an einem Wochenende Porschebesitzer aus ganz Deutschland zusammenkommen. In dieser Community sei er bekannt für seine aufgemotzten Autos und er habe dort einige Freunde gefunden. Doch in diesem Jahr sei er nur bei einem dieser Treffen gewesen, erzählt er mir. Manchmal kam eine Verpflichtung dazwischen, manchmal wollte er Sonja nicht allein lassen. Alles in allem seien diese Ausflüge zu kurz gekommen, sodass er seine einzigen verbliebenen Freundeskreise – die Angel- und die Porschefreunde – kaum noch gesehen habe.

André gibt zu, dass ihn diese Situation stört. Die Verpflichtungen, die aus ihrem neuen Reichtum entstehen, und die fehlende Zeit, um eine lange Reise zu machen und den Hobbys nachzugehen.

»Manchmal würde ich am liebsten ausbrechen und neu anfangen«, erzählt er mir, aber die Liebe zu Sonja halte ihn davon ab. Seine Unzufriedenheit versuchte er in den letzten Jahren mit Konsum zu bekämpfen. »Einfach irgendwo hinfahren – in den Baumarkt oder zum Media Markt – und was kaufen.« Mal erwarb er ein neues Werkzeug, mal einen neuen Grill, etwas für den Garten oder Zubehör für die Autos. Sogar einen eigenen Weiher kaufte er, um dort angeln zu können. Er glaubte, das würde ihn glücklicher machen, aber letztendlich handelte er sich mit dem Weiher nur noch mehr Arbeit und noch mehr Verpflichtungen ein. Jetzt, da Sonja und er jede Menge Krempel angehäuft haben, ist er von diesem zunehmend genervt. Autoteile, Klamotten, Küchengeräte, Angelausrüstung sowie der Besitz des Papas verstopfen das große Haus. Oftmals schiebt er viele dieser Dinge nur von einer Ecke in eine andere.

Nachdem er im Internet gelesen hatte, wie befreiend eine Entrümpelung sein kann, räumte er kürzlich auf. Viele Gegenstände lud er in seinen Transporter und brachte sie direkt zum Sperrmüll. Bei kleinen Dingen habe er keine Geduld, diese bei eBay zu verkaufen und sich für ein bisschen Kleingeld mit Leuten herumzuärgern, sagt er. »Ich will den ganzen Mist loswerden, er belastet mich.«

Befriedigung versprach André sich auch von teurem Schmuck. Zwar hält Sonja ihn davon ab, seine Goldketten und Rolexuhren in der Öffentlichkeit zu zeigen, aber er trägt sie mit Stolz. Als er wegen des Verkaufs der Schweizer Unternehmensbeteiligung bei der Credit Suisse in Zürich saß, fühlte er sich mit den Bankiers auf Augenhöhe. Er liebt es, Bestätigung und Anerkennung zu bekommen. Allerdings hat er gelernt, dass die meisten Menschen sie ihm nicht geben. Die Reaktionen auf seinen Luxus seien ernüchternd, sagt er. Lediglich in der Porscheszene würde man sich für eine gute Uhr und für ein gutes Auto interessieren. Seit 2010, als er den ersten Porsche Boxster kaufte, fährt er zu diesen Treffen, wenn er Zeit für sie findet. Vor anderthalb Jahren ließ er seinen zweiten Porsche, Baujahr 1991, aufwendig umbauen und gewann bei einem großen Treffen in Süddeutschland den ersten Platz in seiner Tuningklasse. »Ein paar Monate lang war das neue Auto ganz toll«, sagt er nun. Doch dann habe die Ernüchterung wieder eingesetzt. »Das alles ist nur sehr kurzlebig. Konsum macht definitiv nur für einen kurzen Moment glücklich.« Er sieht heute ein, dass es nicht die Porsches und die Rolexuhren sind, die ihn befriedigen, sondern die Menschen, mit denen er sich bei den Veranstaltungen verbunden fühlt.

Da Konsum und Luxus ihn nicht glücklich machen, versucht er seit einigen Monaten, an anderen Stellschrauben zu drehen, von denen er sich eine höhere Lebensqualität verspricht. Allen voran denkt er an seine Gesundheit, schließlich hat er am Beispiel seines Schwiegervaters miterlebt, wie vergänglich das Leben sein kann. Deshalb trinkt André bewusster Alkohol, als er es bisher getan hat. Sobald er glaubt, die tägliche Flasche Wein könnte zur Routine werden, hört er für einige Zeit auf. Auch die Zigaretten hat er aufgegeben. Als ich ihn kennenlernte, rauchte er noch dreißig Stengel am Tag. Sonja und er besaßen immer einen Vorrat von jeweils fünf bis sechs Schachteln ihrer Lieblingsmarken. Sie rauchten unablässig und überall, selbst in ihrem Schlafzimmer. Die Veränderung sei ihm zunächst auf die Stimmung und auf den Magen geschlagen, erzählt mir André, doch er habe durchgehalten und nun gehe es ihm schon viel besser. Gesund zu bleiben, sei ihm so wichtig, dass er zuversichtlich ist, die Sucht besiegen zu können.

Auch die ganze Zeit vorm Computer – bis zu zwölf Stunden am Tag – habe ihm nicht gut getan. Das Internet habe ihm mehr geschadet, als genutzt, erzählt er mir. Online seien viele Arschlöcher unterwegs, die sein Weltbild zerstörten. An vielen Tagen debattierte er mit anderen Nutzern, die ihre Meinung ohnehin nicht ändern würden, und war am Abend genervt von den Diskussionen und davon, wie er seinen Tag verbracht hatte. Vor Kurzem trat er in einer spontanen Aktion aus allen Gruppen aus, entfernte alle Likes und kündigte die meisten digitalen Freundschaften auf. Seitdem ist er weniger oft online. Soziale Netzwerke hätten allerdings dazu geführt, erzählt er mir, dass er die Menschen in der realen Welt anders sehe. Er glaubt, viel Neid und Missgunst zu begegnen. Oft habe er das Gefühl, andere wollten ihm etwas wegnehmen. Alte Freunde, denen er Geld lieh, die es aber nur zäh zurückzahlten. Sein leiblicher Vater, den er vor einigen Jahren kennenlernte, der Sonja hinter Andrés Rücken um 15.000 Euro für ein neues Auto anpumpte. Auch Menschen, die er nicht kennt. Vor Kurzem habe jemand seinen Mercedes zerkratzt und bespuckt. Überall sehe er potentielle Gegner, die ihm schaden wollten, sagt André geknickt. »Das ist schlimm und ich weiß nicht, wie ich das rückgängig machen kann.«

Er fragt mich, ob ich eine Lösung habe, aber ich habe keine. Als wir darüber sprechen, überlegt er schon, was das für mein Buch bedeuten könnte. »Ich weiß ja nicht, wie weit du schon bist«, sagt er, »aber ich würde das Resümee ziehen, dass es echte finanzielle Freiheit nicht gibt. Wirklich frei, glücklich und ohne Sorgen bist du auch mit viel Geld nicht.«

Für ein Fazit ist es in der Tat zu früh. Andrés Geschichte zeigt mir lediglich, dass finanzielle Freiheit nicht automatisch glücklich macht. Das hatte ich ohnehin nicht erwartet. Allerdings glaube ich, dass André nicht für immer unzufrieden bleiben muss. Vielleicht ist es nur eine Phase. Für diese These spricht ein Modell des Soziologieprofessors Robert Atchley. Dieser schreibt in seinem Buch *The Sociology of Retirement* über die sieben Phasen des Ruhestandes, die er wie folgt definiert:

1. Fernphase: Man steht mitten im Berufsleben, der Ruhestand liegt noch in weiter Ferne, ist aber ein Ziel, auf das man sich schon beginnt zu freuen.
2. Nähephase: Der Ruhestand steht kurz bevor. Man freut sich immer noch, hat aber auch Angst. Man macht Pläne und rechnet nach, ob das Geld reichen wird.

3. Euphorie: Bei Eintritt in die Rente genießt man die gewonnene Freiheit, macht jene Dinge, die man sich vorgenommen hatte, verreist öfter und hat das Gefühl, einen unendlichen Urlaub angetreten zu haben.
4. Ernüchterung: Man hat alles getan, was man tun wollte, kann sich damit aber nicht auf Dauer bei Laune halten. Vielleicht ist man auch zu bequem gewesen, um die Pläne umzusetzen. Der Status, den man im Arbeitsleben noch hatte, ist verloren gegangen. Man fühlt sich nutzlos, unproduktiv und weiß nichts mit sich anzufangen.
5. Neuorientierung: Die Illusionen weichen der Realität. Man bewertet seine Ziele und Möglichkeiten neu, sucht sich wieder Aufgaben und Routinen.
6. Stabilität: Die neue Rolle wird akzeptiert. Neue Gewohnheiten geben Halt in einem Alltag, der wieder vorhersehbarer wird, aber auch Befriedigung verschafft.
7. Endphase: Die Gesundheit lässt keine großen Sprünge mehr zu. Man ist von der Pflege anderer Menschen abhängig. Diese Phase kann sowohl schnell vorübergehen als auch lange andauern.

Die vierte und fünfte Phase – Ernüchterung und Neuorientierung – sollen laut Atchley umso intensiver sein, je weniger der Rentner sich auf den Ruhestand vorbereitet habe. So wie André, der unvermittelt in eine Situation hineingeraten ist, die er sich nie vorstellen konnte. In der Annahme, dass dieses Modell auch auf freiwillige Frührentner zutrifft, vermute ich, dass André sich in der vierten Phase befindet. Er ist ernüchtert von dem vermeintlichen Traum, finanziell frei zu sein.

In den E-Mails, die er mir in den vergangenen Monaten schrieb, erwähnte er häufig, dass ihm langweilig sei. Er formulierte es so, als sei er davon selbst überrascht: »Gestern ist Sonja und mir aufgefallen, dass nach der Pflege von Papa und dem Aufwand mit der Erbschaft unser Stress stark abgenommen hat und wir nur noch wenig zu tun haben.« Zwar seien sie noch immer mit dem Nachlass beschäftigt, aber nur punktuell – deswegen können sie nicht länger verreisen – und es sei immer wieder derselbe Trott. Seine E-Mails an mich las

André im Nachgang offenbar selbst noch mehrmals durch. »Dabei fiel es mir gestern wie Schuppen von den Augen«, schrieb er. »Mir fehlt eine Veränderung. Ich brauche etwas Neues, eine Herausforderung.« Mit kleineren Veränderungen hatte er es bereits versucht, indem er überflüssigen Ballast ausmistete, sein Facebookkonto so gut wie löschte und aufhörte zu rauchen. Allerdings, so schrieb er mir, hinterließen diese Veränderungen eine noch größere Leere in seinem Alltag, die er nicht zu füllen wisse. Zwar könne er sich gut beschäftigen und den Tag herumbekommen, doch für größere Projekte aufraffen könne er sich nicht. Früher hätte er gern am Haus und im Garten gearbeitet, doch im Grunde sei er schon immer faul gewesen, sagt er, und die finanzielle Freiheit hätte diese Faulheit noch verstärkt. Er denkt sich, »Mensch, du müsstest was machen«, aber dann tut er es doch nicht oder weiß gar nicht erst, was er tun sollte. Lieber erinnert er sich an seine Jugend, als er nach eigener Aussage noch jung und wild war und sein Leben sich in einem ständigen Wandel befand. »Ich hätte schon Lust, wie früher auf die Piste zu gehen und die Sau rauszulassen, aber auf der anderen Seite bin ich dann doch brav und anständig geworden und nehme viel Rücksicht auf Sonja.«

André hat zwei Ideen, wie er sein Leben verändern könnte, ohne in den früheren Alltag bestehend aus Diskothek, Drogen und Frauen zurückzukehren. Am liebsten möchte er mit Sonja die ganze Welt bereisen, vorzugsweise das australische Outback und die weite Natur Kanadas, in der er fischen und auf die Jagd gehen will. Er möchte endlich einmal für ein ganzes Jahr, wenigstens aber für einige Monate, verreisen. Und er träumt von einem einsamen Hof, auf dem er allein mit seiner Frau leben kann, weit weg von anderen Menschen. »Ich schaue gerade nach Immobilien in Alleinlage«, erzählt er mir. »Da gibt es tolle Objekte mit bis zu 10 Hektar Grund und ohne direkte Nachbarn.« Beides ginge aber erst in einigen Jahren, sagt er, wenn die Formalitäten rund um den Nachlass erledigt seien und sich ihr Einkommen nach den Erbschaftszahlungen an Sonjas Geschwister und der Erbschaftssteuer an den Staat normalisiert hätte. Doch bis es so weit ist, fühlt er sich noch orientierungslos. Er weiß nicht, wie er seine Freizeit nutzen soll, um möglichst viel Zufriedenheit aus ihr zu ziehen.

Da André mich in seinen E-Mails um Rat fragte, empfahl ich ihm, häufiger für zwei Wochen zu verreisen, wenn ein ganzes Jahr nicht möglich ist, und ich riet ihm, für einige Monate auf einen abgeschiedenen Hof zu ziehen, anstatt gleich einen zu kaufen. So könne er ausprobieren, ob ihm das einsame Leben überhaupt gefällt. Ich glaube, dass große Ziele wie eine Weltreise oder ein neues Haus kurzfristig aufmuntern können, aber letztendlich besteht das Leben nicht nur aus Höhepunkten, sondern größtenteils aus Alltag. Beim Reisen und in einem einsamen Haus entstehen schnell neue Routinen, deshalb müsste es André im Idealfall gelingen, diese zu mögen. Eine Antwort schrieb er mir daraufhin nicht.

Ich bin dennoch optimistisch, dass André seinen Weg finden wird. Er hat seinen Ruhestand nicht von langer Hand geplant, so wie Nico, Oliver und Marcello es tun. Er hatte nicht viele Jahre Zeit, um seine Idee von Freiheit mit der Realität abzugleichen. Deshalb erlebt er die vierte Phase des Ruhestandes, die Ernüchterung, umso intensiver. Womöglich ist es auch eine Depression, die ihn mit seiner Freiheit hadern lässt. Ein halbes Jahr nach unserem Treffen schrieb er mir, dass er sich in Behandlung begeben habe. Fünf Wochen habe er in einer Klinik für psychotherapeutische Medizin verbracht, nun fühle er sich besser. Die Krankheit des Papas, der Stress durch das Erbe und die nicht genutzten Möglichkeiten der Freiheit, vielleicht war es in der Summe ein bisschen zu viel für André. Ich wünsche ihm, dass er die Phase der Ernüchterung bald verlässt, seine Ziele neu bewertet und damit in die fünfte Phase des Ruhestandes eintritt.

Wie es sich hingegen mit der finanziellen Freiheit lebt, wenn man die Ernüchterung und die Orientierung schnell durchläuft oder gar überspringt, erzählte mir Frank, den ich in Berlin getroffen habe.

FRANK KAM IN JAPAN GROß RAUS

Vielleicht hatte er Glück. Vielleicht war er gut vorbereitet. Zu keinem Zeitpunkt spürte Frank* Ernüchterung, nachdem der damals 42-Jährige seinen Job in Japan gekündigt hatte und mit seiner Frau zurück nach Deutschland gezogen war, um in finanzieller Freiheit zu leben. Es habe lediglich zwei bis drei Monate gedauert, um neue Routinen zu etablieren, die er heute, neun Jahre später, immer noch beibehält. »Seitdem führe ich das Leben, das ich jetzt lebe«, erzählt er mir bei unserem Treffen in einem Berliner Café.

Er bezeichnet sich als »Miniprivatier« und sieht auch wie einer aus. Frank trägt bei unserem Kennenlernen eine schwarze Fleecejacke, eine beigefarbene Trekkinghose und grüne Turnschuhe. Er wirkt, als würde er im Anschluss an unser Gespräch gleich noch nach Brandenburg rausfahren, um dort durch die Wälder zu wandern. An diesem Nachmittag erlebe ich einen Mann, der seiner Freiheit weit mehr abgewinnt, als André es bislang tut. Vielleicht liegt es daran, dass Frank dieses Leben viele Jahre geplant hatte.

Schon lange, bevor er seine erste Arbeitsstelle antrat, träumte Frank davon, nicht mehr arbeiten zu müssen. »Ich war bereits sehr früh von der Macht des Kapitals fasziniert«, erzählt er mir, »allerdings nur in seiner Funktion, dem Besitzer Freiheit zu verschaffen.« Er erinnert sich, wie er als Zehnjähriger vor Mietshäusern stand und entzückt war von dem Gedanken, dass deren Eigentümer nicht arbeiten müssten. Natürlich sei es damals nicht mehr als ein Gedankenspiel gewesen, sagt er, schließlich stamme er aus kleinsten Verhältnissen und habe in seiner Kindheit andere Vorlieben gehabt, als seine finanzielle Freiheit zu planen. Später machte Frank sein Abitur, er absolvierte den Grundwehrdienst und studierte anschließend Ingenieurwissenschaften.

Im Jahr 1995 hatte er seinen Universitätsabschluss in der Tasche, allerdings sei es eine schwere Zeit gewesen, sagt er. »Als Ingenieur bekam man damals grauenhafte Jobs angeboten.« Dennoch fand er eine Anstellung als Vertriebsingenieur bei einer mittelständischen Firma in Süddeutschland. In seinem Beruf durfte er häufig verreisen, konnte gute Referenzen sammeln und sich weiterentwickeln. Sein erstes Gehalt betrug 4.500 Mark, sieben Jahre später, kurz bevor er das Unternehmen verließ, verdiente er schon 8.000 Mark im Monat. Manchmal dachte er an die finanzielle Freiheit und schmiedete den Plan, sich langsam hochzuarbeiten und gelegentlich den Arbeitgeber zu wechseln, um ein höheres Gehalt verhandeln zu können. Dafür würde er auch umziehen. »Wenn alles gut geht«, dachte er, »kann ich mich mit Mitte fünfzig zur Ruhe setzen.«

Damals ahnte Frank nicht, dass er mit seiner ersten Arbeitsstelle bereits großes Glück gehabt hatte, denn sie sollte sich als ideales Sprungbrett für den nächsten Karriereschritt entpuppen. Ein Job, dem er heute seine finanzielle Freiheit verdankt. Kurz nach der Jahrtausendwende heuerte Frank bei einem japanischen Konzern an, der Maschinen aus Europa nach Japan importierte. Zwar habe es ein paar Interessenten für die Stelle gegeben, erzählt er mir, allerdings wollten damals nur vergleichsweise wenige Menschen in Japan arbeiten. Deshalb sei es nicht so schwer gewesen, den Job zu bekommen. Im Alter von fünfunddreißig Jahren war er zur richtigen Zeit am richtigen Ort und brachte genau die Erfahrungen und Referenzen in den Beruf ein, die die Firma in Tokio von dem neuen Mitarbeiter erwartete. Von einem Tag auf den anderen verdoppelte sich sein Einkommen. Kurz nachdem die neue europäische Währung eingeführt worden war, verdiente Frank in Japan umgerechnet 8.000 Euro. Doch das war erst der Anfang.

»Meine Karriere dort war vorgezeichnet. Ich hätte mich dumm anstellen müssen, um in dem Unternehmen nicht aufzusteigen«, erklärt er mir. Von Anfang an sei klar gewesen, dass er nach einiger Zeit ins Management wechseln würde. Einen internen Konkurrenzkampf habe es nicht gegeben, anderenfalls hätte er es nicht geschafft, glaubt er. »Ich bin kein Machtmensch. Ich wäre ungeeignet, mich in einem Haifischbecken durchzusetzen.« So kletterte er ohne interne Wettbewerber die Karriereleiter immer weiter hinauf. Nach wenigen Jahren saß er im Vorstand der japanischen Firma. Mit dem beruflichen Aufstieg wuchs auch sein Einkommen. Am Ende verdiente Frank ein Jahresgehalt von 500.000 Euro.

Nur eines blieb trotz seines Erfolgs nahezu konstant: die Lebenshaltungskosten. Seine Frau arbeitete während ihrer gemeinsamen Zeit in Japan nicht, trotzdem konnten die beiden einen großen Teil ihres Haushaltseinkommens sparen. »Ich habe wie ein Vorstand verdient, aber gelebt haben wir wie normale Angestellte«, erzählt mir Frank nüchtern, als sei das selbstverständlich. Ihre Lebenshaltungskosten betrugen damals zwischen 3.000 und 4.000 Euro im Monat. Das Unternehmen bezahlte die Miete, Frank musste sie nur als geldwerten Vorteil versteuern. Ein Auto hatten die beiden nicht – weder privat noch beruflich. Nach sieben Jahren in Tokio hatte Frank genug Geld gespart, um nie wieder arbeiten zu müssen.

»Japan war mein Glücksfall«, sagt er heute. Man brauche Glück, um finanziell frei zu werden, aber man müsse sein Glück auch herausfordern. »Niemand kommt auf dich zu und schenkt dir etwas, du musst dich selbst kümmern.«

Als sich abzeichnete, dass er früher in den Ruhestand gehen konnte, als er vor Japan zu träumen gewagt hatte, begann er, sich zu fragen, wie er seine Ersparnisse investieren könnte. Da er nicht mehr arbeiten wollte, musste sein Kapital es für ihn tun, damit er von dessen Erträgen würde leben können. »Mit Cash allein hätte ich mich nie getraut zu kündigen«, erzählt er mir. Doch bis dahin hatte er lediglich einen kleinen Betrag in Aktien investiert. Der größte Teil seines Vermögens lag gering verzinst auf dem Bankkonto. Das sollte sich ändern, und für Frank kam nur die Anlageklasse infrage, die ihn schon als Zehnjährigen fasziniert hatte: Immobilien.

In seinen letzten Berufsjahren suchte er mit seiner Frau eine Anlagemöglichkeit in Berlin, obwohl die beiden dort nie gelebt hatten. Der damalige Bürgermeister Klaus Wowereit hatte die Hauptstadt als »arm, aber sexy« bezeichnet und die Metropole damit attraktiver machen wollen, als sie es war. Kaum jemand wollte dort in Immobilien investieren, aber Frank erkannte das Potential. »Aus meiner Sicht konnte es nur nach oben gehen«, sagt er heute. Im Jahr 2007 stieß er auf ein Objekt mit zwei Wohnungen, einem Restaurant und einem Büro. Für 650.000 Euro erwarb Frank das Gebäude in der Nähe des Kurfürstendamms. Der Kaufpreis entsprach dem zwölffachen Wert der jährlichen Mieteinnahmen und wäre heute ein unglaubliches Schnäppchen. Doch damals wurden Eigentümer solche Immobilien nur schwer los.

Rückblickend betrachtet, hatte Frank ein zweites Mal großes Glück gehabt, seine Ersparnisse zur richtigen Zeit investieren zu können. Allerdings muss man es sich auch trauen, genau dann zu investieren, wenn alle anderen es für eine dumme Idee halten. Den meisten Menschen sind damals viele Gründe eingefallen, keine Immobilien in Berlin zu kaufen. Deshalb ist es nicht nur Glück, dass das Haus heute ein Vielfaches seines Kaufpreises wert ist. Auch Franks Mut und seine Weitsicht sind dafür verantwortlich. Im letzten Jahr veräußerte er eine der Wohnungen in dem Objekt für genauso viel Geld, wie er 2007 für das gesamte Gebäude bezahlt hatte. Die Wertsteigerung musste er nicht versteuern, da zwischen Kauf und Verkauf mehr als zehn Jahre lagen.

Frank freut sich, dass seine Immobilie im Wert gestiegen ist, für seinen Weg in die Freiheit änderte dieser Umstand allerdings nichts. »Schon als wir dieses Objekt gekauft hatten, war klar, dass es uns immer ernähren würde«, erinnert er sich. »Wir konnten nicht mehr pleite gehen.« Schon damals lebte er mit seiner Frau von den Mieteinnahmen. Durch den heute, aus Sicht des Vermieters, rentableren Immobilienmarkt sind die Einkünfte nun allerdings höher als erwartet. Nachdem er dieses Schnäppchen in Berlin gefunden hatte, war er seinem Ziel ein gutes Stück nähergekommen. Zwischen dem Kauf der Immobilie und seiner Kündigung in Japan lagen nur noch anderthalb Jahre.

Anfang 2009 entschied Frank, dass er genug Vermögen angespart hatte. Er besaß die Immobilie in Berlin sowie ein kleines Aktienportfolio und eine größere Barreserve, die er in Zukunft auch noch investieren wollte. Er hatte gerade seinen zweiundvierzigsten Geburtstag gefeiert, als er sich seinen Kindheitstraum erfüllte und den gut bezahlten Vorstandsjob für immer aufgab. »Viele haben mich für verrückt erklärt, meinen tollen Beruf hingeschmissen zu haben«, erinnert er sich. »Aber ich hatte meine Ziele erreicht und somit fiel die Motivation zu arbeiten weg.«

Diese Einstellung ist es, die mich an Frank fasziniert. Er beschloss, dass er genug Geld verdient hatte und nicht mehr benötigen würde. Ich frage mich, ob ich wohl aufhören würde, wenn ich mit nur einem Jahr Arbeit weitere 500.000 Euro verdienen könnte. Vermutlich würde ich wenigstens ein Jahr dranhängen, um mein Sicherheitspolster zu erhöhen und mir einen höheren Lebensstandard leisten zu können. Vielleicht würde ich auch zwei Jahre draus machen, oder drei. Schließlich ließe sich diese Entscheidung nicht mehr umkehren. Frank hätte nicht nach einigen Jahren beschließen können, nun doch wieder als Konzernvorstand arbeiten zu wollen. Nein, er wäre weiter unten auf der Karriereleiter eingestiegen, denn sein Humankapital hat er mit der Kündigung und ein paar Jahren Auszeit weitgehend vernichtet. Deshalb glaube ich, dass es vielen Menschen, die finanziell frei werden wollen, schwerfallen wird, einen Schlussstrich zu ziehen. Kann das Sicherheitspolster jemals groß genug sein? Wie entscheidet man, nie wieder zusätzliches Geld zu benötigen? Frank ist das gelungen.

»In meiner Rechnung sind mehrere Sicherheitsstufen einkalkuliert«, erzählt er mir. Mehr Geld brauche er einfach nicht. »Selbst wenn ich 5 Millionen Euro mehr hätte, würde sich mein Leben dadurch nicht ändern. Mein Glücksfaktor wäre vielleicht um 1,01 höher als heute.« Vielleicht, sagt er, würde er dann in einem schönen Penthouse leben anstatt in einer Dreizimmerwohnung, das sei ihm aber keine zusätzliche Arbeit wert. »Kein Geld der Welt würde mich zurück in einen Job locken. Ich bin ein glücklicher Miniprivatier.«

Für Frank ist es schwer, anderen Menschen seine Denkart zu erklären. Deshalb schickt er mir nach unserem Treffen einen Link zu einem YouTube-Video. »Dieser Clip bringt in nur einer Minute alles auf einen wunderbaren Punkt«, schreibt er. Es ist ein Auszug aus dem Film *The Gambler*. Der Schauspieler John Goodman erklärt in dieser Szene Mark Wahlberg die »Position of Fuck You«. Demnach wisse jeder Idiot, der ein kleines Vermögen angespart habe, was damit zu tun sei: ein solides Haus kaufen, den Rest des Geldes für 3 bis 5 Prozent Zinsen anlegen, Steuern zahlen und nicht zum Alkoholiker werden. Auf diese Weise würde man sich eine Festung bauen, von der aus man jedem, der etwas von einem wolle, sagen könne: Fuck you! In der Finanzielle-Freiheit-Szene ist dieser Clip bekannt, kleine Vermögen nennt man deshalb auch Fuck-You-Money. Frank liebt diese Filmszene und will mir mit ihr zu verstehen geben, dass er genug Geld habe, um zu allem Nein sagen zu können, was ihm nicht gefällt. Mehr als das brauche er eben nicht. »Ich bereue es deshalb nicht, gekündigt zu haben«, sagt er.

Allerdings ist Geld für viele Menschen nicht der einzige Grund, um arbeiten zu gehen. Viele gehen gern ihrer Arbeit nach, so wie Nico, Oliver und Marcello, deshalb frage ich Frank, ob er seinen Job mochte. Er antwortet: »Ich mochte das Unternehmen und meine Kollegen, aber ich habe es gehasst, als Nichtraucher jeden Abend mit rauchenden Kunden wegzugehen.« Er ergänzt, der einzige Zweck von Arbeit sei für ihn schon immer gewesen, Geld zu verdienen. »Wäre ich in einer reichen Familie groß geworden und hätte von meinen Eltern ein Vermögen geerbt, wäre ich auch nicht arbeiten gegangen. Ich hätte das Geld solide angelegt und von den Erträgen gelebt – wie jetzt auch.«

Auch dieses Weltbild möchte Frank erklären, indem er mir nach unserem Treffen einen Artikel aus der F.A.Z. schickt. In diesem arbeitet sich der Autor Don Alphonso an Menschen ab, die nicht arbeiten müssten, es aber trotzdem tun, weil sie es für richtig halten oder weil ihnen nichts Besseres einfällt. Der Artikel verweist auf das Zitat des früheren Arbeitsministers Franz Müntefering, der in Anlehnung an die Bibel sagte: »Wer nicht arbeitet, soll auch nicht essen.« Diese Worte verdeutlichen den Stellenwert von Arbeit in Deutschland, der sich in Franks Umfeld widerspiegelt.

»Wenn man jemandem erzählt, dass man nicht mehr arbeitet, bekommt man seltsame Reaktionen«, sagt er. »Eine Kombination aus Unverständnis und Neid.« Die Menschen würden eher akzeptieren, dass jemand ein hohes Gehalt verdient, als dass jemand von Vermietung und Verpachtung lebt. »Da kommst du sofort in eine ganz komische Schmuddelecke, denn du erhältst ja Geld, ohne zu arbeiten.«

Ich wende ein, dass er für sein Vermögen doch gearbeitet habe.

»Ja«, sagt er, »dann habe ich in den Augen der Leute vermutlich zu viel verdient, sonst könnte ich nicht von meinem Vermögen leben.«

Frank erzählt, er habe mehrmals erlebt, dass die Stimmung vergiftet worden sei und das Vertraute verloren ging, wenn er Bekannten erzählte, dass er nicht mehr arbeitet. »Menschen definieren sich oftmals über ihre Arbeit«, sagt er. »Wenn man selbst nicht mehr arbeitet, kritisiert man sie damit indirekt.« Deshalb wissen nur seine Eltern und seine Schwiegereltern, dass er von den Erträgen seines Vermögens lebt. Gegenüber Freunden und Bekannten stapelt er hingegen tief. Wenn sie ihn fragen, was er mache, weicht er ihnen aus oder erzählt, er sei als freier Berater tätig. Dass er seit neun Jahren keinen einzigen Tag mehr gearbeitet hat, bindet er niemandem auf die Nase. Er hat nicht nur Angst vor Neid, sondern auch vor Erpressung und Schlimmerem. Er erzählt mir von einem Kryptomillionär, der kürzlich entführt worden sei. »Das klingt zwar irrsinnig«, sagt er, »aber Menschen sind manchmal irrsinnig.« Deshalb könne man nicht vorsichtig genug sein und auch in diesem Buch möchte er nur anonym erscheinen.

»Hast du das Gefühl, dass dein Vermögen neuen Beziehungen im Weg steht?«, frage ich ihn.

»Ja, ich glaube schon«, sagt er. Es sei der einzige Aspekt der finanziellen Freiheit, der ihn störe. Er würde gern offener mit Menschen reden, kenne aber selbst nur zwei andere Privatiers, mit denen er sich manchmal austausche. »Am liebsten«, sagt er, »sind mir Menschen, die mehr Geld haben als ich, das ist entspannter.« Denn er selbst kenne keinen Neid und die Reicheren hätten keinen Grund, ihn zu beneiden. Dieser Wunsch ist auch der Grund dafür, dass Frank mir seine Geschichte erzählt. Er hofft, über das Buch Menschen kennenzulernen, die ähnlich ticken wie er. Deshalb hat er eine E-Mail-Adresse eingerichtet (privatier@wolke7.net), über die ihn andere Ruheständler erreichen können. Vielleicht erwachsen eine oder zwei Freundschaften daraus, das würde ihm gefallen. »Ich habe auch schon überlegt, eine Website zu starten«, erzählt er, »Privatierclub.de oder sowas, aber dafür bin ich zu faul.«

Da Frank sich immer wieder als Miniprivatier bezeichnet, frage ich, was dieser Begriff für ihn bedeute. Er definiert diesen Status so: »Ein passives Einkommen, das dem Gehalt eines gut verdienenden Angestellten entspricht, ohne dass dieser dafür arbeiten muss.« Ein festes Budget setzen er und seine Frau sich nicht, aber nach neun Jahren haben sie ausreichend Erfahrungen sammeln können, um ihre durchschnittlichen Kosten zu kennen. Zwischen 3.000 und 4.000 Euro im Monat geben die beiden aus. Davon sind ihre Lebenshaltungskosten vollständig gedeckt, einschließlich zweier Krankenversicherungen und der Wohnnebenkosten. Eine Miete zahlt das Paar nicht, denn mittlerweile leben sie in einer Eigentumswohnung in Berlin. Das war zwar nicht geplant, doch nach ihrer Rückkehr aus Japan fanden sie keine passende Mietwohnung. Es war leichter, eine weitere Wohnung zu kaufen, als eine zu mieten. Deshalb erwarben sie eine Dreizimmerwohnung im Berliner Westen. Auch der Wert dieser Immobilie hat sich seit dem Kauf vervielfacht. Beide Objekte – das Haus und die Wohnung – kaufte Frank aus Barmitteln, weil er in der finanziellen Freiheit keine Kredite bedienen wollte. »Es lebt sich entspannter ohne Schulden«, sagt er. »Auch Rechnungen bezahle ich immer sofort.«

Die Einnahmen aus Miete und Aktiendividenden übersteigen die monatlichen Lebenshaltungskosten. Frank könnte folglich mehr Geld ausgeben, will das aber nicht. Er habe nie das Gefühl, mehr Geld zu brauchen, um noch besser zu leben, erzählt er mir. »Ich kann mir jederzeit kaufen, was ich brauche. Wenn ich einen neuen Laptop haben möchte, kaufe ich den einfach.« Der größte Luxus, den das Paar sich leistet, sei ihre 90 Quadratmeter große Wohnung. »Zwei Zimmer würden uns auch genügen, aber ein dritter Raum entzerrt alles ein bisschen.« Größere Ansprüche habe er nicht.

»Ich könnte mir eine Rolex kaufen, die brauche ich aber nicht«, erzählt er mir und ich muss an Andrés Uhrensammlung denken. Auch dessen Fuhrpark kommt mir in den Sinn, als Frank erzählt, dass er nur im Studium mal ein altes Auto besessen habe. Seitdem seien er und seine Frau in Tokio sowie in Berlin ohne eigenes Fahrzeug ausgekommen. Tagsüber benutzen sie den öffentlichen Nahverkehr, nachts leisten sie sich schon mal ein Taxi, im Urlaub nehmen sie einen Mietwagen. Das sei erheblich günstiger und mit weniger Verpflichtungen verbunden, als einen Pkw zu halten, meint Frank. Lediglich seine private Krankenversicherung bereite ihm etwas Sorgen, sagt er. Er zahlt monatliche Beiträge in Höhe von 500 Euro und hat dabei eine so hohe Selbstbeteiligung, dass er seine Arztrechnungen nie einreicht. Im Alter werden die Beiträge voraussichtlich weiter steigen. »Wenn ich später mal 1.000 Euro bezahlen müsste, ginge das auch noch, es wäre aber nicht schön.« Er hätte nichts dagegen, wenn die Regierung eine Bürgerversicherung beschließen würde. Das käme ihm entgegen.

Immerhin werde er später eine kleine gesetzliche Rente beziehen, die dabei helfen sollte, die steigenden Gesundheitskosten aufzufangen.

Über sein Vermögen nachzudenken, es zu verwalten und umzustrukturieren, das mache ihm Spaß, erzählt mir Frank. »Darauf verwende ich jeden Tag ein bis zwei Stunden.«

»Was gibt es da so viel zu tun?«, frage ich ihn, schließlich steckt der größte Teil seines Vermögens in Immobilien, um die er sich kaum kümmern muss. Die meiste Zeit, antwortet er, würde er Unternehmen recherchieren, Finanzforen durchstöbern und Blogs lesen. »Ganz viel von meinem Wissen über Unternehmen stammt von meinen Aktienrecherchen.« Wenn er da erst mal anfange, seien zwei Stunden schnell vorüber. Zwar spielen Aktien bei seinen Investitionen bisher nur eine untergeordnete Rolle, aber das könnte sich in Zukunft ändern. Seine Immobilien – neben dem Haus und der Eigentumswohnung besitzt er noch eine Arztpraxis – befinden sich alle im gleichen Stadtteil Westberlins. Gut diversifiziert ist das nicht. Deshalb überlegt er, wie er einen Teil seines Vermögens umstrukturieren kann. Das ist der Grund, weshalb er im vergangenen Jahr eine Wohnung in seinem Mehrfamilienhaus verkaufte. Die Erlöse möchte er nun in den Aktienmarkt investieren, vorzugsweise in Aktien von amerikanischen Immobilienunternehmen, denn Immobilien sind weiterhin seine bevorzugte Anlageform. Allerdings sei das Risiko bei mehreren Aktien oder einem Immobilien-Indexfonds besser gestreut, als wenn er nur eine Handvoll Objekte in Berlin besäße, erklärt mir Frank.

Einen Teil des Verkaufserlöses möchte er in bar zurückhalten, für den Fall, dass er in Zukunft eine weitere Investmentchance bekommt. »Die nächste Krise kommt bestimmt«, sagt er, »und dann ergeben sich immer die besten Chancen.«

Wenn er nicht gerade umstrukturiert, verursachen seine Immobilien nur wenig Aufwand. Er schätzt diesen auf durchschnittlich eine Stunde pro Woche. Frank versucht stets, das Verhältnis aus Aufwand und Ertrag zu optimieren. Die Arztpraxis sollte ursprünglich ein

Coworking-Space werden, um höhere Mieteinnahmen zu erzielen, doch das Projekt wurde ihm zu aufwendig. Seine einzig verbliebene Mietwohnung vermietet er jetzt möbliert. Das mache zwar mehr Arbeit, bringe aber gleichzeitig mehr ein. Auch das Restaurant erwirtschafte höhere Renditen als Mietwohnungen, erzählt er mir, dafür müsse er sich häufiger mal um etwas kümmern.

Die Verwaltung des Vermögens übernimmt er allein, denn seine Frau interessiere sich nicht für Finanzen, erzählt mir Frank. »Sie vertraut mir dabei voll und ganz.« Womöglich würde es gar zu Konflikten kommen, glaubt er, wenn sich in einer Beziehung beide intensiv in die Verwaltung des Vermögens einbringen würden. Trotzdem setzt er auf Gleichberechtigung, denn seine Frau vertraut nicht nur ihm, sondern er auch ihr. Obwohl Frank den größten Teil des Vermögens verdient hat, gehören alle Immobilien zur Hälfte seiner Frau. »Ich bin in dieser Hinsicht ein sehr moralischer Mensch«, erzählt er mir. »Selbst wenn wir uns einmal trennen sollten – was ich für ausgeschlossen halte – möchte ich, dass auch sie ausgesorgt hat.« Schließlich habe sie ihn stets in seinen Zielen unterstützt, also solle ihr auch die Hälfte gehören.

Diese Denkweise spiegelt sich in großen Teilen meiner Recherche wider. Zwar bin ich nicht genau über die jeweiligen Vermögensverhältnisse informiert, jedoch sprechen die verheirateten Paare stets vom gemeinsamen Vermögen – unabhängig davon, wer das Geld in die Beziehung einbringt. Alle meine Gesprächspartner leben in langfristigen Partnerschaften, überwiegend sind sie verheiratet. Zwar träumt oftmals nur einer der Partner von der finanziellen Freiheit, aber innerhalb der Beziehung haben beide sehr ähnliche Vorstellungen von dem gemeinsamen Lebensstandard. Selbst wenn ein Partner weiterarbeiten möchte, konsumiert er deshalb nicht mehr. »Auf dem Weg in die Freiheit müssen beide Partner das Auto von der gleichen Seite anschieben«, erzählte mir Marcello.

Mit seinen Finanzen beschäftigt Frank sich meist am frühen Morgen, wenn er mit einer Tasse Kaffee am Computer sitzt. Anschließend treibt er eine halbe Stunde Sport, meistens auf einem Heimtrainer, der in seiner Wohnung steht. Das sei für ihn eine Gewohnheit wie das Zähneputzen, sagt er. Den Sport habe er sich vor zwanzig Jahren angewöhnt, als er unter Übergewicht und Rückenschmerzen litt. Am späten Vormittag frühstückt Frank ausgiebig mit seiner Frau und gönnt sich danach einen kurzen Mittagsschlaf. Am Nachmittag unternehmen sie oft etwas zu zweit, fahren in die Stadt, gehen ins Café oder treffen Freunde. Fast jede Woche gehen sie ins Kino. Einkaufen müssen sie nicht mehr, seit es Anbieter gibt, die Lebensmittel bis zur Haustür liefern. Das sei ein Zugewinn an Lebensqualität, sagt er. »Unser Alltag ist eher gemütlich.«

Große Teile seiner freien Zeit verbringt Frank damit, die nächsten Reisen zu planen, denn fünf bis sechs Monate im Jahr ist er unterwegs. Manchmal fährt er zu Schachturnieren, an denen er regelmäßig teilnimmt. Am Tag nach unserem Gespräch will er noch mit dem Zug nach Nürnberg fahren, um dort übers Wochenende ein Turnier zu spielen. Seine Wertungszahl liege zwischen 1.800 bis 1.900, sagt er und erklärt mir, dass ein Anfänger bei 800 liegen dürfte und ein Weltmeister bei 2.800. Ein kleines bisschen kenne ich mich auch aus und weiß, dass ich mit meinem Niveau von 1.200 Punkten gegen Frank keine Chance hätte.

Auch der nächste große Urlaub sei schon geplant. Im Sommer möchte er mit seiner Frau nach Schweden fahren, erzählt er mir. Dort wollen sie für einen Monat ein Ferienhaus mit einem eigenen Fitnessraum mieten. Diese Reise verbindet er mit einem Schachturnier in Dänemark. Erst wird er zwölf Tage Schach spielen, dann geht's weiter in den Norden. Vielleicht werden sie vor dem Sommer noch an einer Kreuzfahrt mit der Aida teilnehmen, doch da er nicht ganz seefest ist, sei das noch nicht entschieden. Auch eine Rundreise durch die USA könne er sich vorstellen, sagt er. Vielleicht im nächsten Jahr. Doch überwiegend erkunden die beiden Europa. Hier gebe es noch so viele unentdeckte Ecken, dass sie damit für eine lange Zeit beschäftigt seien.

Vor allem die Wintermonate verbringt das Ehepaar gern im Ausland. In den letzten Jahren haben sie Andalusien für sich entdeckt. Auch dieses Jahr fliegen sie kurz vor Silvester nach Spanien und bleiben dort für zwei bis drei Monate an der Costa de la Luz. Im letzten Winter sei es dort zwar ein wenig kalt gewesen, aber für gewöhnlich könne man mit bis zu 20 Grad rechnen, erzählt mir Frank. Die Ferienhäuser stünden zu dieser Jahreszeit überwiegend leer. Für ihre luxuriöse Unterkunft hätten sie nur 2.000 Euro im Monat bezahlt, doch mit ein paar Abstrichen ginge das sogar für den halben Preis.

»Unser Alltag ist dort eher langweilig«, antwortet er auf meine Frage, was sie den ganzen Winter über in Spanien machen. »Wir gehen zweimal die Woche einkaufen, sonst spazieren wir stundenlang am Strand, lesen Bücher, schauen fern und surfen im Internet.« Seine Immobilien könne er auch von Spanien aus verwalten, erklärt er mir, schließlich habe er alle Dokumente in der Cloud gespeichert. Daher sieht er sich als digitaler Nomade, der überall leben und seinen Geschäften nachgehen könnte.

Sowohl seinen Alltag in Berlin als auch in Spanien bezeichnet Frank als unspektakulär. Ich frage mich, ob ihm dabei nicht langweilig werde, schließlich weiß ich von André und anderen freien Menschen, dass ihnen eine Aufgabe fehlt. Deshalb will ich auch von Frank wissen, ob er sich nach einem Projekt sehnt, an dem er sich verausgaben kann. Doch zu meinem Erstaunen verneint er dies. Zwar hätte er schon gern mal ein Buch geschrieben oder den Online-Privatierclub gegründet, erzählt er mir, aber er könne sich dazu nicht aufraffen. Nach einer Stunde würde ihn die Lust bereits wieder verlassen.

»In manchen Dingen habe ich eine sehr hohe Disziplin, wie bei meinem Sport«, sagt er. »Auch an meinem Traum habe ich hart gearbeitet, aber seit ich tun und lassen kann, was ich will, interessiert mich Arbeit nicht mehr.« Ihm fehle da vielleicht eine spezielle Form von Disziplin, vermutet er. »Es ist offenbar so, dass der Weg meine

Aufgabe ist. Den nächsten Urlaub planen, ein Schachturnier besuchen, meine Immobilien verwalten.« Weitere Aufgaben brauche er nicht.

Am Anfang, nachdem er mit seiner Frau nach Berlin gezogen war, versuchte er es mit einem Ehrenamt. Er bewarb sich als Schöffe beim Gericht. Die Arbeit dort hätte ihn interessiert, sagt er. Ein Mitarbeiter hielt ihn für einen aussichtsreichen Kandidaten, da es in seiner Altersklasse fast keine Männer gab, die Schöffe werden wollten. Franks Bewerbung sollte deshalb nur eine Formsache sein, trotzdem wurde sie abgelehnt. Der Job wurde unter der Hand vergeben. Später versuchte er es mit einem anderen Ehrenamt. Er gab Schülern Nachhilfe in Mathematik. »Ich hatte viel Glück in meinem Leben und wollte etwas zurückgeben«, sagt er. »Außerdem habe ich mich für einen guten Mathelehrer gehalten.« Allerdings empfand er diese Arbeit als wenig befriedigend, zumal seine Schüler in ihren Matheprüfungen erfolglos blieben. Nach diesem glücklosen Versuch gab er das Ehrenamt wieder auf, auch um eine Verpflichtung zu vermeiden, die ihm ohnehin nur wenig gefiel. Um beide Ehrenämter hatte er sich bemüht, weil sie ihn inhaltlich interessierten, aber nicht, weil er eine Aufgabe gebraucht habe.

Bei unserem Treffen habe ich nicht das Gefühl, dass es Frank an etwas fehlt. Er machte auf mich einen rundum zufriedenen Eindruck und bestätigt mir dies auch. Auf meine Frage, ob er glücklich sei, antwortet er: »Na ja, manchmal kommt das Leben dazwischen, wie zurzeit die Erkrankung meiner Mutter, aber abgesehen davon bin ich sehr zufrieden mit meinem Leben.« Überraschend finde ich, dass sich die Freude an seiner Lebensweise nicht abnutzt: »Ich kann mich immer wieder an meiner Situation erfreuen«, versichert er mir. Wenn er morgens zum Bäcker gehe und dort Berufstätige mit ihren Aktenkoffern sehe, sei er froh, nicht zur Arbeit zu müssen. Er möchte sich an den kleinen Dingen des Lebens erfreuen und noch möglichst viele gesunde Jahre aus seinem Leben ziehen. Er wolle nichts anderes, als ein Miniprivatier zu sein.

Da Frank und seine Frau keine Kinder haben, frage ich ihn, ob er sein Vermögen im Alter aufzehren möchte. Schließlich gibt es keine Erben. Er antwortet: »Ich könnte es nicht aushalten, von der Substanz zu leben.« Weil er mit Arbeit kein Geld verdient und voraussichtlich nie wieder verdienen wird, möchte er sein Vermögen nicht anrühren, sondern nur von dessen Erträgen leben. Dennoch hat er darüber nachgedacht, was nach seinem Tod aus dem Vermögen werden soll. Er erzählt mir von einer Idee für eine Stiftung, die er später einmal gründen möchte: »In Deutschland geht's zwei Gruppen von Leuten gut: den Wohlhabenden wie dir und mir und der unteren Schicht, die mit Sozialleistungen versorgt wird – egal, ob sie etwas leistet oder nicht. Vernachlässigt wird aber die Schicht dazwischen, die unteren und mittleren Einkommen. Das sind die, die den Laden am Laufen halten, die aber wenig für das bekommen, was sie leisten.« Seine Stiftung würde Wohnungen kaufen und diese für Menschen subventionieren, die von 1.000 bis 2.500 Euro im Monat leben. Diese »kleinen Leute« liegen ihm am Herzen, sagt er. Menschen, die viel leisten, aber doch nie an ein stattliches Vermögen kommen.

Als mir Frank von dieser Idee erzählt, muss ich an Melanie denken, der einzigen Frau in diesem Buch, die auf eigene Faust finanziell frei wurde, obwohl sie zu den »kleinen Leuten« zählt. Zwar verdiente sie in ihrer Karriere weit weniger als Frank, dennoch verbinden die beiden zwei Dinge: das Interesse an Immobilien und die Liebe für den spanischen Winter.

MELANIE LIEBT BAUSPARVERTRÄGE

Ich hatte mir gewünscht, mit mehr Frauen zu sprechen, die finanziell frei sind oder es sein wollen. Doch ich schätze, nur ein oder zwei von zehn Personen, die sich ernsthaft mit finanzieller Freiheit auseinandersetzen, sind weiblich. Bei meinen Recherchen stieß ich fast immer auf die gleiche Situation: *Er* ist mit dem Freiheitsvirus infiziert. *Sie* unterstützt ihn in seinen Zielen, träumt aber selbst nicht von finanzieller Freiheit oder bringt nicht die Voraussetzungen mit, um aus eigener Kraft dem Arbeitstrott zu entkommen. Oft interessiert sie sich auch nicht für Finanzen. Meike aus Bad Vilbel konsumiert ähnlich genügsam wie ihr Mann Nico, aber im Gegensatz zu ihm möchte sie zukünftig lieber mehr als weniger arbeiten. Joana, die Freundin des Frugalisten Oliver, teilt dessen Lebensweise, doch hat sie in absehbarer Zeit keinerlei Perspektive auf finanzielle Freiheit und strebt auch nicht nach ihr. Bei Marcello und Maria, dem Rüsselsheimer Ehepaar mit drei Kindern, ist er derjenige, der das Ziel vorantreibt und seiner Frau damit häufiger in den Ohren liegt, als es ihr lieb ist. Frank, der Miniprivatier, kümmert sich allein um die gemeinsamen Finanzen, da seine Frau an ihnen kein Interesse zeigt. In den folgenden Kapiteln werde ich weitere Geschichten erzählen, in denen ein Mann die treibende Kraft ist. Diese hier allerdings ist anders.

Melanie weiß, dass sie als finanziell freie Frau eine Rarität ist. Von Anfang an war ihr klar, dass sie etwas anders machen musste, wenn sie nicht in eine typische Frauenrolle geraten wollte. Eine richtungsweisende Entscheidung traf sie bereits im Jahr 1992. Damals lagen ihr zwei Angebote für eine Lehrstelle vor. Wäre sie nach ihren Interessen gegangen, hätte sie eine Ausbildung im Umweltschutz angetreten. Doch Melanie entschied sich für einen von Männern dominierten Beruf, denn sie wollte genauso viel Geld verdienen wie ein Mann. Als 16-Jährige begann sie deshalb bei Opel eine Lehre als Energieelektronikerin. Es sei nicht ihr Traumberuf gewesen, erzählt sie mir, aber rückblickend empfinde sie diese Wahl als eine wichtige Weichenstellung auf dem Weg zur finanziellen Freiheit.

Bei dem Automobilhersteller arbeitete sie im After-Sales-Management. Dieser Bereich des Konzerns versendet Ersatzteile, die bei Wartungen und Reparaturen der Fahrzeuge benötigt werden. Melanie war immer fleißig, tat mehr als andere und stieg folgerichtig nach einigen Jahren zur Teamleiterin auf. »Das war ein sehr schöner Job«, erzählt sie mir in ihrem Ruhrpottdialekt. »Ich brauchte kaum produktiv zu arbeiten, sondern hatte viel Schreibkram zu erledigen: Verbesserungsvorschläge, Unfallberichte, Qualitätsberichte.«

Vor mehr als zehn Jahren lagerte der Konzern das After-Sales-Management in ein externes Unternehmen aus, sodass Melanie offiziell nicht mehr für Opel arbeitete, sondern für eine Firma namens Neovia Logistics. Dennoch fühlte sie sich weiterhin mit der Automarke verbunden, denn an ihren Aufgaben und an ihrem Lohn von bis zu 2.000 Euro netto im Monat änderte sich nichts. Melanie arbeitete im Schichtsystem, erst jahrelang in der Frühschicht, später in der Mittagsschicht. Diesen Rhythmus empfand sie jedoch als anstrengend und mehr Freizeit hätte sie auch gern gehabt, deshalb entschied Melanie sich mit Mitte zwanzig, nur noch in Teilzeit zu arbeiten. Diese Phase sei die schönste Zeit in ihrer Karriere gewesen, erinnert sie sich heute. »In Teilzeit kam es mir so vor, als würde ich fast gar nicht arbeiten. Wenn ich an meinem Arbeitsplatz war, hatte ich gut zu tun und bald war es auch schon wieder vorbei.« Dass sie aufgrund der verkürzten Arbeitszeit weniger Geld verdiente, störte sie damals nicht. Die zusätzliche Freizeit war ihr wichtiger, als sich mehr leisten zu können. Melanie war ohnehin sparsam und sie lernte in dieser Zeit, mit noch weniger Geld auszukommen. Doch nach drei Jahren veränderten sich ihre Präferenzen schlagartig. Sie wechselte zurück in Vollzeit, denn sie hatte eine Eigentumswohnung gekauft.

Die Idee, von Mieteinnahmen zu leben, kam ihr erstmals mit vierzehn Jahren. Damals schrieb sie es in ihr Tagebuch, so sehr faszinierte sie dieser Gedanke. Vor einiger Zeit nahm sie es noch einmal zur Hand und schmunzelte, als sie durch die Seiten aus ihrer Jugend blätterte. Dass sie irgendwann eine Immobilie besitzen würde, stand für sie frühzeitig fest, deshalb schloss sie schon zu Beginn ihrer Lehre gleich mehrere Bausparverträge ab. Jeden Monat zahlte sie in diese Verträge ein. Damals habe es noch attraktive Zinsen auf das Sparguthaben gegeben, erinnert sie sich. Als sie das vertraglich vereinbarte Mindestguthaben erreicht hatte, wurden die Verträge zuteilungsreif. Damit hatte sie Anspruch auf ein Bauspardarlehen. Mit der Summe aus Guthaben und Darlehen konnte sie eine Immobilie erwerben.

Als sie siebenundzwanzig Jahre alt war, kaufte sie eine 65 Quadratmeter große Eigentumswohnung in Recklinghausen. Die monatlichen Zins- und Tilgungsraten für den Kredit beglich sie aus den Mieteinnahmen. Doch das war ihr nicht genug. Melanie wollte das Darlehen so schnell wie möglich zurückzuzahlen, um bei der Bank nicht länger als nötig in der Schuld zu stehen. Bausparverträge erlauben hohe Sondertilgungen, deshalb durfte sie über die normalen Raten hinaus jedes Jahr so viel von dem Kredit zurückzahlen, wie sie wollte. Melanie tilgte so viel, wie es ihr Vollzeitgehalt zuließ.

Zwei Jahre später kaufte sie eine weitere Immobilie, ebenfalls mithilfe eines zuteilungsreifen Bausparvertrags. In die 50 Quadratmeter große Wohnung in Castrop-Rauxel zog sie selbst ein. Den Kredit konnte sie folglich nicht aus Mieteinnahmen bedienen, sondern musste eigene Mittel dafür aufbringen. Weil ihr hohe Sondertilgungen wichtig waren, arbeitete Melanie nun ausschließlich in Nachtschichten, da sie für diese die höchsten Zulagen erhielt. Außerdem meldete sie sich freiwillig für Sonderschichten am Wochenende. »In dieser Zeit erinnerte ich mich mit Wehmut an die Teilzeitphase zurück«, erzählt sie mir, »aber die Kredite schnell zurückzuzahlen, war mir wichtiger.« Damals arbeitete sie viel, um es später einmal besser zu haben.

Nach einigen Jahren, als beide Wohnungen fast abbezahlt waren, erhielt sie die Möglichkeit, in ihrer Nachbarschaft ein Dreifamilienhaus zu kaufen. »Dieses Investment war der nächste logische Schritt«, sagt sie heute. Sie hatte bereits Erfahrungen mit Immobilien sammeln können und wollte sich nun vergrößern. Das nötige Eigenkapital trieb sie innerhalb der Familie auf. Bei den Banken genoss sie mit ihren zwei Immobilien eine sehr gute Bonität. Sie vereinbarte erneut ein Recht auf hohe Sondertilgungen, um den Kredit möglichst schnell abzahlen zu können. Kurz nach unserem Gespräch im Dezember des letzten Jahres leistete sie die letzte Rate – weniger als zehn Jahre, nachdem sie das Haus gekauft hatte.

Wie Marcello entschied Melanie sich für Immobilien als Anlageklasse, um finanziell frei zu werden. Ihre Strategie war jedoch eine andere als die des Rüsselsheimers, der ein sanierungsbedürftiges Mehrfamilienhaus kaufte und es mit seiner eigenen Arbeitskraft aufwertete. Melanie investierte in junge Häuser, in die sie in absehbarer Zeit kein weiteres Geld würde stecken müssen. Lieber zahlte sie einen höheren Kaufpreis, hatte dafür aber keine unvorhergesehenen Probleme mit ihren Objekten. Außerdem achtete sie auf eine gute Wohnlage. Nur so ließ sich die Investition für sie sicher kalkulieren. Sie würde ihre Wohnungen jederzeit vermieten können und könnte sich ihre Mieter aussuchen, ohne den erstbesten nehmen zu müssen. »Ich hatte noch nie Ärger mit meinen Mietern«, erzählt sie mir. Die Mietzahlungen seien stets pünktlich eingegangen, deshalb habe sie ihre Investition nie als großes Risiko empfunden. Die Mieter zahlten für Melanies Vermögensaufbau. Bei einem Mietausfall hätte sie dennoch jederzeit mit ihrem Gehalt einspringen können. Da das nie notwendig war, konnte sie große Teile ihres Einkommens für Sondertilgungen aufwenden.

Dass Melanie das Haus in weniger als zehn Jahren abzahlen und mit nur achtunddreißig Jahren ihren Beruf an den Nagel hängen konnte, ist nicht allein auf ihre Tilgungsdisziplin zurückzuführen. Schon lange hatte sie von finanzieller Freiheit geträumt, doch die meiste Zeit sei es nicht mehr als ein Rechenbeispiel in Excel gewesen, erzählt sie mir. Melanie wusste, dass ihr fünf Wohneinheiten, davon vier vermietet, zum Leben genügen würden, doch unter normalen Umständen hätte es noch viele Jahre gedauert, bis sie den letzten Kredit hätte ablösen können. Allerdings sah sie eine Möglichkeit, diesen Prozess erheblich zu beschleunigen. Nach mehr als zwanzig Jahren im Universum des Opel-Konzerns fühlte sie sich mit dem Unternehmen immer weniger verbunden. Bei den Betriebsversammlungen hieß es häufig, die deutschen Mitarbeiter seien zu teuer. Aus jeder Vorstandsansprache hörte Melanie heraus: »Eigentlich brauchen wir dich nicht.« An den Mitarbeitern hat es nicht gelegen, dass es Opel schon länger schlecht ging, doch sie waren es, die ihren Arbeitsplatz verlieren würden. Während die meisten Kollegen ängstlich ihrer möglichen Entlassung entgegensahen, hoffte Melanie insgeheim, von einer Kündigungswelle profitieren zu können. Dafür musste sie allerdings von ihrem Arbeitgeber Neovia zum Mutterkonzern zurückkehren. Das gelang ihr, indem sie einen »Opelaner« fand, mit dem sie den Arbeitsplatz tauschen konnte. Dieser wechselte zu Neovia und bekam dort eine sichere Stelle, sie ging dafür in das Bochumer Opelwerk, das geschlossen werden sollte, und spekulierte auf eine attraktive Abfindung.

Anders als viele Menschen glauben, haben Arbeitnehmer bei der Beendigung des Arbeitsverhältnisses nicht grundsätzlich Anspruch auf eine Abfindung. Bei großen Konzernen sind entsprechende Regelungen aber oftmals in Sozialplänen und Tarifverträgen vereinbart – so auch bei Opel. Als Faustregel gilt, dass Arbeitnehmer zwischen einem halben und einem vollen Bruttomonatsgehalt pro

Jahr ihrer Firmenzugehörigkeit erhalten, wenn sie einen Aufhebungsvertrag unterzeichnen. Eine Abfindung kann auch geringer ausfallen, aber in meinen Gesprächen für dieses Buch habe ich erfahren, dass die Zahlungen oftmals am oberen Ende dieser Spanne liegen oder sogar darüber. Über konkrete Beträge habe ich mit Melanie nicht gesprochen, da sie der Opel-Welt allerdings zweiundzwanzig Jahre angehört hatte, dürfte sie eine entsprechend hohe Einmalzahlung erhalten haben.

Eine Abfindung ist kein Arbeitsentgelt, deshalb fallen darauf keine Sozialabgaben an. Besteuert werden Abfindungen mit der Fünftelregelung. Demnach wird angenommen, dass die Zahlung sich über fünf Jahre gleichmäßig verteilt, sodass der Arbeitnehmer im Jahr der Auszahlung keinem extrem hohen Steuersatz unterliegt. Melanie, die heute zweiundvierzig Jahre alt ist, erhielt ihre Abfindung vor vier Jahren. Seitdem hat sie nicht mehr gearbeitet.

An die Vertragsauflösung bei Opel war ein noch größeres Paket gekoppelt, das über die Abfindung hinausging und ihr die Entscheidung erleichterte, ihren Beruf aufzugeben. Wie bei einem Stellenabbau in großen Konzernen üblich, wurde Melanie in eine Transfergesellschaft übernommen, nachdem sie den Aufhebungsvertrag unterschrieben hatte. Eine solche Gesellschaft hat das Ziel, die von Arbeitslosigkeit bedrohten Mitarbeiter in eine neue Beschäftigung zu vermitteln. Für Melanie bedeutete das, dass sie zwei weitere Jahre Einkünfte beziehen konnte, ohne dafür arbeiten zu müssen. Am Anfang erhielt sie 90 Prozent ihrer früheren Bezüge, später noch 75 Prozent. »Dafür musste ich alle zwei bis drei Wochen bei meinem Berater erscheinen und ihm erläutern, wie ich mich um einen neuen Arbeitsplatz bemühe«, erklärt sie mir. Allerdings habe sie ihn bald eingeweiht, dass sie keinen neuen Job suche, sondern sich mit der Verwaltung ihrer Immobilien selbständig machen wolle. Danach ließ er sie in Ruhe.

Dennoch nahm sie über die Transfergesellschaft an einer zweimonatigen Weiterbildung zur Sanitärfachhelferin teil. Melanie wollte einfache Klempnerarbeiten in ihren Wohnungen selbst durchführen können, ohne einen Handwerker beauftragen zu müssen. »Ein bisschen habe ich gelernt«, sagt sie, »aber es reicht nicht aus, um wesentliche Arbeiten selbst erledigen zu können.« Dennoch machte ihr die Weiterbildung Spaß, da alle Teilnehmer ehemalige Opel-Mitarbeiter waren, mit denen sie sich gut verstand.

Nachdem sie aus der Transfergesellschaft ausgeschieden war, ohne eine neue Anstellung gefunden zu haben, meldete sie sich arbeitslos. Auch bei der Agentur für Arbeit kommunizierte sie, sich mit der Verwaltung von Immobilien selbständig machen zu wollen, daher drängte der Arbeitsberater sie nicht dazu, sich auf Stellen zu bewerben, die sie ohnehin nicht angenommen hätte. Anfang 2018 ist sie aus der Arbeitslosenstatistik herausgefallen und bekommt seitdem den Gründungszuschuss in Höhe von 300 Euro, um damit eine Zeit lang ihre Krankenversicherung zu bezahlen. »Der läuft aber auch bald aus«, erzählt sie mir. Danach werde sie keine weiteren Zuwendungen erhalten, sondern allein von ihren Mieteinnahmen leben.

Es war dieses sich über drei Jahre erstreckende Gesamtpaket, das ihr ermöglichte, ihre Karriere zu beenden. Mit der Abfindung löste sie den letzten Immobilienkredit ab. Die Einkünfte aus der Transfergesellschaft und das Arbeitslosengeld legte sie als Sicherheitspolster auf die hohe Kante. Alles zusammen reichte aus, um finanziell frei zu sein.

Man könnte annehmen, die finanzielle Freiheit sei Melanie zugefallen: Sie kaufte ein paar günstige Wohnungen, zahlte sie schnell ab und bekam ein attraktives Abfindungspaket von ihrem Arbeitgeber. Doch ganz so einfach war es nicht. Melanie sagt, sie habe einen Preis für das zahlen müssen, was sie heute hat. »Es fing damit an, dass ich als Frau in einem Männerjob tätig war und mich dort durchsetzen musste.« Außerdem arbeitete sie viele Jahre ausschließlich in Nachtschichten und meldete sich freiwillig für Sonderschichten am Wochenende. Falls sie das zeitweise frustriert haben sollte, glich sie ihre Unzufriedenheit nicht durch Konsum aus, wie viele Menschen es tun. »Andere wollen auch frei sein«, sagt sie, »aber noch mehr wollen sie schöne Autos fahren und teure Urlaube machen.« Zwar sei auch sie oft in Versuchung geraten, etwas zu kaufen, gesteht mir Melanie, aber sie habe für ihren Traum gespart. Ihre Sparquote habe zeitweise 80 bis 90 Prozent betragen, da sie selbst keine Miete zahlte und neben ihrem Arbeitslohn noch Mieteinnahmen erzielte. Es seien aber nicht nur die Tilgungen gewesen, die sie zur Sparsamkeit motivierten, sagt Melanie heute, sondern auch die mit ihrem Beruf verbundene Unsicherheit. In den letzten Jahren habe sie nie das Gefühl gehabt, dass ihr Job sicher war. Schließlich habe es über Opel seit einer gefühlten Ewigkeit Schlagzeilen über Werksschließungen gegeben. Sie sparte und investierte also nicht nur, um nicht mehr arbeiten zu müssen, sondern auch, um unabhängig von ihrem Arbeitgeber zu sein.

Von den Mieteinnahmen aus vier Wohnungen kann man keine großen Sprünge machen, aber das muss Melanie auch nicht, denn sparsam zu leben fällt ihr nicht schwer. Sie ist es gewohnt, seit sie ihre erste Immobilie kaufte. Ihre monatlichen Lebenshaltungskosten betragen bis heute nur 500 Euro. Sie wohnt mietfrei und fuhr bis vor Kurzem nur ein kleines Auto. »Mein Hyundai i20 hatte ein besseres Preis-Leistungs-Verhältnis als ein kleiner Opel«, sagt sie mit einem kleinen Seitenhieb auf ihren ehemaligen Arbeitgeber. Nun habe sie ihn aber abgegeben, weil sie im Alltag kein Fahrzeug benötige. Darüber hinaus habe sie kaum Kosten. »Ich verspüre nie den Wunsch, mir mehr leisten zu wollen.« Sie genieße es, mit wenig auszukommen, versichert sie mir. Ohnehin gebe sie nicht gern Geld aus, abgesehen von Spenden für *Rettet den Regenwald* und Mitgliedsbeiträge für den WWF und die Gewerkschaft. Der Beitrag für die gesetzliche Krankenkasse sei in dem Budget noch nicht enthalten, sagt sie. Dieser beträgt zurzeit 300 Euro, vorsichtshalber plane sie aber für die Zukunft mit 500 Euro. Auch für die Steuer legt sie jeden Monat 500 Euro zurück, obwohl das angesichts ihrer Einkünfte zu viel ist. Am Monatsende bleibt sogar noch Geld übrig. »Momentan könnte ich auch von nur drei vermieteten Wohnungen leben«, erzählt sie mir stolz. Deshalb sei sie nicht in Sorge darüber, dass an ihrem Plan etwas schiefgehen könnte. Sollten dennoch alle Dämme brechen, könne sie zur Not jederzeit einen Nebenjob annehmen und ein paar 100 Euro dazuverdienen.

Ich frage sie, ob eine solch sparsame Lebensweise beziehungstauglich sei, denn dieser Zweifel wird frugal lebenden Menschen im Internet oft vorgehalten. Das sei kein Problem, erwidert Melanie. Sie lebe in einer festen Beziehung, doch da ihr Partner nicht so sparsam sei wie sie, führten sie getrennte Kassen. Das habe sie auch in früheren Beziehungen schon so gehandhabt. Bei einem gemeinsamen Konto würde sie sich sonst nur über jede Ausgabe aufregen.

Im Vergleich zu meinen anderen Gesprächspartnern ist Melanies Verhalten ungewöhnlich, dennoch kann ich es in ihrer Situation nachvollziehen. Vermutlich ist es eine gute Idee, die Kassen zu trennen, wenn die Konsumvorstellungen von Partnern deutlich voneinander abweichen. Schließlich ist Geld eines der häufigsten Streitthemen in Beziehungen. Melanies Partner hat eine andere Idee vom Leben als sie. Während sie nie wieder einer festen Arbeit nachgehen möchte, wird er als Beamter ganz selbstverständlich bis zur Pensionierung arbeiten und danach über solide Einkünfte verfügen – auch ohne eigene Immobilien.

Auch der Alltag der beiden läuft entsprechend unterschiedlich ab. Während er jeden Morgen zur Arbeit geht, verbringt sie viel Zeit allein zu Hause. Da sie in getrennten Wohnungen leben, fällt das jedoch nicht weiter auf. Für gewöhnlich lebt Melanie einfach in den Tag hinein. Als wir telefonieren, erzählt sie mir: »Heute habe ich bis halb elf geschlafen. Da hat mich der Hund geweckt.« Am Vorabend hätte sie noch lange am Computer gesessen und gelesen, deshalb sei es spät geworden. Normalerweise stehe sie aber gegen 7 Uhr auf, erzählt sie mir. Dann trinkt sie eine Tasse Kaffee, geht mit dem Hund raus und liest anschließend beim Frühstück ihre Tageszeitung. Danach räumt sie ein wenig auf, ruft ihre E-Mails ab und surft bei

Facebook. Oft sei es dann schon Zeit fürs Mittagessen. Den Hund hat Melanie sich erst angeschafft, als sie nicht mehr täglich zur Arbeit musste. Nun geht sie jeden Tag zwei Stunden mit ihm spazieren, auch um selbst fit zu bleiben. Ihre Gesundheit sei ihr wichtiger geworden, seit sie mehr Zeit für sich habe, sagt Melanie. Sie habe viel darüber gelesen, was es bedeute, sich gesund zu ernähren. Über die Literatur sei sie ungeplant Vegetarierin geworden. Auch Wirtschaftsbücher und Finanzblogs lese sie viele. Vor allem mit den Blogs könne sie viele Stunden zubringen. »Man kommt von einem Link zum nächsten und schon ist wieder viel Zeit vergangen«, sagt sie, »aber ich habe auch viel dabei gelernt.«

Ihre Mietwohnungen verwaltet Melanie selbst, Arbeit hat sie damit allerdings kaum. Das Mehrfamilienhaus liegt nicht weit von ihrer eigenen Wohnung entfernt und die Immobilie in Recklinghausen erreicht sie in kurzer Zeit mit dem öffentlichen Nahverkehr. Mehr als zwei oder drei Stunden in der Woche verwende sie durchschnittlich nicht auf ihre Immobilien, erzählt sie mir. Oftmals habe sie auch gar nichts mit ihren Objekten zu tun.

Wenn man sie fragt, was sie beruflich macht, erzählt Melanie, sie würde Immobilien verwalten. Dass es ihre eigenen sind und dass sie von den Mieteinnahmen lebt, verschweigt sie. Das weiß nur ihre Verwandtschaft und selbst die konnte anfangs nicht damit umgehen. Nachdem sie bei Opel ausgeschieden war, wiesen Verwandte sie immer wieder auf Stellenanzeigen hin, auf die sie sich bewerben sollte, doch mittlerweile haben sie sich daran gewöhnt, dass Melanie nicht mehr arbeitet.

In der kalten Jahreszeit fährt Melanie gern nach Spanien, dort besitzen ihre Eltern ein Ferienhaus. Als sie noch arbeiten musste, war sie nur ein paar Wochen im Jahr dort. Jetzt kann sie gleich mehrere Monate am Stück bleiben. Den letzten Herbst habe sie in Spanien verbracht, erzählt sie mir, und auch nach dem Jahreswechsel wolle sie noch einmal hin, um Sonne zu tanken. Den Hund nehme sie dorthin mit, ihr Freund hingegen könne nur kurz vorbeischauen, wenn er dafür Urlaub beantrage. Da sie schon seit zwanzig Jahren nach Spanien fährt, kennt Melanie dort mittlerweile einige Deutsche, die in derselben Ferienanlage überwintern. Auch das Auto der Eltern kann sie dort nutzen, sodass sie nur den Flug bezahlen muss. Das sei die einzige Ausgabe, die sie fürs Überwintern investieren müsse, sagt sie.

Während sie in Deutschland ist, versucht Melanie, alte Freundschaften wieder aufleben zu lassen. Durch Facebook sei das leicht geworden und jetzt habe sie die Zeit dafür, erzählt sie mir. Auch ehemalige Kollegen treffe sie manchmal zum Kaffeetrinken. In diesen Momenten erinnere sie sich wieder, dass die Arbeit auch ihre guten Seiten hatte. Die Kollegenschaft sei damals das Beste am Job gewesen, sagt sie. Sie vermisse es schon, ein paar Stunden in der Woche immer wieder die gleichen Menschen zu treffen.

Wie Frank aus Berlin sucht auch Melanie nach Anschluss unter Gleichgesinnten. Deshalb ist sie in den einschlägigen Facebook-Gruppen angemeldet und besucht Stammtische, bei denen Menschen zusammenfinden, um sich über Finanzgeschäfte zu unterhalten. Viele von denen wollen auch frei sein, berichtet mir Melanie, aber sie lerne dort nur wenige kennen, die es bereits geschafft haben. »Die Community ist nicht sehr groß«, sagt sie, »es sind immer die gleichen Leute.«

Als Melanie noch arbeitete, hatte sie keine Vorstellung davon, was sie mit ihrer Freiheit anfangen würde. Sie hatte weder große Träume noch große Ziele – bis heute habe sie die nicht, erzählt sie mir. Sie sei zufrieden mit ihrem Leben, so wie es ist. In einen festen Job zurückzukehren, das könne sie sich beim besten Willen nicht vorstellen. Dennoch, das klingt in unserem Gespräch durch, sehne sie sich gelegentlich nach einer Aufgabe. Ein Projekt, in dem sie einen Sinn sieht. Sie vermisse das Gefühl, mehrere Stunden am Stück »im Flow« zu sein, an etwas zu arbeiten, ohne zu bemerken, wie die Zeit vergeht. Auch wieder Kollegen zu haben, das würde ihr gefallen. Wiederholt spricht Melanie davon, vielleicht im Sommer für einige Monate einen

Studentenjob anzunehmen und dann im Winter wieder nach Spanien zu fliegen. Ums Geld gehe es ihr dabei nicht, sondern nur um die Beschäftigung. »Es bringt ja nichts, mehr zu arbeiten, als man Geld braucht«, sagt sie. Doch gesucht habe sie nach einer solchen Stelle bisher nicht. Sie erzählt mir auch, dass sie ihre Eigentumswohnung in Recklinghausen vielleicht verkaufen wolle. Darüber denke sie schon länger nach, habe sich aber noch nicht darum gekümmert.

Melanie räumt ein, in den letzten Jahren etwas träge geworden zu sein. »Deshalb sehe ich auch die Idee des bedingungslosen Grundeinkommens kritisch«, sagt sie. »Viele Menschen wüssten gar nicht, was sie mit ihrer freien Zeit anfangen sollten.« So, wie sie es nicht weiß und deshalb ihren Alltag mit bekannten Routinen füllt, die ich so ähnlich schon von André und Frank kenne.

Auch Paul, den ich als Nächstes treffe, fühlt sich ohne Arbeit wohl. »Ich muss nichts machen«, wird er mir erzählen, »ich bin auch zufrieden, wenn ich aus dem Fenster gucke.«

PAUL GENÜGT SICH SELBST

Vor zehn Jahren sah es nicht danach aus, als würde Paul* jemals finanziell frei sein. Er war schon einige Zeit arbeitslos, nachdem das Unternehmen, bei dem er zwei Jahrzehnte zuvor in die Lehre gegangen war, ihn vor die Tür gesetzt hatte. Eine unheilbare Erkrankung hinderte ihn daran, körperlich zu arbeiten, und für die guten Bürojobs fehlten ihm wichtige Qualifikationen. Paul schloss nicht mehr aus, in Zukunft von Sozialhilfe zu leben, und so investierte er seine Ersparnisse in Edelmetalle, die er in einem Bankschließfach vor dem Staat zu verstecken suchte. Es war die wohl ungemütlichste Zeit in Pauls Leben.

Der heute 49-Jährige sitzt mir gegenüber an seinem Küchentisch, als er mir diese Geschichte erzählt. Er trägt ein kariertes Hemd sowie eine Brille und einen rötlich-grauen Bart. Er sagt, er sei introvertiert und so spricht er auch. Jeden Satz trägt er überlegt und ohne Aufregung vor. Im Nachhinein deutet einiges darauf hin, dass es seine besonnene Art war, die ihn aus der schwierigen Phase vor zehn Jahren als einen strahlenden Sieger hervorgehen ließ, der heute nicht mehr arbeiten muss. Nie ließ er sich aus der Ruhe bringen oder von Ängsten leiten. Und dann kam auch noch Glück dazu.

Als Paul zwölf Jahre alt war, kam er mit seiner Familie nach Deutschland, die 1981 als Spätaussiedler aus Tschechien geflüchtet war. Dem Vater war es gelungen, die Mutter, Paul und dessen zwei Schwestern in den Westen zu lotsen, obwohl der tschechische Staat nie alle Angehörigen einer Familie zeitgleich ausreisen ließ. Die ersten anderthalb Jahre lebten sie zu fünft in einem Zimmer in einem Auffanglager. Anschließend bezogen sie eine Sozialwohnung in Offenbach.

Schon als Jugendlicher nahm Paul wahr, wie teuer alles in Deutschland war. Er verstand nicht, warum Menschen so viel Geld für Markenkleidung ausgaben, wie es seine Mitschüler und deren Familien taten. »Ich trage bis heute keine Markenklamotten«, erzählt er mir. Wahrscheinlich, sagt er, habe ihn diese Zeit in seinem Konsumverhalten geprägt.

Der Vater fand eine Stelle bei der Hoechst AG, einem der größten Arbeitgeber der Region in den 1980er Jahren. In dem Konzern wurde er zum Chemiefacharbeiter ausgebildet. Die Mutter arbeitete als Altenpflegerin. Beide verdienten mithilfe von Zuschlägen für Nachtschichten und Sonntagsarbeit bald gutes Geld.

Kurz nach seinem sechzehnten Geburtstag verließ Paul die Realschule. Er folgte seinem Vater zur Hoechst AG und begann im Werk in Griesheim eine Ausbildung zum Mess- und Regelmechaniker. Noch bevor er diese beendet hatte, wurde Paul selbst Vater einer Tochter. Doch finanzielle Sorgen hatte er keine, denn die Übernahme in eine volle Beschäftigung war gesichert. »Wenn du keine Silberlöffel klaust«, hieß es in dem Unternehmen damals, »bleibst du hier bis zur Rente.«

Die Hoechst AG war in jener Zeit eines der erfolgreichsten Chemie- und Pharmaunternehmen in Deutschland. Für mehr als ein Jahrzehnt gehörte sie dem Deutschen Aktienindex an, der die Wertentwicklung der dreißig größten deutschen Unternehmen misst. Zeitweise beschäftigte der Konzern 173.000 Mitarbeiter und erzielte einen Jahresumsatz von bis zu 45 Milliarden Mark.[18]

Nach seiner Lehre arbeitete Paul im Werk in Offenbach. Er hatte die Aufgabe, Störungen im laufenden Produktionsprozess möglichst schnell zu beheben. Die Maschinen durften nie stillstehen, da es sonst lange dauern würde, die chemischen Prozesse wieder in Gang zu setzen. An vielen Tagen saß er nur da und wartete auf eine Störungsmeldung.

Wenn diese eintrat, musste er sofort reagieren. Dann schwang er sich aufs Fahrrad und raste über das Fabrikgelände. Innerhalb weniger Minuten improvisierte er Lösungen. Hätte er dies nicht geschafft, wäre es fürs Unternehmen teuer geworden. »Wegen mir musste nie eine Maschine stillstehen«, erinnert er sich mit Stolz. »Aber der Druck war immer groß. Das machst du nicht lange mit.«

Auch Paul machte es nicht lange mit, denn er leidet unter Fibromyalgie, einer nicht heilbaren Krankheit, die wörtlich übersetzt »Faser-Muskel-Schmerz« heißt. Paul erklärt mir, er spüre selbst nach einer geringen körperlichen Belastung starke Schmerzen in der Muskulatur. »Das ist wie ein dicker, fetter Muskelkater«, sagt er. Begleitsymptome seien Müdigkeit, Schlafstörungen und manchmal Depression. Nach der Diagnose fiel Paul ein Jahr krankheitsbedingt aus. Es war das Ende seiner Karriere als Mess- und Regelmechaniker. Zum Glück, sagt er, sei die Hoechst AG damals noch sozial gewesen. Anstatt ihn auf die Straße zu setzen, weil er seinen Beruf nicht mehr ausüben konnte, gab man ihm eine andere Aufgabe.

Anfang 2000 wechselte er in die IT-Abteilung. In dem neuen Umfeld fand er sich gut zurecht, denn unter vorwiegend Theoretikern war er der Einzige, der auch die Praxis verstand. Manches lernte er bei internen Schulungen, anderes brachte er sich selbst bei. Bald war Paul das Mädchen für alles, aber vor allem programmierte er Bedienoberflächen für die Anlagesteuerung. Für mich als Laien vergleicht er es mit der Oberfläche eines Geldautomaten. Er habe den Bildschirm und die Logik dahinter programmiert, erklärt er mir. Für einige Jahre lief es prächtig für ihn. Als ungelernter Programmierer verdiente er bis zu 3.000 Euro netto im Monat. Mit Weihnachtsgeld, Urlaubsgeld und Prämien kam er auf sechzehn Monatsgehälter im Jahr. Um Gehaltserhöhungen musste er nicht bitten, die habe es automatisch gegeben, erinnert er sich. Auch seine Frau Petra* verdiente in ihrem Beruf gut. Da die kleine Familie genügsam lebte, legten sie stets ein ganzes Einkommen zurück.

Die Hoechst AG hatte ihre beste Zeit allerdings längst hinter sich. Die Gewinne waren seit Jahren rückläufig. Der Konzern stemmte sich gegen den Abwärtstrend, indem er einige Geschäftsbereiche auslagerte und andere hinzukaufte. Das Polyestergeschäft, in dem Paul tätig war, wurde zunächst in die Hoechst Trevira GmbH & Co. KG ausgegliedert. Später hieß das Unternehmen nur noch Trevira und wurde an einen Investor verkauft.[19] »Alle paar Jahre wurde Trevira weitergereicht«, erinnert sich Paul. »Aber wir Mitarbeiter fühlten uns immer noch als Teil der Hoechst AG.« Die Arbeit sei die gleiche geblieben, die Bezahlung auch. Nur auf der Gehaltsabrechnung habe hin und wieder ein neuer Firmenname gestanden.

»Bis kurz vorm Ende haben die Leute noch an den Silberlöffelspruch geglaubt«, erinnert sich Paul. Doch sein Gefühl sagte ihm etwas anderes. Noch bevor Entlassungen angekündigt wurden, hatte er schon seinen Schreibtisch aufgeräumt. Ein paar Tage später erwischte es ihn bei der ersten Kündigungswelle. Das war im Jahr 2005. Mit ihm waren mehrere hundert Mitarbeiter betroffen. »Viele von denen sind fürchterlich auf die Fresse geflogen«, sagt Paul, denn sie hatten sich an ihr hohes Gehalt gewöhnt und auf großem Fuß gelebt. »Bei Hoechst verdienten ungelernte Facharbeiter, die in Schichten arbeiteten, bis zu 4.000 Euro netto. Viele von denen hatten große Häuser gekauft und fuhren alle paar Jahre ein neues Auto.« Abfindungszahlungen und Arbeitslosengeld gab es allerdings nur auf das Grundgehalt, nicht aber auf die hohen Nacht- und Wochenendzuschläge. An einen Kollegen erinnert sich Paul, der nach der Kündigung Suizid beging und eine Familie hinterließ. Er hatte keinen anderen Ausweg aus seiner misslichen Lage gesehen. Mitarbeiter, die nicht entlassen wurden, glaubten, davongekommen zu sein. Doch in den nächsten Jahren folgten weitere Entlassungen. Vier Jahre später wurde das Werk geschlossen.

Paul war besser vorbereitet. Petra und er hatten seit Jahren die Hälfte ihres Einkommens gespart und ihre Lebenshaltungskosten waren gering. Nach seiner Entlassung zogen sie vorsorglich in eine kleinere Wohnung, um die Fixkosten zu senken. Nun hatten sie einen Raum weniger, aber mehr Freiheit im Kopf. »Ich wollte nicht ständig überlegen müssen, wie wir sparen könnten«, erinnert sich Paul, »sondern sofort den größten Kostenfaktor deutlich reduzieren.«

Ich frage ihn, ob er damals Angst hatte, in der Armut zu landen, doch das verneint er. »Meine Frau hatte ja noch einen guten Job bei der Deutschen Bank und solange sie dort keine Silberlöffel klaut ...« Als er das sagt, muss er selbst lachen, schließlich könnte der Bank das gleiche Schicksal blühen wie einst der Hoechst AG. »Aber man kann nicht alles absichern«, sagt er.

Immerhin, wenn große Unternehmen ihre Mitarbeiter entlassen, gibt es oftmals attraktive Abfindungspakete. Paul hatte zwanzig Jahre bei Hoechst und der ausgegliederten Firma Trevira gearbeitet, sodass er mit einer hübschen Summe rechnen konnte. Er bekam rund ein Bruttomonatsgehalt pro Jahr Betriebszugehörigkeit. Anschließend landete er – wie auch Melanie bei Opel – in einer Transfergesellschaft, die einen großen Teil seiner Bezüge weiterhin bezahlte. Ein Zweck dieser Gesellschaften ist, die Mitarbeiter in eine neue Beschäftigung zu vermitteln, doch dafür fehlten Paul wichtige Qualifikationen. Er war in die IT-Tätigkeit gerutscht, ohne dafür ausgebildet worden zu sein, und Englisch sprach er auch nicht. Um die fehlenden Kenntnisse auszugleichen, erhielt er Sprachunterricht und durfte deshalb ein halbes Jahr länger in der Transfergesellschaft bleiben, als es üblich war. Doch es nutzte alles nichts. Obwohl er mehr als einhundert Bewerbungen geschrieben hatte, fand er keine neue Arbeitsstelle. Heute glaubt er, mit den falschen Qualifikationen zur falschen Zeit am falschen Ort gewesen zu sein. »Meine Fähigkeiten waren damals nicht gefragt. Viele Unternehmen lagerten die IT-Abteilungen ins Ausland aus und große Unternehmen hatten strikte Einstellungskriterien, die ich ohne offizielle Qualifikationen nicht erfüllte.« Dass er aufgrund seiner Muskelkrankheit nur einen Büroarbeitsplatz ausüben konnte, kam erschwerend hinzu. Anderthalb Jahre nach seiner Kündigung war der damals 38-Jährige arbeitslos.

Würde Paul keine neue Arbeitsstelle mehr finden, müssten Petra und er von nur einem Einkommen leben. Sollte auch Petra ihren Job verlieren, würde es hart werden. Angst hatte er davor zwar nicht, aber Paul bereitete sich vorsichtshalber darauf vor, von Sozialhilfe leben zu müssen. Einige der Edelmetalle wie Gold und Platin bewahrt er heute noch in einem Bankschließfach auf. Allerdings dienen diese allein der Sicherheit, Erträge werfen sie nicht ab. Deshalb begann Paul, sich mit Aktien und Anleihen als Anlageform zu beschäftigen. Im Jahr 2006 registrierte er sich im Internet im Wertpapierforum. Dort gewann er einen wertvollen Einblick in die Welt der Finanzen und eignete sich Kenntnisse an, die vielen anderen fehlen.

»Die finanzielle Bildung ist im Allgemeinen nicht sehr hoch«, sagt er heute. Viele Menschen seien in der Lage, wochenlang den günstigsten Preis für einen Fernseher zu recherchieren, schafften es aber nicht, sich mit ihren Finanzen und der Altersvorsorge auseinanderzusetzen. Paul wollte es besser machen.

Ungewöhnlich ist jedoch, dass er anfangs nicht Aktien kaufte, sondern mit Optionsscheinen handelte. Unter diesen versteht man das Recht, eine Aktie in einem festgelegten Zeitraum zu einem bestimmten Preis zu kaufen oder zu verkaufen. Beispielsweise kann ein Händler die Möglichkeit erwerben, eine bestimmte Aktie in der Zukunft für 100 Euro kaufen zu dürfen, selbst wenn der Kurswert dann 120 Euro betragen sollte. Angenommen, die Option kostet 5 Euro, so hätte der Käufer der Option 15 Euro Gewinn erzielt, sobald er sein Recht zum Kauf der Aktie für 100 Euro ausübt. Liegt der Kurswert der Aktie in der Zukunft jedoch unter 100 Euro, wird der Inhaber von seinem Recht keinen Gebrauch machen und verliert die 5 Euro, die er für die Option bezahlt hatte. Dieser Handel mit Optionsscheinen ist attraktiv, weil man mit einem geringen Einsatz große Gewinne realisieren kann. In dem oben genannten Beispiel hätte der Käufer seinen Einsatz von 5 Euro verdreifacht, obwohl der Wert der Aktie nur um 20 Prozent gestiegen ist. Fast drei Jahre handelte Paul mit Optionen auf Aktien und Rohstoffe und verdiente damit zeitweise 2.000 Euro im Monat – ein schönes zusätzliches Einkommen.

Als er schon nicht mehr damit gerechnet hatte, bekam er 2008 doch noch die Gelegenheit, einer geregelten Arbeit nachzugehen. Ein alter Schulfreund, der ein Computergeschäft betrieb, suchte einen Mitarbeiter und stellte Paul ein. Dort verkaufte und reparierte er Computer, richtete unbedarften Kunden ihren DSL-Anschluss ein, installierte Drucker etc. Viel verdiente er in dem Beruf nicht, aber immerhin war es ein Job und da Petra und er von einem Gehalt lebten, konnten sie das zusätzliche Einkommen vollständig sparen. Neben der Arbeit fand Paul keine Zeit mehr für den Handel mit Optionsscheinen und gab diesen auf. Es sei allerdings nicht schade darum gewesen, sagt er. »Es war stets ein nervöser Handel, sehr nervenaufreibend.« Außerdem habe er erst später verstanden, wie riskant dieser Handel ist. Heute glaubt er, es sei nichts anderes als Zocken gewesen.

»Ich würde es nicht wieder machen. Damals dachte ich, schlauer als der Markt zu sein.«

Ich entgegne, dass er das offenbar gewesen sei, schließlich habe er damit jahrelang ein regelmäßiges Einkommen erzielt.

»Na ja, es war mehr Glück als Verstand«, antwortet er. »Ich war ein Geisterfahrer auf der Autobahn und kam heil an.« Kurz vor dem Ausbruch der Finanzkrise im Jahr 2008 beendete er den Handel. Das sei ein weiteres Glück gewesen, sagt er. »Wäre ich beim Crash noch dabei gewesen, würde ich heute wahrscheinlich zum Amt betteln gehen.« Der Grund dafür sei, dass es besonders schwer ist, mit Optionen zu handeln, wenn die Kurse stark schwankten, wie sie es während eines Börsencrashs tun. Leichter sei es, wenn sich Märkte über eine längere Zeit kontinuierlich in eine Richtung bewegten.

Einen Teil seines Vermögens investierte Paul anschließend direkt in Aktien. Er analysierte die Kennzahlen von Unternehmen aus den USA und Europa und kaufte deren Anteilsscheine, wenn er an positive Zukunftsaussichten für die Konzerne glaubte. Vor allem interessierten ihn Unternehmen, die regelmäßig Dividenden an ihre

Aktionäre ausschütten. Deren Aktien wollte er langfristig halten. Allerdings hatte er schon am Markt investiert, bevor die Börsen weltweit einbrachen, sodass Pauls Standhaftigkeit sofort getestet wurde. In dieser Phase zweifelte er erstmals, ob es die richtige Strategie gewesen sei, sein Vermögen in den Aktienmarkt zu stecken. Verluste wollte er allerdings nicht realisieren. Er erinnerte sich an die Dotcom-Krise, die er Anfang des Jahrtausends von der Seitenlinie aus beobachtet hatte. Er war überzeugt, dass sich die Märkte wieder erholen würden und er besann sich auf eine alte Börsenweisheit: »Kaufe, wenn die Kanonen donnern!« Auch die Dividenden machten ihm Mut. Zwar hätten sie in der Krise leicht nachgegeben, erzählt er mir, doch lange nicht so deutlich wie die Aktienkurse. Mitten im Crash, als viele Anleger aus dem Aktienmarkt flüchteten, investierte Paul deshalb alle flüssigen Mittel, die ihm zur Verfügung standen. Er verkaufte sogar einen Teil seiner Edelmetalle, um weitere Wertpapiere erwerben zu können. Anfang 2009, als Paul günstige Aktien kaufte, stand der DAX bei 3.600 Punkten. Heute bewegt der Index sich um die 12.000-Punkte-Marke. Auch andere Indizes haben in den letzten zehn Jahren stark zugelegt. Pauls Vermögen dürfte sich in dieser Zeit entsprechend vervielfacht haben.

Es war ganz klar Glück, dass Paul zum richtigen Zeitpunkt investieren konnte. Erst durch seine Investitionsentscheidungen wurde die finanzielle Freiheit für ihn zu einer realistischen Möglichkeit. Von ähnlichen glücklichen Fügungen erfuhr ich in beinahe jedem Gespräch. Frank bezeichnete seinen Vorstandsjob in Japan als seinen größten Glücksfall. Später investierte er in einem – wie wir heute wissen – günstigen Moment in Berliner Immobilien. Melanie hatte Glück, mit einem umfassenden Paket aus Abfindung, Transfergesellschaft und Arbeitslosengeld in die Freiheit entlassen worden zu sein. André und Sonja hatten Glück – verbunden mit einem großen Unglück –, vom Papa ein großes Vermögen geerbt zu haben. Marcello konnte sich glücklich schätzen, dass seine Eltern das Eigenkapital fürs Haus beisteuerten. Oliver und Nico hatten das Glück, sehr früh auf das richtige Blog gestoßen zu sein, das ihr Leben auf den Kopf stellte, bevor sie sich der Lifestyle-Inflation hingeben konnten. In jeder Geschichte steckt ein Glücksmoment, oftmals sogar mehrere.

»Man braucht Glück, um finanziell frei werden zu können«, erzählte mir Frank. Er glaubt aber auch, dass man sein Glück herausfordern muss. Man müsse im richtigen Moment mutig sein und beispielsweise nach Japan gehen, Wohnungen im brachliegenden Berliner Immobilienmarkt kaufen oder am Aktienmarkt investieren, wenn die meisten Menschen Aktien für Teufelszeug halten.

Während die weltweiten Aktienmärkte sich seit 2009 erholten, lief es für Paul beruflich nicht mehr rund. Mit seinem Job in dem Computerladen war er in eine Branche geraten, die im Sterben lag. »Kaum jemand lässt heute noch einen Computer reparieren«, erzählt er mir. »Die meisten Privatkunden kaufen einfach ein neues Gerät.« Konnte ihn sein Schulfreund am Anfang noch in Vollzeit beschäftigen, musste Paul die Arbeitszeit immer weiter reduzieren. Zuletzt arbeitete er als Minijobber nur noch wenige Stunden in der Woche. Eines Tages im Jahr 2014 überbrachte ihm sein Chef schließlich die Nachricht, dass sich auch diese geringfügige Beschäftigung für den Laden nicht mehr lohnen würde. Es war das letzte Mal, dass Paul einer geregelten Arbeit nachging.

Obwohl er mit fünfundvierzig Jahren noch lange hätte arbeiten können, versuchte er gar nicht erst, eine neue Arbeitsstelle zu finden. Er kannte seine Perspektiven. Erstmals dachte er sich: »Wir können das auch so schaffen.« Es sei nie sein Ziel gewesen, früh in den Ruhestand zu gehen, erzählt er mir, aber nun hatte es sich so ergeben. Ein Jahr später reduzierte seine Frau Petra ihre Arbeitszeit, sodass sie nur noch einen halben Tag arbeitete, was sie bis heute tut. Seitdem reinvestiert Paul keine Dividenden und Zinsen mehr, sondern lebt von diesen Einkünften. Selbst wenn Petra ihren Beruf vollständig aufgäbe, würden die Ausschüttungen aus dem Vermögen genügen, um die gemeinsamen Lebenshaltungskosten zu decken. Wertpapiere verkaufen müssten sie nur für größere Anschaffungen wie ein neues Auto, die jedoch nicht geplant seien. Zurzeit spekulieren die beiden auf eine weitere Abfindung. Petra könnte bei einem Personalabbau in der Bank ihre Kündigung anbieten, doch bisher ist es zu dieser Lösung noch nicht gekommen. Auch wenn es keine Abfindung geben sollte, möchte sie höchstens noch ein paar Jahre arbeiten.

Angst, dass ihnen irgendwann das Geld ausgehen könnte, hat Paul nicht mehr. »Wir werden nicht in Hartz IV landen«, sagt er. Deshalb seien ihm die Edelmetalle in den Schließfächern auch nicht mehr so wichtig. Hin und wieder verkaufe er welche bei eBay und investiere das Geld lieber in Aktien und Anleihen, die Erträge generierten. Auch die Zukunft sehe finanziell rosig aus, denn mit dem Renteneintrittsalter erwarten beide Zahlungen aus der gesetzlichen Rente, aus Betriebsrenten und privaten Rentenversicherungen. »Petra hat vier Rentenversicherungen und ich drei«, sagt er. Eigentlich müssten sie nur noch die Zeit bis dahin überbrücken und könnten ihren Kapitalstock aufzehren, doch das sei nicht geplant. Es ist auch nicht notwendig, denn die beiden brauchen nicht viel zum Leben.

Als sparsam empfindet Paul sich zwar nicht, aber auf das Wort genügsam können wir uns einigen. Es bedürfe nicht viel, um zufrieden zu sein, sagt er. Das kenne er nicht anders. Petra und er wurden schon sehr jung Eltern, sodass sie aufs Geld achten mussten, als Paul noch in die Lehre ging. Steigende Einkünfte führten bei ihnen anschließend nicht automatisch zu höherem Konsum. Mit wenig auszukommen, war für sie so natürlich, dass sie nie ihre Ausgaben aufschrieben oder Sparquoten ausrechneten. Dass sie ein komplettes Gehalt zurücklegen konnten, ergab sich aus ihrer Lebensweise von selbst. Ihre bescheidenen Ansprüche zeigen sich in den üblicherweise größten Kostenfaktoren: Auto und Wohnen. Erst nach seinem vierzigsten Geburtstag kaufte Paul sein erstes Fahrzeug. Es war ein gebrauchter Smart – Baujahr 1998 – für 2.900 Euro. Heute fährt er seinen zweiten

Smart, den er ebenfalls gebraucht kaufte. Er nutzt das Fahrzeug allerdings selten. »Ich muss manchmal überlegen, wo ich mein Auto geparkt habe«, sagt er mit einem Lächeln. Petra hat ihr eigenes kleines Auto.

Die erwachsene Tochter ist bereits ausgezogen und so leben die beiden in einer 75 Quadratmeter großen Dreizimmerwohnung. Die Warmmiete von 940 Euro klingt für mich als Leipziger zwar sportlich, für die Region um Frankfurt am Main sei das jedoch normal, erklärt mir Paul. »Ich muss meine Wohnung auch nicht modern einrichten«, sagt er. Er würde ohnehin kaum jemanden in die Wohnung lassen, ich sei da eine Ausnahme.

Die Lebenshaltungskosten des Paares betragen 2.200 Euro im Monat – einschließlich Miete, Fahrzeuge, Telefon, Essen, Katzenfutter etc. Sollte Petra zukünftig nicht mehr arbeiten, kämen noch Krankenkassenbeiträge hinzu. Die zahlen sie zurzeit nicht, da Paul über seine Frau familienversichert ist. Zwar sind Zinsen und Dividenden sozialversicherungspflichtig, doch das komplette Vermögen hat er schon vor langer Zeit auf seine Frau übertragen, sodass nur sie Einkünfte verzeichnet.

Nur für Urlaub und sein Hobby Fotografie gebe Paul gern etwas mehr Geld aus, erzählt er mir. Wenn er mit seiner Frau verreist, ist das Budget nicht limitiert. Oftmals fahren sie mit dem Auto weg, leben in schönen Ferienwohnungen und sparen dann auch nicht am Essen. Manchmal verreist Paul allein, dann verbindet er den Ausflug mit seinem liebsten Hobby: Er fotografiert Engelsskulpturen auf Friedhöfen. Letztes Jahr fuhr er mit dem Smart zwei Wochen durch Tschechien, der Heimat seiner Eltern. Zuvor hatte er einige Friedhöfe ausfindig gemacht, die er besuchen wollte. Meist blieb er nur für eine Nacht in einem Apartment, das er über Airbnb gemietet hatte, und fuhr dann weiter. Für dieses Jahr hat er eine ähnliche Reise durch Italien geplant. Dort möchte er achtzehn Friedhöfe fotografieren. Auch in Frankreich, Österreich und der Schweiz war er schon auf Fotoreise. Alles, was ihn interessiert, sind Landschaften und die Skulpturen auf den Friedhöfen. Selbst, wenn er in einer bekannten

Stadt übernachtet, schaut er sich diese nicht an. Er liebt es, allein und ganz in Ruhe seine Fotos machen zu können. Früher, erzählt er mir, habe er Menschen fotografiert. Doch mit lebenden Modellen gebe es immer wieder Probleme. Sie wollen nicht so, wie er will, oder erscheinen nicht zum Termin. Als ihn eines Tages jemand bei einer geplanten Außenaufnahme versetzte, entdeckte er in der Nähe einen Friedhof mit Engelsstatuen. »Das sind die besten Models der Welt. Sie stehen immer ruhig da, egal bei welchem Wetter«, sagt er. Daher stammt seine Affinität zu Skulpturen. Die Fotos stellt er auf einer Website im Internet zur Verfügung. Jeden Tag lade er eines hoch, erzählt er mir, schon seit Jahren. Nach unserem Treffen schickt er mir den Link und tatsächlich scrolle ich durch ein Archiv von mehr als 1.000 Fotografien von Statuen.

Die Reisen nehmen nur wenige Wochen im Jahr ein. Die meiste Zeit verbringt Paul zu Hause und verlebt einen ganz gewöhnlichen Alltag. Er sei ein Nachtmensch, sagt er, und verbringe in den späten Abendstunden viel Zeit am Computer. Er liest dabei hauptsächlich politische Nachrichten sowie Finanznachrichten, informiert sich über Unternehmen, in die er investieren könnte, und liest im Wertpapierforum. So ähnlich haben es mir auch André, Frank und Melanie erzählt. Bevor Paul gegen 2:30 Uhr ins Bett geht, schaut er nach, wie die Börse in Tokio eröffnet und wie der Goldpreis steht, obwohl das für sein Anlageverhalten keine Rolle spielt. Es ist zum Ritual geworden. Wenn er um 9 Uhr morgens aufsteht, hat seine Frau Petra schon ihren halben Arbeitstag hinter sich gebracht. Er versorgt dann die Katze, wäscht die Wäsche, überlegt sich, was sie am Abend kochen könnten und kauft ein. Zum Supermarkt geht er zu Fuß, auch wenn es anderthalb Kilometer sind – er hat ja Zeit. Für große Teile der Hausarbeit ist Paul zuständig. Das mache ihm aber nichts aus, sagt er. Er mache es sogar ganz gern, zwinge sich aber zu nichts. Am späten Vormittag kommt Petra von ihrem Halbtagsjob nach Hause, dann berichten beide von ihrem Tag, trinken zusammen eine Tasse Kaffee und essen eine Kleinigkeit. An den meisten Abenden kocht Paul etwas, denn auch das tut er gern.

Gelegentlich hilft er ehemaligen Kunden mit ihren Computern. Oftmals sind es ältere Menschen, die sich weiterhin an Paul wenden, obwohl er schon lange nicht mehr im Laden arbeitet. Ein paar Euro im Monat verdient er sich auf diese Weise dazu, allerdings sei das Liebhaberei, sagt er. Es mache ihm Freude, anderen Menschen mit ihrem Computerkram zu helfen. Es kam auch schon vor, dass aus Kunden Freunde wurden. Eine ältere Dame, die vor Jahren mal ein Notebook bei ihm gekauft hatte, beauftragte ihn immer wieder mit kleinen Arbeiten. Als Paul feststellte, dass sie eine arme Kirchenmaus sei, schlug er vor, ihr ohne Bezahlung zu helfen. Sie könne stattdessen für ihn kochen. So freundeten sie sich an. Als die Rentnerin an Krebs erkrankte, fuhr er sie zu Ärzten und in die Klinik. Im letzten Jahr verstarb sie mit neunundsechzig Jahren. Anschließend überbrachte Paul die traurige Nachricht ihrem Sohn und kümmerte sich um die Auflösung der Wohnung. Das alles erzählt er mir ganz gelassen, so als sei es selbstverständlich, einer älteren Dame, der er mal einen Computer verkauft hatte, auch noch nach ihrem Tod zu helfen.

Paul macht auf mich einen ausgeglichenen, zufriedenen Eindruck. Ihm sei nie langweilig, sagt er, eine Aufgabe brauche er nicht. Selbst wenn er mal nichts zu tun habe, könne er einfach aus dem Fenster schauen und sei mit sich und der Welt im Reinen. Ich glaube ihm, denn Paul ist in allen Belangen genügsam: in seiner Lebensweise, seinen Zielen und seinen Models, die er fotografiert. Er ist der vielleicht genügsamste Mensch, den ich je kennenlernen durfte. Das Wichtigste für ihn sei, sagt er, keinen unnötigen Stress zu haben. »Das Leben in Freiheit hat sich für mich nicht so sehr verändert. In meiner freien Zeit mache ich die gleichen Dinge wie früher auch. Nur habe ich jetzt mehr Zeit dafür.«

In meinen Gesprächen wollte ich nicht nur herausfinden, wie Menschen finanziell frei werden, sondern was genau es ist, das sie mit ihrer Freiheit anfangen. Wie verbringt jemand seine Zeit, der keiner geregelten Arbeit mehr nachgeht? Die meisten Antworten, auch die von Paul, haben mich ein wenig ernüchtert.

Einer, der seine Lebensgeschichte nicht veröffentlichen möchte, formulierte am besten, wie der Alltag vieler finanziell freier Menschen aussieht. Er schrieb mir per E-Mail: »Ich stehe auf, ich jogge, ich schreibe, ich mache Abendessen, ich schaue mit meiner Frau Netflix, ich gehe ins Bett. Das ist genug Stoff für einen Tweet – aber für ein ganzes Buchkapitel?«

Ich glaube, dass er mir mehr hätte erzählen können, aber das grundsätzliche Dilemma brachte er auf den Punkt: Über den Alltag dieser Menschen gibt es nicht viel zu berichten. Ich hätte gern ausführlich erzählt, wie André, Frank, Melanie und Paul ihre Freiheit nutzen, doch ihr Leben ist gewöhnlich. Sie arbeiten nicht an Projekten, die ihnen am Herzen liegen, engagieren sich nicht ehrenamtlich, lernen keine neuen Fähigkeiten, haben nur wenige Hobbys und verbringen nicht mehr Zeit mit Freunden, als andere es tun. All die Dinge, von denen Menschen behaupten, sie würden sie tun, wenn sie nicht mehr arbeiten müssten, machen diese vier Menschen nicht. Sie verreisen sogar erstaunlich wenig. Einzig Frank ist fünf bis sechs Monate im Jahr unterwegs. André hingegen wünscht sich zwar, mehr zu verreisen, tut es aber kaum. Melanie überwintert in der Ferienwohnung ihrer Eltern in Spanien, dürfte es mit ihrem knappen Budget aber schwer haben, sich andere Reisen zu leisten. Paul unternimmt einmal im Jahr eine Fotoreise und fährt mit seiner Frau in den Urlaub, doch er ist kaum länger unterwegs als berufstätige Menschen.

Überrascht bin ich von ihrem einfachen Alltag nicht, denn meiner sah genauso aus, als ich letztes Jahr im Sommer zwei Monate blau machte. Ich ging häufig spazieren, hielt den Haushalt in Schuss, las viele Bücher, vertrödelte Zeit im Internet, sah mir ganze Serien bei Netflix an, trieb Sport und wartete darauf, dass meine Freundin nach Hause kam. Kurzum, ich machte genau das, was ich vorher nach der Arbeit getan hatte, konnte mir nun aber mehr Zeit für diese Dinge nehmen. Das Gleiche erleben auch André, Frank, Melanie und Paul. Sie tun das, was sie bereits kannten – nur ohne die Arbeit. Paul genügt das, er ist zufrieden und auch Frank ist glücklich, solange er Schachturniere besuchen und ein paar Monate im Jahr in den Urlaub fahren kann. Melanie hat gemischte Gefühle. Zwar sei sie überwiegend zufrieden, erzählte sie mir, aber eine richtige Aufgabe fehle ihr schon. André hingegen hadert damit, zu wenig aus seinen Möglichkeiten zu machen. Er weiß nicht, was jetzt noch kommen soll.

Ich empfinde ähnlich wie Melanie und André. Nach zwei Monaten war mir, als hätte ich zu viel Zeit. Dieses eigentlich knappe Gut hatte an Wert verloren, so wie auch Oliver es in seiner Auszeit auf Probe erlebt hatte. Zwar wusste ich mich zu beschäftigen, doch nach wenigen Wochen empfand ich meinen Zeitvertreib als eintönig, denn ich blieb fast immer passiv. Bücher lesen, Serien schauen und Musik hören, das ist ein schöner Ausgleich, wenn ich viel zu tun habe, aber es nutzt sich schnell ab, wenn es nichts auszugleichen gibt.

Damals habe ich begriffen, dass mein Alltag ideal ist, wenn die wichtigen Dinge meines Lebens sich im Gleichgewicht befinden. Das heißt, wenn ich Zeit für meine Partnerschaft, für Freunde, für meine Gesundheit, für Hobbys, für Bildung, für Reisen und für Müßiggang habe. Und, das ist ganz wichtig, auch die Arbeit bzw. eine Art kreativer Produktivität darf nicht fehlen. Es müsste keine Beschäftigung sein, mit der ich Einkünfte erziele. Ich könnte auch Holzmöbel für den Eigenbedarf bauen, Gemüse im Schrebergarten ziehen, Kleidungsstücke nähen oder nützliche Software programmieren. Allein etwas zu erschaffen, befriedigt mich. Allerdings ist es schwer, ein Projekt zu beginnen, zu dem ich bisher keinen Bezug hatte. Ich kann nämlich nicht mit Holz arbeiten, habe noch nie mehr als ein paar Balkonkräuter angepflanzt, weiß nicht, wie man näht, und auch Software programmieren kann ich nicht. Ich könnte es lernen, aber für was soll ich mich entscheiden und wird es mir wirklich lange genug Freude bereiten? Im Grunde bin ich genauso träge, wie André und Melanie es sind, die zwar laut über eine neue Aufgabe nachdenken, sich aber doch nicht für eine entscheiden können. Was soll man denn auch tun, wenn man alles tun könnte?

Ich bin den leichten Weg gegangen und habe mich für das entschieden, was ich bereits kannte. Ich bin Autor, dachte ich mir, also schreibe ich ein Buch. Seit ich mich dieser Aufgabe verschrieben habe, hat sich in meinem Leben ein neues Gleichgewicht eingestellt. War die Arbeit im letzten Jahr zu sehr in den Hintergrund geraten, nimmt sie nun wieder mehr Raum ein. Zeitweilig sogar mehr, als mir lieb ist, aber damit arrangiere ich mich, weil dieses Projekt ein Ende haben wird. Balance, das habe ich gelernt, ist nicht in jedem Moment möglich. Es wird immer Wochen oder Monate geben, in denen ein Aspekt meines Lebens andere überlagert. Im Vergleich zu Menschen, die jede Woche vierzig Stunden arbeiten müssen, verfüge ich jedoch größtenteils selbst über meine Zeit und empfinde mein Leben über einen Zeitraum von ein oder zwei Jahren betrachtet als ausgeglichen.

Dass ich in Zukunft vielleicht gar nicht mehr arbeiten würde, daran hatte ich nur wenige Wochen geglaubt. Ich verstand, dass mir etwas Wichtiges fehlen würde, von dem ich bislang nicht weiß, wie ich es anderweitig ersetzen sollte. Seitdem hege ich Zweifel, wie sinnvoll es ist, frühzeitig in den Ruhestand zu gehen. Was bringt es, zwanzig oder dreißig Jahre in Vollzeit richtig ranzuklotzen und wenig Freizeit in Kauf zu nehmen, um anschließend mehrere Jahrzehnte keiner Arbeit mehr nachzugehen und sich womöglich verloren vorzukommen? Man würde doch nur von einem Ungleichgewicht in ein anderes geraten.

Bis hierhin habe ich mit Menschen gesprochen, die nach einer Vollzeitkarriere irgendwann in den Vollzeitruhestand wechseln möchten oder es bereits getan haben. Einige von ihnen ahnen, dass diese radikale Veränderung möglicherweise nicht die beste Lösung ist, aber ihr Ziel bleibt, nicht mehr arbeiten zu müssen. Ich allerdings begann mich nach Alternativen umzusehen. Vielleicht gibt es andere Wege, dachte ich mir, wie ein Teilzeitjob, eine erfüllende selbständige Tätigkeit oder ein Beruf, den man nicht als Belastung empfindet. Deshalb habe ich nach Menschen gesucht, denen es gelingt, Arbeit und Freiheit miteinander in Einklang zu bringen.

Zuerst sprach ich mit Volker*, der einst finanziell frei sein wollte, dem es aber nicht schnell genug ging. »Meine Kinder möchten jetzt Zeit mit mir verbringen«, erzählte er mir. »In ein paar Jahren wollen sie von ihrem Papa nichts mehr wissen.« Deshalb kündigte Volker seine gut bezahlte Arbeitsstelle, wohlwissend, dass er trotz seines Vermögens in Zukunft noch ein Einkommen benötigen wird.

Teil III

–

Frei sein trotz Arbeit

VOLKER IST FÜR DIE FAMILIE DA

Es ist ein kalter Dezembertag kurz vor Weihnachten, als ich im Vordertaunus vor einem kleinen Mehrfamilienhaus stehe. Hier lebt der 47-jährige Volker mit seiner Frau Birgit* sowie zwei Kindern. Er bittet mich herein und klingt dabei genauso verschnupft, wie er aussieht. Die letzten Tage hätte es ihn flachgelegt, sagt er, und versichert mir, auf dem Weg der Besserung zu sein. In der Wohnung ist es behaglich. Im Kamin lodert zwar kein Feuer, aber die Fußbodenheizung wärmt meine unterkühlten Füße. Wir setzen uns auf das Ecksofa und nach ein wenig Small Talk, der uns beiden nicht so recht liegt, bitte ich Volker, mir seine Lebensgeschichte zu erzählen.

Er spricht ruhig und scheint sich jedes Wort gut zu überlegen. Zwischen manchen Sätzen lässt er eine lange Pause, um dann erneut mit seinem Wiener Akzent anzusetzen. Er sei in Wien aufgewachsen, erklärt er mir, und habe dort auch studiert: Betriebswirtschaftslehre mit Schwerpunkt Finanzierung und Finanzmärkte. Über McKinsey und Procter & Gamble landete er nach dem Studium schließlich bei der Deutschen Bank in Frankfurt am Main. Ein früherer Kollege hatte ihn von einem Projekt überzeugt, an dem er mitwirken wollte: ein Start-up innerhalb der Bank. Auf dem vorläufigen Höhepunkt der Interneteuphorie im Jahr 2000 plante der Konzern, sich mit einem eigenen Online-Broker digital aufzustellen. Bis zu 250 Mitarbeiter stampften damals *maxblue* aus dem Boden. Doch ein Jahr später war die Welt schon eine andere. Die Dotcom-Blase war in ein großes

Nichts zerborsten und das digitale Angebot spielte kaum Geld ein. Immerhin, für Volker hatte die Sache etwas Gutes: »Auch wenn ich eigentlich in einem Start-up arbeiten wollte, war es damals kein Nachteil, einen Arbeitsvertrag von der Deutschen Bank zu haben«, erinnert er sich. Während die Mitarbeiter vieler Start-ups zum Arbeitsamt gingen, wechselte Volker in eine andere Abteilung. Später stieg er in die Konzernplanung auf und arbeitete dem Vorstand zu.

Als vor zehn Jahren fast jede Bank in die Finanzkrise stolperte, war er ganz nah dran. »Ich gehörte zwar nicht zu jenen, die die Wochenenden in der Bank verbrachten, um zu prüfen, ob wir am Montag noch aufsperren können«, erzählt er mir, aber ihm sei jederzeit bewusst gewesen, wie existenziell die Krise auch für den eigenen Arbeitgeber war. »Hätte man nach Lehman Brothers den Versicherungskonzern American International Group (AIG) nicht gerettet, wären wahrscheinlich alle Großbanken pleitegegangen«, glaubt er heute. Auch bei der Deutschen Bank sei die Situation angespannt gewesen, doch er habe keine Zeit gehabt, sich um seinen Job zu sorgen. »Das Bewusstsein dafür kam erst später, als wieder Ruhe einkehrte.«

Doch bis heute ist es bei der Deutschen Bank nie wieder so ruhig geworden, wie es vor der Krise war. Die Gewinne sind längst nicht mehr so üppig, nach Steuern endeten die letzten Jahre oftmals sogar mit einem Verlust. Das spüren auch die Mitarbeiter an ihren Bonuszahlungen. Volker verdiente bei der Bank zwischen 100.000 und 150.000 Euro im Jahr. »Das war ein gutes Gehalt«, erzählt er mir, »aber für das Bankumfeld ist es nicht viel.« Um im Vordertaunus mit Kaltmieten von 12 Euro pro Quadratmeter gut leben und trotzdem eine ordentliche Sparquote zu haben, brauche man dieses Einkommen, sagt er. Ein wesentlicher Teil seiner Einkünfte bestand aus Bonuszahlungen. Für manche seiner Kollegen überstieg der Bonus sogar das Grundgehalt, denn in der Bank hieß es in Gehaltsverhandlungen oft: »Das machen wir über den Bonus.« Als dieser im Jahr 2016 für persönliche Leistungen gestrichen wurde, habe das einige Mitarbeiter hart getroffen, erzählt mir Volker. »Wenn du zehn Jahre lang konstant hohe Boni bekommst, preist du die irgendwann ein.« Auch für ihn sei der Bonus wichtig gewesen. Konnte er als Single noch allein vom Grundgehalt gut leben, brauchte er später das zusätzliche Einkommen, um sich mit zwei Kindern nicht einschränken zu müssen und gleichzeitig seine Sparziele zu erreichen. Auch vom Kopf her sei es schwierig gewesen, auf die Boni zu verzichten. »Schließlich glaubt man, das wert zu sein, was man in den letzten Jahren verdient hat.« Die Motivation lasse automatisch nach, wenn Leistung nicht mehr finanziell belohnt werde und gleichzeitig der Druck steige, mehr zu leisten. »Die Arbeit machte so keinen Spaß mehr«, erinnert sich Volker. »Wenn niemand für Anstrengungen belohnt wird, kann man es auch gleich lassen, denn rausgeschmissen wird umgekehrt ja auch keiner.« Für jedes Unternehmen sei das eine Abwärtsspirale, sagt er. Für ihn selbst bedeutete dieser Strudel, dass er endlich einen Gedanken zuließ, der ihn schon lange beschäftigte: »Muss ich überhaupt noch arbeiten?«

»Menschen, die richtig viel Geld haben, werden nicht mehr ärmer – egal, was sie machen«, erinnert sich Volker an eine Erkenntnis, die er während seines Studiums hatte. Lieber solle man sein Geld für sich arbeiten lassen, anstatt selbst zu schuften. »Ich dachte dabei allerdings an Summen, die man vernünftigerweise nicht als Angestellter verdienen konnte.« Er glaubte, wer nicht mehr arbeite, müsse Multimillionär sein. Später ließ ihn ein Kollege aufhorchen, der seinen guten Job in der Bank kündigte und erst einmal nichts tun wollte. »So viel Geld wie die Leute meinen, braucht man dafür nicht«, sagte der damals. Sein großes Erwachen erlebte Volker dann im Jahr 2011, als er die amerikanischen Blogs *Get Rich Slowly, Mr. Money Mustache* und *Early Retirement Extreme* entdeckte. Auf diesen Websites las er, man könne auch mit vergleichsweise wenig Geld finanziell frei sein, da die Lebenshaltungskosten nicht festgeschrieben seien. Man habe sie selbst in der Hand, und je geringer sie seien, desto weniger Geld brauche man, um nicht mehr arbeiten zu müssen. Anschließend sparte Volker bis zu 40 Prozent des Familieneinkommens, um irgendwann frei zu sein. Doch noch mehrere Jahre zu warten, das wurde für ihn immer schwerer, da die Arbeit ihm weniger Spaß machte und sein Einkommen wegen der reduzierten Bonuszahlungen rückläufig war.

»Da fragte ich mich, welche Möglichkeiten es nun konkret für mich gibt.« Er überlegte, was er anderes tun und zu welchem Arbeitgeber er wechseln könnte. »Aber ich hatte das Gefühl, dass es woanders nicht besser wäre«, sagt er. Diesen Eindruck gewann er von Freunden und Kollegen, die sich beruflich verändert hatten, aber schon nach kurzer Zeit genauso unzufrieden waren wie vorher. »Was ich wirklich wollte, ist, Herr über meine Zeit zu sein«, erinnert er sich. Vor allem für seine Kinder wollte er mehr Zeit aufbringen. Als er noch jeden Tag zur Arbeit ging, sah er sie nur morgens beim Frühstück und, wenn es gut lief, noch einmal beim Abendessen.

»Wie oft lief es gut?«, frage ich ihn.

»Etwa die Hälfte der Zeit.«

»Das ist nicht viel«, entgegne ich.

»Ja, das ist nicht viel.«

Immerhin, Volker sah seine Kinder noch vergleichsweise häufig. Einige Kollegen erzählten ihm am Donnerstag, dass sie ihren Nachwuchs seit dem Wochenende nicht mehr wach gesehen hätten. So wollte er nicht leben. Stattdessen wollte er für seinen Sohn und seine Tochter da sein und stärker auf ihre Erziehung einwirken – jedenfalls, solange sie das auch wollen. »Unsere Kinder sind jetzt sechs und acht Jahre alt«, sagt er. »In einigen Jahren haben sie ihr eigenes Leben und kommen nur noch zum Essen und Schlafen nach Hause. Jetzt haben sie noch Interesse, Zeit mit uns zu verbringen.« Diese Phase wollte er nicht verpassen und dachte deshalb ernsthaft darüber nach, nicht nur den Arbeitsplatz zu wechseln, sondern gleich ganz aus seinem Beruf auszusteigen. Doch die 4-Prozent-Regel ging für ihn nicht auf. Er hatte zu wenig angespart, um seine Karriere an den Nagel hängen und nur vom Vermögen leben zu können. Deshalb suchte er nach Alternativen und fand den entscheidenden Hinweis in dem Buch *Job Free: Four Ways to Quit the Rat Race* von Jake Desyllas. Der Autor erklärt darin, es gebe vier Möglichkeiten, frühzeitig aus der beruflichen Tretmühle auszusteigen:

1. Extrem viel sparen, um später von den Ersparnissen zu leben.
2. Kleine Arbeiten erledigen, die wirklich Spaß machen, anstatt einer klassischen Karriere nachzugehen. Der Autor nennt dies »Unjobbing«. Um sich das leisten zu können, müsse man sparsam leben.
3. Ein »Lifestyle-Business« aufbauen, das nur wenig Arbeit erfordert, sobald es läuft. Man lebt von passiven Einkommensströmen.
4. Ein Unternehmen aufbauen, es verkaufen und vom Erlös leben.

Im Nachhinein ist es nur eine kleine Erkenntnis, dass es noch andere Möglichkeiten gibt, als mit einer hohen Sparquote auf die finanzielle Freiheit zu warten, aber für Volker war es der notwendige Hinweis, um die Augen auf ein neues Ziel zu richten. Er begriff, dass er aufgrund seiner Ersparnisse längst so frei war, um ein Lifestyle-Business oder ein richtiges Unternehmen zu gründen oder um nur noch kleine Jobs anzunehmen.

»Eine hohe Zahl, die nur auf das Vermögen abstellt, führt ein bisschen in die Irre«, sagt er heute. Sie lenke davon ab, dass es Alternativen zum Vollzeitjob gibt. Je höher die Rücklagen seien, desto mehr könne man sich zutrauen, nach anderen Wegen zu suchen. Als Volker sich zunehmend frei fühlte, war der nächste logische Schritt, über eine Kündigung nachzudenken.

»Die größte Überwindung waren die ersten Gespräche mit meiner Frau«, erinnert er sich. An Weihnachten im Jahr 2015 dachten die beiden erstmals darüber nach, dass Volker bei der Bank ausscheiden könnte. Gemeinsam rechneten sie aus, was dieser Schritt finanziell bedeuten würde. Doch wichtiger waren andere Fragen: »Was macht das mit uns als Familie?«

Er erzählt mir von dem Loriotfilm *Pappa ante portas*, in dem der frisch pensionierte Heinrich Lohse am Nachmittag durchs Wohnzimmer schleicht und seine Frau überrascht:

»Huch! Hast du mich erschreckt!«, ruft sie. »Was machst du denn hier?«

»Ich wohne hier!«, entgegnet er entrüstet.

»Aber doch nicht jetzt, um diese Zeit.«

Volker besprach mit seiner Frau ganz genau, wie sich die Dynamik ihrer Beziehung verändern könnte, wenn er zu Hause bliebe. Was würde es bedeuten, wenn der Großverdiener der Familie plötzlich kein Einkommen mehr beisteuert? Wüsste er überhaupt, was er mit seiner freien Zeit anfangen sollte? Wer würde welche Aufgaben im Haushalt und in der Kindererziehung übernehmen? All das sollte geklärt werden, zumal es allein Volkers Wunsch war, nicht mehr zu arbeiten. Birgit wollte weiterhin als Lehrerin tätig sein. Letztendlich stellte sie ihm nur eine Bedingung: Sie müssten so weiterleben wie bisher, Einschränkungen im Lebensstandard dürfe es nicht geben, wenn Volker nicht mehr arbeitete. Als sie sich darüber einig waren, sei es für ihn keine Frage der Überwindung mehr gewesen, auf sein Ausscheiden bei der Bank hinzuwirken, sagt er, sondern lediglich eine Frage der geschickten Umsetzung.

Obwohl Volker das Unternehmen aus freien Stücken verließ, hatte er es auf eine Abfindung abgesehen. Wie hoch diese sein würde, das konnte er sich selbst ausrechnen, denn die betriebsspezifische Formel war allen Mitarbeitern bekannt. In diese fließen sowohl die Betriebszugehörigkeit als auch das Lebensalter und die Anzahl der unterhaltspflichtigen Kinder ein. Nach sechzehn Jahren bei der Bank standen Volker zweiundzwanzig Monatsgehälter als Abfindung zu, wenn er sie denn bekommen sollte.

Betriebsbedingte Kündigungen – und damit einhergehend eine Sozialauswahl – wollte die Bank vermeiden, »sonst bleiben die Alten und Unmotivierten«, erklärt mir Volker. Dennoch werden in einzelnen Abteilungen immer wieder Jobs gestrichen. Oftmals führt das Unternehmen dafür ein Stellenbesetzungsverfahren durch, bei dem sich zunächst alle bisherigen Mitarbeiter einer Abteilung auf die verbleibenden Stellen neu bewerben. Mitarbeiter, die dabei nicht zum Zuge kommen, können sich anschließend in weiteren Runden auf andere Stellen in der Bank bewerben. So bleiben in jedem Ressort nur die Besten. Alle anderen müssen sehen, wo sie bleiben. »Es kann vorkommen, dass manche Kollegen noch jahrelang bei der Bank beschäftigt sind, obwohl sie intern nicht neu platziert werden können«, erklärt mir Volker. Abfindungsangebote gebe es in diesem Prozess erst sehr spät.

Als in seiner Abteilung Stellen gestrichen werden sollten, meldete Volker sich freiwillig. »Gleichzeitig musste ich relativ deutlich machen, dass ich die Abfindung gern hätte.« Schließlich war diese für freiwillige Kündigungen nicht vorgesehen. Dennoch überzeugte er seine Vorgesetzten davon, dass es für alle das Beste sei, wenn sie ihm eine Zahlung genehmigen würden. »Denn ohne Abfindung wäre ich nicht gegangen, aber ich hatte mich schon als unmotiviert geoutet.« Letztendlich, versichert mir Volker, sei man in seiner Abteilung froh gewesen, niemanden rausdrängen zu müssen. »Das Management musste seine Vorgaben erfüllen, die Mitarbeiter aus der Abteilung herauszubekommen.« Als das Stellenbesetzungsverfahren lief, ging Volker auch gegenüber Kollegen offen mit seinem Ziel um. »Ich wollte nicht kurz vor Schluss von einer anderen Abteilung abgeworben werden. Ich wollte das jetzt durchziehen, also sollten alle wissen, dass ich weg will.« Manche Kollegen äußerten Verständnis für seinen Wunsch und hätten es ihm gern gleichgetan, konnten sich einen Ausstieg allerdings nicht leisten. »Wie ich mir das leisten konnte, hat allerdings niemand gefragt«, erinnert er sich. Seine konkreten Pläne ließ er vage, erzählte nur, dass er sich zunächst mehr um die Kinder kümmern wolle und noch keinen neuen Job habe.

Im Dezember 2016 hatte Volker seinen letzten Arbeitstag bei der Bank. Er weiß, dass es für ihn keinen Weg zurück in seinen Beruf geben wird. Nach einer längeren Auszeit würde er keinen vergleichbaren Job zu ähnlichen Konditionen finden. Er hatte in seiner Karriere oft genug gesehen, dass bei einer Bewerbung Menschen bevorzugt werden, die noch in Beschäftigung sind. »In der Bank hatten wir viele Zeitarbeiter, deren klassischer Karriereweg so aussah: Diese Leute hatten in Vollzeit gearbeitet, mussten irgendwann aus persönlichen Gründen eine Auszeit einlegen und haben dann den Wiedereinstieg nicht mehr geschafft.« Deshalb war ihm die Abfindung so wichtig. Die Lücke zur finanziellen Freiheit sollte möglichst klein sein, damit das Risiko seines vorzeitigen Ausstiegs überschaubar blieb und er nur noch wenig dazuverdienen musste.

Als ich bei Volker im Wohnzimmer sitze, hat er seit fast einem Jahr kein festes Einkommen mehr. Auch Arbeitslosengeld erhält er vorläufig nicht, denn er wird sich erst ein Jahr nach der Kündigung arbeitslos melden. So umgeht er die dreimonatige Sperrfrist und bekommt die vollen zwölf Monate Arbeitslosengeld. Ein wenig sorgt er sich davor, dass die Arbeitsagentur ihn dazu drängen wird, sich auf Stellen zu bewerben oder Fortbildungen zu besuchen, aber das sei es ihm wert. Bis dahin lebt die Familie von Birgits Lehrergehalt sowie von Rücklagen aus der Abfindung. Dass sie nun Ersparnisse für ihren Lebensunterhalt ausgeben müssen, stört Volker allerdings nicht. Er ist vollauf zufrieden mit seiner Entscheidung.

Die finanzielle Zukunft der Familie steht auf einem soliden Fundament. Da Birgit noch lange arbeiten möchte, wird sie in den nächsten Jahren mit ihrem Teilzeitgehalt etwa ein Drittel zum Haushaltseinkommen beitragen. Das zweite Drittel bestreitet die Familie zurzeit aus Dividendenausschüttungen und Ersparnissen. Sobald die Barreserven aufgebraucht sind, werden sie in Anlehnung an die 4-Prozent-Regel jährlich einen kleinen Anteil aus dem Aktiendepot entnehmen. Das letzte Drittel soll aus Mieteinnahmen stammen. Birgit besitzt eine Eigentumswohnung und gemeinsam gehört ihnen ein Mehrfamilienhaus, bestehend aus drei Wohneinheiten, von denen sie die größte selbst bewohnen. Die vermieteten Wohnungen sind mit Krediten finanziert, die in etwa fünfzehn Jahren abbezahlt sein werden. Danach können Volker und Birgit die monatlichen Mieteinnahmen für ihren eigenen Konsum verwenden. Etwa zur gleichen Zeit werden die Renten- bzw. Pensionszahlungen einsetzen. »Deshalb kann man sagen, in fünfzehn Jahren sind wir durch«, erzählt mir Volker. Bis die Kredite getilgt seien, bestehe noch eine Versorgungslücke von 100.000 Euro oder umgerechnet rund 500 Euro im Monat. Ein Einkommen in dieser Höhe wird er in Zukunft noch verdienen müssen, wenn die Familie ihren Konsum nicht reduzieren möchte.

Eilig hat Volker es damit nicht. »Mich interessiert jetzt alles, was in Richtung Selbständigkeit geht«, sagt er. Er wolle Alternativen zum Leben als Angestellter entdecken. Auch für die Kinder könne das interessant sein, glaubt Volker, denn die Prägung in der Schule und bei anderen Eltern gehe fast immer in Richtung Festanstellung. Er würde nun gern sein Blickfeld und das seiner Kinder für andere Wege öffnen. Wie das funktionieren soll, ist allerdings noch ungewiss.

Kurz vor unserem Treffen hat Volker ein Blog ins Internet gestellt. Dort wolle er andere Menschen über Aufhebungsverträge, Abfindungen, Arbeitslosengeld sowie steuerliche Gestaltungsmöglichkeiten informieren, schreibt er in seinem ersten Beitrag. Er möchte all die Fragen beantworten, die er sich auf seinem Weg in die Freiheit selbst gestellt hat und auf die er nur unzureichende Antworten fand. Liebhaberei solle dieses Blog aber nicht sein. »So langsam kristallisiert sich für mich heraus, wie daraus ein Business werden könnte«, erzählt er mir. Vielleicht könne er über diese Themen ein Buch schreiben oder Seminare und Beratungen anbieten. Allerdings, das räumt er ein, habe er noch keinen zweiten Text vorbereitet. Es falle ihm schwer, das Projekt ohne Zeitdruck strukturiert und produktiv anzugehen. »Ich bin ein bisschen aus der Übung, was die Arbeit angeht.« Fast ein Jahr habe er sich freigenommen und nicht gearbeitet. Nun wieder eine neue Routine zu finden, sei schwer. Auch, weil er nicht so viel freie Zeit habe wie gedacht, denn an den meisten Tagen kämen die Kinder am frühen Nachmittag aus der Schule. Bis dahin müsse er auch den Haushalt bewältigt haben. »Ich muss mir noch bewusster freie Zeit für das Projekt schaffen«, sagt er.

Nach unserem Treffen besuche ich Volkers Blog fast jede Woche. Ich möchte wissen, wie es mit dem Projekt vorangeht, aber Fehlanzeige. Woche um Woche erscheint kein weiterer Beitrag. Im März frage ich ihn, ob er das Projekt aufgegeben habe. »Es stimmt, die Website verfolge ich im Moment nicht weiter«, antwortet er. Da er mit den Themen Abfindung & Co. nun selbst durch sei, interessierten sie ihn nicht mehr genug, um darauf eine unternehmerische Tätigkeit zu gründen. Ich habe volles Verständnis, denn so ergeht es mir alle ein oder zwei Jahre. Wenn ich ein Thema durchgearbeitet habe, möchte ich mich nicht weiter damit befassen. Es ist gut möglich, dass ich nichts mehr von finanzieller Freiheit hören möchte, sobald ich die Arbeit an diesem Buch abgeschlossen haben werde.

Er habe jedoch noch über andere Geschäftsmodelle nachgedacht, erzählt er mir später am Telefon. Am liebsten wäre ihm ein Lifestyle-Business, bei dem er sich die Arbeitszeit frei einteilen könne und etwas tue, das ihm Spaß macht. Er sei gut mit Zahlen, sagt Volker, daher überlege er, wie er für andere Menschen, die von Zahlen genervt seien, Lösungen anbieten könne. Er habe schon an Buchhaltung für Kleinunternehmen oder Tipps für die Steuererklärung gedacht. Allerdings seien die gesetzlichen Vorschriften in Deutschland zu streng, um ohne Steuerberaterprüfung eine relevante Leistung anbieten zu dürfen. »Einen konkreten Plan gibt es deshalb noch nicht«, erzählt er mir.

Eine weitere Möglichkeit sei, selbständig auf Projektbasis für die Bank zu arbeiten. Er stehe mit einigen Kollegen in Kontakt und könne sich eine zeitlich begrenzte Zusammenarbeit vorstellen. »Es ist nichts, was ich mir dringend wünsche, aber es wäre lukrativ«, sagt er. Auch bei einem Personaldienstleister, mit dem die Deutsche Bank für befristete Projekte kooperiert, sei er schon registriert. Momentan spüre er aber keinen Druck. »Ich glaube, wenn in einem Jahr noch kein Geld reinkommt, werde ich noch mal anders darüber nachdenken.« Dann nämlich bekommt er kein Arbeitslosengeld mehr, die Abfindung wäre bald aufgezehrt und er müsste Anteile an seinen

Aktienfonds verkaufen. Diesen Zwang würde er gern vermeiden. Lieber wäre ihm, mit seiner Arbeitsleistung etwas hinzuzuverdienen.

Dass Volker sich bislang nicht mit voller Hingabe um eine neue Aufgabe bemüht, liegt auch daran, dass er seine freie Zeit auch ohne Arbeit zu nutzen weiß. Damit widerlegt er Birgits anfängliche Befürchtung, er könne sich langweilen. »Am Anfang wollte ich erst mal abschalten und runterkommen«, erinnert sich Volker. Er kaufte eine PlayStation und spielte *Rayman*. »Zeitweise auch zu viel«, gibt er zu. Außerdem gab es im Haushalt viel aufzuräumen, zu sortieren und nachzuarbeiten. »Dieses Jahr habe ich zum ersten Mal seit zehn Jahren meine Steuererklärung pünktlich abgegeben.« Außerdem haben sie das Mehrfamilienhaus sanieren lassen, da gab es viel zu planen und zu koordinieren. Da nun alles erledigt sei, bleibe langsam Zeit für andere Dinge übrig und er beginne zu überlegen, was er noch machen könne. Zum Beispiel habe er neulich an seinen handwerklichen Fertigkeiten gearbeitet, erzählt mir Volker. Für die Kinder setzte er einen alten Computer neu auf und installierte verschiedene Lernprogramme. Der Monitor war jedoch defekt. Anstatt einen neuen zu kaufen, wie er es früher getan hätte, recherchierte Volker im Internet die mögliche Ursache des Fehlers. Er kaufte ein Ersatzteil für wenige Euro und lötete es eigenständig in den Monitor ein. Eine passende Anleitung dazu hatte er bei YouTube gefunden. Als der Bildschirm anschließend voll funktionstüchtig aufleuchtete, empfand Volker großen Stolz.

Die meiste Zeit wendet er nun für seine Kinder auf, so wie er es sich vorgenommen hatte. Für die sei es gut, dass immer jemand da ist, glaubt Volker. Sein Sohn habe sich früher im Hort oft gelangweilt, wenn er wieder als einer der Letzten abgeholt wurde. Jetzt seien die Kinder nur noch zwei Tage in der Betreuung und das auch nur für wenige Stunden. An den anderen drei Tagen holt Volker sie von der Schule ab, bereitet das Mittagessen zu, macht mit ihnen die Hausaufgaben und bringt sie zum Sport und anderen Nachmittagsaktivitäten. Als ich im März nachfrage, wie es zu Hause läuft, berichtet Volker von seinen aktuellen Projekten: »Momentan beschäftigt mich die Erziehung: richtige Stifthaltung, allgemeine Schulmotivation, Tests gut schreiben.« Außerdem habe er sich im Förderverein der Schule als Kassenwart gemeldet, um auch mal etwas mit Erwachsenen zu tun zu haben.

Dass Volker mehr Zeit für die Kinder hat, eröffnet Birgit ganz neue Möglichkeiten. Sie könne nun ihre beruflichen Interessen stärker verfolgen, erzählt mir Volker. In der Schule habe sie sich auf eine Funktionsstelle beworben, das heißt, sie werde in Zukunft vielleicht neben dem Unterricht das Thema digitale Bildung verantworten. Ein paar Stunden in der Woche könnte sie sich dann darum kümmern, dass der Unterricht mithilfe digitaler Geräte moderner wird. Außerdem werde sie bald ein Ergänzungsstudium beginnen. Neben Mathematik und Physik könne sie deshalb in Zukunft auch Informatik als drittes Fach unterrichten. Würde Volker noch arbeiten, wäre ein nebenberufliches Studium für Birgit undenkbar.

Bis er eine neue Aufgabe findet, ist Volker hauptsächlich Hausmann und Papa. Wenn ihn heute jemand fragt, was er beruflich macht, antwortet er, er kümmere sich um den Nachwuchs. Das sei eine unverfängliche Antwort, die keine weiteren Fragen provoziere, erklärt mir Volker. Er möchte sich nicht dafür rechtfertigen müssen, Zeit mit seinen Kindern zu verbringen. Und so kommuniziert er auch im Karrierenetzwerk Xing offen seine neue Tätigkeit: »Auszeit für mehr Zeit mit der Familie und private Interessen.«

THOMAS REITET EIN NEUES PFERD

»In der statistischen Lebensmitte fragt man sich, ob die zweite Lebenshälfte in den gleichen Bahnen verlaufen soll wie die erste«, erzählt mir Thomas*, während wir in seiner Wohnung sitzen und eine Tasse Kaffee trinken. Sein fröhliches Gesicht, die moderne Brille und die nach oben gekämmten Haare lassen ihn jünger wirken, als die fünfundvierzig Jahre, die er alt ist. Dass er seine Karriere erstmals infrage stellte, liegt fünf Jahre zurück. Damals arbeitete er als Ingenieur bei einem Automobilzulieferer. Er leistete gute Arbeit, war bei Kollegen und Vorgesetzten beliebt und verdiente ein ordentliches Gehalt. »Aber mit tiefster innerer Freude erfüllte mich die Arbeit nicht«, erinnert sich Thomas. Seiner Frau habe er abends wenig vom Büroalltag erzählt, schließlich hätte er lediglich acht Stunden vor seinem Computer gesessen und programmiert. Da gebe es nicht viel zu berichten. Wenn er mal einen blöden Fehler im Code gefunden hatte, galt das als Höhepunkt des Tages.

Als Thomas mir von seinem Werdegang erzählt, habe ich das Gefühl, die Geschichte schon tausendmal gehört zu haben. Nach dem Abitur entschied er sich für ein Studium der Elektrotechnik, weil er gut in Mathematik und Physik war und weil die Berufsberatung ihm nicht weitergeholfen hatte. »Es heißt immer, man entscheidet sich einmal bewusst für einen Beruf und dann bleibt man dabei«, sagt er, »allerdings traf ich meine erste Entscheidung alles andere als bewusst.« Sie habe allein auf guten Schulnoten und vagem Interesse beruht. Wie genau der Berufsalltag als Elektrotechniker später aussehen würde, wusste er damals nicht. Schon während des Studiums merkte Thomas, dass ihm die Arbeit mit dem Lötkolben wenig Spaß machte und konzentrierte sich deshalb aufs Programmieren. Als Werkstudent arbeitete er für Siemens und schaffte dort anschließend seinen Berufseinstieg. Siemens galt damals als eines dieser Unternehmen, bei denen Arbeitnehmer bis zur Rente bleiben konnten, wenn sie nur die Silberlöffel in Ruhe ließen. Doch sollte Thomas jemals so leichtgläubig gewesen sein, legte er seine Naivität bereits nach einem halben Jahr ab. Das Unternehmen kündigte an, mehr als 10.000 Mitarbeiter entlassen zu wollen. Sein Chef fragte ihn bald, ob er sich schon nach einer neuen Stelle umgesehen habe. Thomas empfand das als Wink mit dem Zaunpfahl und bewarb sich bei einer anderen Firma. Später versicherte der Vorgesetzte ihm, dass er ihn niemals hätte gehen lassen. »Doch die ganze Situation war ein Schuss vor den Bug, da hatte ich schon abgeschlossen.« Thomas verstand früh in seiner Karriere, dass es seitens der Unternehmen keine Treue zu den Mitarbeitern gibt. Vorsichtshalber begann er damals schon, Geld zurückzulegen, und dachte erstmals darüber nach, nicht bis zur gesetzlichen Rente arbeiten zu wollen. Schließlich empfand er seine Arbeit nie als erfüllend.

Als er siebenunddreißig Jahre alt war, nahm Thomas sich vor, mit fünfzig Jahren in Frührente zu gehen. »Es erschien mir zu dem Zeitpunkt ein sinnvolles Ziel zu sein«, erinnert er sich. Damals war er im Internet auf das amerikanische Blog *Early Retirement Extreme* gestoßen. Extremes Sparen sei allerdings nicht nach seinem Geschmack gewesen. »Ich wollte nicht im Camper leben und meine eigene Seife herstellen«, wie der Autor Jacob Lund Fisker es zeitweise tat. Bei *Mr. Money Mustache* fühlte er sich besser aufgehoben. Jeden einzelnen Artikel habe er in diesem Blog gelesen, erzählt mir Thomas. »Wenn ich mich für etwas interessiere, dann richtig«, sagt er. Er rechnete aus, dass die Rente mit fünfzig für ihn realistisch sei. Dafür hätte er lediglich in seinem Job bleiben, einen guten Teil des Gehalts sparen und die Überschüsse am Aktienmarkt und in Festgeld investieren müssen.

Konkrete Pläne für ein Leben ohne Arbeit hatte er nicht. »Ich wollte nur die Option haben, das Hamsterrad verlassen zu können.«

Dafür hätte er sich nicht einmal einschränken müssen, denn Thomas ist ohnehin ein genügsamer Mensch. »Ich habe kein Problem damit, Geld auszugeben«, sagt er, »aber es passiert bewusst.« Statussymbole brauche er nicht, versichert er mir, deshalb wohne er nicht in einer Villa, sondern in einer Mietwohnung und fahre einen Skoda statt eines dicken Fahrzeugs. »Der steht genauso im Stau wie bessere Autos«, erzählt er mir. Wenn er sich etwas gönnen möchte, dann tut er das, und auch anderen gönnt er regelmäßig etwas. Schon seit langer Zeit spendet er mehrere hundert Euro im Jahr für wohltätige Zwecke. Als er vor einigen Jahren aus der Kirche austrat, weil er mit der Verwendung der Kirchensteuer unzufrieden war, entschied er sich, auch dieses Geld zu spenden: an die Tafel, Frühchenstationen, die Deutsche Rettungsflugwacht etc. Mit seinem guten Gehalt und einer genügsamen Lebensweise kann er sich das leisten und immer noch genug für seine eigene Zukunft ansparen. Er hätte einfach nur so weitermachen müssen, um an seinem fünfzigsten Geburtstag in Rente zu gehen. Doch dann kam es anders.

Als Thomas vierzig Jahre alt wurde, arbeitete er schon seit vielen Jahren bei einem großen Automobilzulieferer mit rund 2.000 Mitarbeitern. Zu sagen, dass die Arbeit ihm Spaß machte, wäre eine Übertreibung, aber es war ein guter Job, der zudem ordentlich bezahlt wurde. Kurz nach seinem Geburtstag kündigte das Unternehmen an, dass mehrere hundert Mitarbeiter entlassen werden sollten. »Es gab nur diese allgemeine Ankündigung, sonst nichts«, erzählt mir Thomas. »Keine konkreten Zahlen, keine Abteilung, keine Namen.« Zwei Monate vergingen ohne weitere Informationen. Genug Zeit für die Mitarbeiter, sich Gedanken zu machen. Viele von ihnen waren verunsichert. Wen würde es treffen: die Junggesellen, die Kinderlosen, die Eltern mit finanziertem Eigenheim auf dem Land? Thomas ärgert sich noch heute über die unglückliche Kommunikation: »Meiner Erfahrung nach suchen sich die besten Mitarbeiter in dieser Situation sofort einen neuen Job, während die weniger guten Mitarbeiter, die das Unternehmen vermutlich loswerden möchte, den Kopf in den Sand stecken und das Beste hoffen.« Jene, die bleiben, seien trotz Sozialauswahl nicht sicher, glaubt Thomas. Selbst, wenn sie Familie haben und einen Hauskredit abzahlen müssen. »Unternehmen haben die Möglichkeit, jeden loszuwerden, und wenn auch über eine Abfindungsregelung.« Thomas erinnert sich an einen Kollegen, der trotz Ehefrau und Tochter dieser Kündigungswelle zum Opfer fiel. »Er hatte sich immer für das Unternehmen aufgeopfert und unbezahlte Überstunden geleistet.« Dass ausgerechnet er entlassen wurde, war für ihn nicht zu begreifen. Der Kollege nahm sich das Leben.

Auch Thomas kam in diesen zwei Monaten ins Grübeln. Er arbeitete in einem Beruf, der ihn nicht erfüllte, und zum zweiten Mal in seiner Karriere zeigte ein großes Unternehmen keine Loyalität gegenüber seinen Mitarbeitern. Wie lange sollte das noch so weitergehen? Bis er finanziell frei wäre, würde es noch gut zehn Jahre dauern. Zehn weitere Jahre in einem Leben, das statistisch gesehen schon zur Hälfte verlebt war. Er wollte nicht länger warten, denn »das Leben ist ja jetzt«, sagt er. Damals begann für Thomas eine intensive Phase, in der er sich wichtige Fragen stellte: »Was macht mich glücklich? Was will ich vom Leben?« Egal, in welche Richtung er dachte, die Antworten hatten nichts mit seinem damaligen Job zu tun. Deshalb fragte er sich, was er beruflich anderes tun könnte, als Ingenieur zu sein.

Nachdem sein Arbeitgeber die Entlassungen angekündigt hatte, las Thomas mehrere Ratgeberbücher, die ihm dabei helfen sollten, seinen Beruf aufzugeben und eine neue Karriere zu entdecken. Ein Buch, das seinen weiteren Werdegang stark geprägt habe, heißt: *Ihr Pferd ist tot? Steigen Sie ab!* Der Autor Tom Diesbrock zeigt darin auf, weshalb viele Menschen an ihrem Arbeitsplatz kleben, obwohl sie jeden Tag unglücklich ins Büro gehen. Sie reiten ein totes Pferd und reden sich dafür gute Gründe ein: »Andere Menschen reiten doch auch tote Pferde«, »Ich kann nur dieses tote Pferd reiten« oder »Mein

Pferd ist nicht so tot, wie es aussieht«. Mit ihren Ausreden zögern sie das Unvermeidliche hinaus: Um glücklich zu werden, brauchen sie ein neues Pferd. Thomas dachte lange darüber nach, welches Pferd er reiten würde, selbst wenn er nicht mehr reiten müsste, also finanziell frei wäre. Wie würde er seine freie Zeit verbringen?

»Meine endgültige Entscheidung tauchte während dieses Prozesses schon sehr früh in meinen Gedanken auf. Ich traute mich nur noch nicht, sie mir einzugestehen. Ich wollte sichergehen, die richtige Entscheidung zu treffen«, sagt Thomas über diese intensive Zeit. Die Wahl seines neuen Berufs basiere auf dem Wunsch, mit Jugendlichen zu arbeiten. »Es hat mir immer Spaß gemacht, jungen Menschen etwas mitzugeben. Das erfüllt mich mehr, als ein Programm zu schreiben und hinterher festzustellen: Ja, es läuft.« Wenn er in seine Vergangenheit schaue, sagt Thomas, fielen ihm viele Situationen ein, in denen er jungen Menschen etwas beibrachte. Als Schüler einer Montessori-Schule nutzte er die für »Freiarbeit« vorgesehene Zeit dazu, seinen Mitschülern den Schulstoff zu erklären. Später, während seines Zivildienstes, gab er Schülern nebenberuflich Nachhilfe. Auch im Schachverein, dem er schon lange angehört, tauscht er sich mit Vergnügen mit jüngeren Spielern aus und gibt ihnen Ratschläge. »Ich habe schon immer gern erklärt«, sagt er mit einem breiten Grinsen im Gesicht, das mir bestätigt, wie sehr er sich darüber freut, eine Leidenschaft gefunden und diese in einen Beruf umgemünzt zu haben. »Am liebsten beantworte ich die Fragen von Menschen, die völlig planlos vor einem Problem stehen. Denen zeige ich erst mal, wo Norden ist.« Dass er das auch beruflich machen könnte, kam ihm in den ersten fünfzehn Jahren seiner Karriere nie in den Sinn. Doch je länger er darüber nachdachte, desto mehr ließ er seine Idee zu: Thomas wollte Lehrer werden.

»Rückblickend frage ich mich, warum ich nicht früher darauf gekommen war, aber man steckt so in seinem Job drin, dass man nicht nach links und rechts schaut.« In den Medien hatte er mehrfach gehört, dass an vielen Schulen vor allem die MINT-Fächer (Mathematik, Informatik, Naturwissenschaft, Technik) unterbesetzt seien. Sein

Studium der Elektrotechnik sowie seine Berufserfahrung wären da genau das Richtige. Er informierte sich über die Möglichkeit eines Quereinstiegs und sprach mit Bekannten, die in diesem Beruf arbeiteten. Als ein befreundeter Lehrer ihm von einem Tag der offenen Tür erzählte, der an dessen Schule stattfinden würde, nahm Thomas diesen Termin wahr. Er hatte ein Bild von Schule, das aus seiner eigenen Jugend herrührte, nun aber wollte er wissen, wie Schule heute läuft. Anschließend besuchte er weitere Schulen, um dort mit Lehrern, Schulleitern und Schülern zu sprechen. Die meisten warnten ihn, dass die zweijährige Ausbildung zum Lehrer hart werden würde, sehr hart. Dennoch glaubte er, dieser Beruf könnte wie für ihn gemacht sein.

Derweil war die Lage in seinem alten Job weiterhin ungeklärt, er nahm sich aber vor, sich zu freuen, sollte sein Arbeitgeber ihn entlassen. So würde ihm nicht nur eine schwere Entscheidung abgenommen werden, er würde auch eine schöne Abfindung erhalten, die der Betriebsrat für die Mitarbeiter ausgehandelt hatte. »Ich war fast zehn Jahre in der Firma, da kam eine hübsche Summe zusammen«, sagt Thomas. Während seine Kollegen überwiegend unruhig waren, schien er der Einzige zu sein, der entlassen werden wollte. Doch dafür hatte er seinen Job zu gut gemacht, denn Thomas stand nicht auf der Liste der Mitarbeiter, die gekündigt werden sollten. Nun musste er die Entscheidung selbst treffen. Immerhin gab es die Möglichkeit, einen Kollegen zu retten, indem er sich freiwillig auf die Liste setzen ließ und so von der Abfindung profitieren konnte. Auch wenn er davon überzeugt war, eine Veränderung in seinem Leben zu brauchen, hatte er dennoch Angst. Eine Reihe von Gründen ließ ihn zweifeln:

»Niemand anderes wechselt seinen Job!«: Thomas glaubt, es sei in unserer Gesellschaft nicht normal, derart radikal seine Karriere zu verändern. Wenn man sich einmal für einen Beruf entschieden habe, bleibe man für gewöhnlich dabei. »Der Gedanke, etwas Neues zu machen, fühlte sich völlig krank an«, erinnert er sich. Er kannte niemanden, der in seinem Alter noch einmal von vorn angefangen hatte.

Er fragte sich immer wieder, warum das keiner macht: »Übersehe ich vielleicht etwas?«

»Es gibt weniger Geld!«: Das Einstiegsgehalt als Lehrer würde etwa um ein Viertel niedriger sein als in seinem alten Beruf. »Das war einer der Punkte, die mich wanken ließen.« Schließlich war er damals noch an finanzieller Freiheit interessiert und ein spürbar geringeres Einkommen würde ihn in diesem Ziel weit zurückwerfen. Allerdings hatte er die Hoffnung, dass es ihm mit dem neuen Job nicht mehr wichtig sein würde.

»Schaffe ich das?«: Thomas hatte vor allem Sorge, der Jugend nicht gewachsen zu sein. Als Lehrer würde er eine ganze Klasse im Griff haben müssen, dabei stehe er nicht gern im Mittelpunkt. Außerdem heiße es oft, die heutige Jugend zeige keinerlei Interesse am Unterricht.

»Gibt es einen Weg zurück?«: Thomas hatte Angst, sich in eine fixe Idee zu verrennen. Was wäre, wenn ihm der neue Beruf nicht gefiele und er sich wieder als Ingenieur bewerben müsste? Würde ein neues Unternehmen ihm dies als Orientierungslosigkeit auslegen?

»Bekomme ich den Job?«: Noch bevor sein Arbeitgeber die Kündigungen aussprach, hatte Thomas sich an einer beruflichen Schule beworben und dort bereits eine Stunde Probeunterricht gegeben. Der Schulleiter machte ihm Hoffnungen, doch die Stelle würde erst später offiziell ausgeschrieben werden. Eine verbindliche Zusage würde es noch viel später geben, weit nachdem Thomas sich für eine Kündigung entscheiden musste.

Folglich gab es eine Reihe von Gründen, das tote Pferd weiter zu reiten. Thomas wusste, was er an seinem alten Job hatte und was nicht. Aber er war gut vorbereitet und reflektiert genug, um zu verstehen, dass eine so wichtige Entscheidung immer von Angst begleitet wird. An seinem Kühlschrank neben dem Esstisch klebt eine Postkarte mit einem Spruch von Jack Canfield: »Everything you want is on the other side of fear.« Für die guten Dinge im Leben müsse man seine Angst eben überwinden. Dass ihm dies gelang, macht Thomas heute an zwei Gründen fest: Er hatte im Verlauf seiner Karriere ein beruhigendes finanzielles Polster aufgebaut. Mit den Ersparnissen hätte er mehrere Jahre ohne Arbeit überbrücken können. »Mit 5.000 Euro auf dem Konto hätte ich das nicht gemacht«, sagt er. Somit hatte sich das Ziel, finanziell frei zu sein, für ihn bewährt, obwohl er es nicht erreicht hatte.

Der zweite Grund, erklärt mir Thomas, sei sehr persönlich. Als seine Frau noch studierte, habe sie die Diagnose erhalten, dass ihre Niere geschädigt ist und letztendlich ausfallen wird. Während ich mich mit Thomas unterhalte, ist seine Frau im Krankenhaus bei der Dialyse. Ihr Gesundheitszustand wird sich voraussichtlich nie verbessern. Im Idealfall erhält sie irgendwann ein Spenderorgan, aber selbst dieses würde nicht garantieren, dass es ihr anschließend besser geht. Die Krankheit schränkt die beiden in ihrem Alltag stark ein, da es jederzeit einen gesundheitlichen Rückfall geben kann. Deshalb müssen sie immer in der Nähe einer Klinik sein, willkürlich verreisen können sie nicht.

Thomas' Frau ist schwerbehindert, sie arbeitet allerdings in Teilzeit, da ihr die Arbeit das Gefühl gibt, eine sinnvolle Aufgabe in der Gesellschaft zu erfüllen, und weil sie ihr eigenes Geld verdienen möchte. Dieser Job sei nur möglich, erzählt mir Thomas, weil sie einen verständnisvollen Arbeitgeber habe, der es auch hinnehme, wenn sie kurzfristig ein paar Monate ausfällt. Ein anderes Unternehmen würde die zu erwartenden Fehlzeiten vermutlich nicht akzeptieren, sodass sie an ihre derzeitige Arbeitsstelle gebunden ist. Thomas hingegen hatte vor fünf Jahren alle Möglichkeiten, seinen Beruf aufzugeben und von vorn anzufangen. Im Vergleich zu seiner Frau waren seine Voraussetzungen geradezu ideal. Es wäre dumm gewesen, diese Chance nicht zu nutzen.

Diese Erfahrung habe ihn stark beeinflusst, erklärt mir Thomas. Ein gesunder Mensch, sagt er, ginge ganz selbstverständlich davon aus, für immer gesund zu bleiben. Es sei normal, dass man gesund ist, einen Partner findet, Kinder bekommt, ein Haus baut – dass alles nach Plan läuft. So jedenfalls malen sich die meisten Menschen ihre Zukunft aus. Sie halten sie für planbar.

»Bei Projektionen auf die Zukunft bin ich allerdings vorsichtig geworden«, sagt Thomas. »Mir ist wichtiger, was jetzt passiert, als was in fünf Jahren ist. Trotzdem sorge ich dafür, dass es mir auch in fünf oder zehn Jahren finanziell gut gehen wird.« Er hält deshalb nicht mehr viel von den Excel-Projektionen, mit denen manche Menschen ihr Leben für die nächsten Jahrzehnte planen. »Ich halte das Leben für überraschender, als es bei den Planspielen ist.« Durch die Krankheit seiner Frau weiß Thomas, dass es anders kommen kann. Der Schwarze Schwan könne jederzeit zuschlagen, erzählt er mir.

Damit bezieht er sich auf das gleichnamige Buch von Nassim Nicholas Taleb, der einen Schwarzen Schwan als ein höchst unwahrscheinliches Ereignis beschreibt, das aber extreme Konsequenzen hat, wenn es unerwartet eintritt. Der Name geht auf die Entdeckung schwarzer Schwäne im 17. Jahrhundert in Australien zurück. Bis dahin hatte man in Europa ganz selbstverständlich angenommen, dass es nur weiße Schwäne gebe. Bis dieses vermeintliche Naturgesetz unerwartet widerlegt wurde.

Letztes Jahr erlebte Thomas zwei weitere dieser Ereignisse, die man nicht für möglich hält. Er beerdigte einen seiner Schüler, der aufgrund einer Erkrankung gestorben war und auch seine Schwiegermutter verstarb im Alter von fünfundsechzig Jahren an Krebs. Von allen älteren Verwandten sei sie immer die gesündeste und fitteste gewesen, sagt er. Aber dann kam das Leben dazwischen. Diese Erlebnisse beeinflussen bis heute Thomas' Denken. »Sie sensibilisieren mich dafür, welchen Wert das Heute hat.« Ihm sei nun wichtig, dass er hier und jetzt so lebt, wie er es sich vorstellt – nicht erst in zehn Jahren. Niemand weiß, was dann sein wird.

Deshalb wagte er damals den Absprung aus seinem Beruf. Er ließ sich von seinem Vorgesetzten auf die Liste setzen, noch lange bevor er die Zusage einer Schule in der Tasche hatte. Nach der Kündigung, einschließlich einer attraktiven Abfindung, verbrachte er im April 2014 einige Monate in einer Transfergesellschaft und bekam in der Zeit etwa 70 Prozent seines früheren Einkommens. Drei Tage nach dem Eintritt in die Gesellschaft erhielt er die Zusage von der beruflichen Schule, wo er im September des gleichen Jahres seine Arbeit als Lehrer für Elektrotechnik aufnahm. Mit seiner freiwilligen Kündigung hat Thomas letztendlich niemanden retten können, denn es kam, wie er es vermutet hatte: Nachdem die Mitarbeiter einige Monate im Ungewissen gelassen worden waren, hatten die besten Kollegen längst neue Jobs gefunden und alle anderen blieben da.

Bis zu meinem Gespräch mit Thomas wusste ich nicht, dass ein Quereinstieg als Lehrer in Deutschland möglich ist, dabei kommt das nicht so selten vor. Auch wenn Thomas sich vor seiner Entscheidung allein fühlte, wurden im Jahr 2016 bundesweit 3.000 Quereinsteiger eingestellt.[20] In Berlin und Sachsen machen diese etwa ein Drittel aller Neueinstellungen aus. In diesen – aber auch in anderen – Bundesländern herrscht akuter Lehrermangel, deshalb sind Menschen wie Thomas erwünscht. Sie sollen die Lücken in den Klassenzimmern schließen, die klassisch ausgebildete Lehrer nicht mehr füllen können. Eine der wenigen Voraussetzungen dafür ist eine fachliche Qualifikation, wie ein Studium der Elektrotechnik, das Thomas abgeschlossen hatte. Die pädagogischen und didaktischen Voraussetzungen erhalten die Quereinsteiger im Eilverfahren, oftmals parallel zum Unterricht. Schon im ersten Jahr verbrachte Thomas die Hälfte seiner Arbeitszeit in der Schule, im zweiten Jahr waren es 75 Prozent. Nebenher absolvierte er die komplette Ausbildung einschließlich Seminaren und Prüfungen. Für die Ausbildung musste er nichts bezahlen. Im Gegenteil, vom ersten Tag an erhielt er ein volles Lehrergehalt. Allerdings seien es auch entbehrungsreiche Jahre gewesen, sagt Thomas. »Das habe ich anfangs unterschätzt.«

»Früher dachte ich, Lehrer würden auf einem hohen Niveau jammern, wenn sie von Stress sprechen«, erzählt er mir. Doch gerade zu Beginn seiner Ausbildung habe sein Arbeitspensum bei fünfzig bis sechzig Stunden pro Woche gelegen, vor dem Examen noch mehr. Parallel zu den Seminaren und Prüfungen musste er jede einzelne Unterrichtsstunde aus dem Nichts vorbereiten. Für zwei Stunden Unterricht brauche er mindestens drei bis vier Stunden Vorbereitung, wenn er ein Thema noch nie gelehrt hat, erklärt mir Thomas. »Bei zwölf bis vierzehn Stunden Unterricht pro Woche kommt da einiges an Vorbereitungszeit zusammen.« Teilweise halfen ihm seine Lehrerkollegen, indem sie ihn mit Material versorgten, trotzdem sei es wahnsinnig viel Arbeit gewesen. Auch im dritten Jahr, als er erstmals Vollzeit an der Schule arbeitete, gab es immer noch Inhalte, die er nie unterrichtet hatte. »Der Bereich Elektrotechnik ist groß«, sagt er. Um das zu stemmen, müsse man eine gewisse Leidenschaft für den Beruf aufbringen. Nicht jeder seiner Kollegen sei so motiviert wie er. Manche wählten den Job nur für den Beamtenstatus und die damit verbundene Sicherheit. Wie in jedem anderen Beruf auch gebe es engagierte und weniger engagierte Kollegen. Für Quereinsteiger sei es besonders hart, wenn sie von anderen Lehrern nicht unterstützt werden. Thomas schätzt, dass ein Viertel derer, die mit ihm die Ausbildung begonnen hatten, abgebrochen haben. In einigen Fällen habe es an mangelnder Unterstützung gelegen, in anderen aber auch daran, dass es für Menschen schwer sei, mit vierzig oder fünfzig Jahren noch einmal etwas völlig Neues zu lernen. Manche hätten sich den Alltag als Lehrer anders vorgestellt. Auch bei meinen Recherchen zum Quereinstieg fand ich zahlreiche Geschichten von Menschen, die den Umstieg nicht bewältigt haben. Thomas fiel der Neuanfang leichter.

»Ist dein neuer Beruf so, wie du ihn dir vorgestellt hattest?«, frage ich ihn.

»Nein«, sagt er, »er ist besser.«

Seine Frau habe ihn nie ausgeglichener und glücklicher erlebt, erzählt er mir. Ich glaube es ihm sofort, denn auf mich wirkt er vollkommen zufrieden. Thomas ist der glücklichste Lehrer, den ich je kennengelernt habe. Er trägt die ganze Zeit ein Lächeln auf seinen Lippen und wenn er von seinen Schülern erzählt, wird es zu einem breiten Grinsen. »Ich hatte sehr viel Angst davor, dass die Schüler mich nicht respektieren würden«, erinnert er sich. Doch das erlebe er heute nur selten. »Ich habe hauptsächlich Schüler, mit denen ich gerne arbeite. Das habe ich in dem Maße nicht erwartet.« Das A und O sei, eine gute Beziehung zu ihnen aufzubauen, sonst gehe man unter. Thomas sei von sich selbst überrascht, sagt er. »Mein Unterricht ist ziemlich locker und in der entspannten Atmosphäre läuft es mit den Schülern sehr gut.« Seit er unterrichtet, sei er kommunikativer geworden und könne nun problemlos einen Vortrag vor vielen Menschen halten. Vor fünf Jahren hätte er das noch nicht hinbekommen.

Ich kenne Thomas nur so, wie er heute ist, aber wenn er in der Schule so auftritt wie mir gegenüber, zweifle ich keine Sekunde daran, dass er bei seinen Schülern beliebt ist. Noch bevor ich an dem Nachmittag unseres Treffens meine Jacke ausgezogen habe, bin ich überzeugt, dass alles Hand und Fuß hat, was Thomas mir erzählt. Seine tiefe Stimme zieht mich sofort in den Bann und wenn er mit mir spricht, schaut er mir durch seine Brille hindurch direkt in die Augen. In manchen Gesprächen für dieses Buch musste ich den größten Teil der Informationen verwerfen, weil meine Gesprächspartner oft vom Thema abwichen oder sich wiederholten. Manchmal musste ich nach vier oder fünf Stunden Fragen wiederholen, die ich längst gestellt hatte, die aber trotzdem nicht beantwortet worden waren. Nicht so im Gespräch mit Thomas. Bei ihm sitzt jeder Satz. Wenn er das Gefühl hat, nicht auf den Punkt genau zu erzählen, schließt er die Augen, denkt angestrengt nach und fragt sich laut: »Okay, wo wollen wir hin?« Er sucht immer den roten Faden, was für mich angenehm ist, weil es kein Rauschen gibt, aus dem ich die wichtigen Informationen herausfiltern muss. Alles, was er sagt, ist wichtig. Und so dauert das eigentliche Interview nicht lange. Nach vergleichsweise kurzer Zeit habe ich alles, was ich brauche, und schalte das Aufnahmegerät aus. Anschließend unterhalten wir uns noch lange weiter, weil ich nicht nur ihn interessant finde, sondern er auch mich ernst nimmt und mir

Fragen stellt, deren Antworten er wirklich hören will. Ich habe deshalb keinen Zweifel, dass er mit den meisten Schülern gut zurechtkommt.

Von ihnen bekommt er nun das Feedback, das er sich für seine Arbeit wünscht. Früher erhielt er bestenfalls eine anonyme E-Mail, die an ihn und 500 andere Mitarbeiter versendet wurde: Man sei zufrieden mit ihrer Arbeit. Darüber hinaus gab es nur Tickets, in denen stand, was alles nicht funktionierte. Befriedigendes Feedback war das nicht. Seine Schüler hingegen geben ihm direkte Rückmeldungen, indem sie aufmerksam dem Unterricht folgen und in den Prüfungen gute Leistungen zeigen. Gelegentlich holt Thomas sogar anonymes Feedback ein. Das werde in der Schule selten gemacht, sagt er, aber in der Ausbildung habe er gelernt, dass man das ruhig mal versuchen könnte. Also bat er seine Schüler, den Unterricht und ihn als Lehrer zu bewerten. »Als ich das erste Feedback ausgab, haben meine Knie geschlottert«, erinnert er sich. Er habe Angst vor Kritik gehabt, aber die Antworten der Schüler seien überwältigend gewesen. »Es gibt kaum einen Schüler, der nicht zufrieden ist.« Einige hätten geschrieben, er sei ihr Lieblingslehrer. Das freue ihn ehrlich, sagt er, und hat wieder das breite Lächeln auf den Lippen.

»Ich habe selten jemanden so enthusiastisch über seine Arbeit reden hören«, sage ich ihm.

Er lacht. »Entschuldigung, aber das ist einfach so. Es ist herrlich.«

Das bedeute nicht, versichert er mir, dass jeder Tag fantastisch sei. Es gebe durchaus Tage, an denen seine Schüler ihm viel abverlangten. Vor allem die Arbeit als Klassenlehrer sei anstrengend. Aber alles in allem sei der Lehrerberuf eine tolle Sache. Wenn er nun am Abend nach Hause komme, berichte er von seinem Tag, weil es so viele schöne Anekdoten zu erzählen gebe. Schließlich arbeite er nun mit Menschen anstatt mit Computern.

Thomas sagt, er sei froh, sich damals gegen das höhere Einkommen und für seinen Seelenfrieden entschieden zu haben. Das mit dem Geld habe sich ohnehin erledigt, denn nach drei Jahren im neuen Beruf wurde er verbeamtet. Durch die geringeren Abzüge sei das

Nettogehalt nun in etwa so hoch wie in seinem alten Job. Ein finanzieller Schaden ist ihm aus dem Karrierewechsel folglich kaum entstanden. Das heißt, Thomas könnte noch immer in einigen Jahren finanziell frei werden. Sein Ziel sei das allerdings nicht mehr. »Es ist nicht mehr der Punkt, an dem mein Leben endlich schön wird«, sagt er, denn schön sei es jetzt schon. Vielleicht reduziert er dann seine Arbeitszeit – vielleicht aber auch nicht. Er blickt nicht weit in die Zukunft, sondern lebt hier und jetzt, wo er glücklich ist.

ADAM KANN AUCH ANDERS

Es sei egal, ob unser Interview nur eine oder mehrere Stunden dauern werde, antwortet Adam auf meine Anfrage. »Zeit habe ich genug.«

»Das sind mir die liebsten Gespräche«, schreibe ich zurück und schlage vor, ihn per Skype anzurufen. Besuchen kann ich ihn nicht, denn es ist frostig in Deutschland. Noch bevor der erste Schnee fiel, hat er sich aus dem Staub gemacht. Adam überwintert auf Ko Lanta, einer thailändischen Insel mit weißen Sandstränden und kristallklarem Wasser. Ich stelle mir vor, wie er mit Shorts und T-Shirt bekleidet in einer Hängematte liegt und aufs Meer schaut, während ich an meinem Schreibtisch sitze und nur graue Ungemütlichkeit sehe, wenn ich aus dem Fenster blicke. Es macht aber nichts, dass ich Adam nicht persönlich treffen kann, denn wir kennen uns seit elf Jahren.

Damals hatte es den gebürtigen Engländer nach Leipzig verschlagen. Wir waren bei dem gleichen Start-up angestellt, das für seine Kunden T-Shirts bedruckte. Er arbeitete in der Unternehmenskommunikation, während ich im Nachbarbüro die Google-Anzeigen optimierte. Spreadshirt war für uns beide der zweite und letzte Arbeitgeber. Unabhängig voneinander kündigten wir 2008 unsere Jobs und arbeiten seitdem auf eigene Rechnung. Zuletzt trafen wir uns vor drei Jahren in Berlin zum Mittagessen. Damals bat ich ihn, mir etwas über die Verlagsbranche zu erzählen, in der er Fuß gefasst hatte.

Auf seiner Website bezeichnet er sich als dreifachen SPIEGEL-Bestsellerautor, Vollzeitschriftsteller und Teilzeitfaulpelz. Seine besten Fähigkeiten seien, kahlköpfig zu sein, sich selbst zu zerfleischen und Nickerchen zu machen. Der 35-Jährige hat immer einen lustigen und manchmal fiesen Spruch auf den Lippen. Von seiner Gabe, Menschen zu beobachten und ihre Macken auf unterhaltsame Weise zu beschreiben, lebt er heute. Auch in unserem Skype-Gespräch kommentiert er sein Leben oftmals selbstironisch und manchmal habe ich den Eindruck, er probiert einen witzigen Satz an mir aus, den er später in einem Buch verwenden könnte.

Vor drei Jahren veröffentlichte Adam ein Buch über Freiheit. Frei zu sein, war ihm damals so wichtig, dass er sich weigerte, es sich zum Ziel zu machen. In *Wir können auch anders* schreibt er: »Ziele sind schön, aber sie können uns einengen, unflexibel und blind dafür machen, wie die Welt funktioniert und wie wenig davon wir tatsächlich kontrollieren können.« Er erklärt weiter, solange man ein Ziel noch nicht erreicht habe, fühle man sich in einem ständigen Zustand des Scheiterns, von dem man hoffe, er möge vorübergehen. Habe man das Ziel schließlich erreicht, würde man schnell erkennen, dass das eine Ziel, das dem jahrelangen Streben einen Sinn gegeben hatte, nun verschwunden sei. Den gleichen Eindruck gewann ich nach meinen ersten Gesprächen für dieses Buch: Warum sollte man jahrzehntelang nach etwas streben, von dem man nicht weiß, wie gut es sich anfühlen wird?

Freiheit bedeutete Adam zu viel, als dass er lange auf sie hätte warten können, um am Ende von ihr enttäuscht zu sein. Deshalb begann er, das System Freiheit zu leben. Eine Idee, die er sich bei dem Schriftsteller Scott Adams abgeschaut hat.

»Systeme sind toleranter gegenüber einem Scheitern«, schreibt Adam. »Wenn wir uns an einem System orientieren, können wir jeden kleinen Meilenstein würdigen, der einen Fortschritt auf diesem Weg bedeutet, egal, ob damit schon irgendein idealisiertes Ziel erreicht ist.« Nach einem System zu leben, bedeutet für Adam, das Leben eines freien Menschen zu führen, anstatt frei werden zu wollen. Das gelte insbesondere für die Arbeit, deshalb liebe er die Selbständigkeit. Zwar wisse er nicht, schreibt Adam, wohin ein mit Freiheit gesäumter Weg ihn beruflich führe, aber das System erlaube ihm, jeder dummen Idee nachzugehen und es zwinge ihn dazu, seine Fähigkeiten bestmöglich einzusetzen.

Eine wesentliche Voraussetzung dafür, glaubt Adam, sei es, keine großen Verpflichtungen einzugehen. Zwar könne das Leben über starke Säulen verfügen, wie Arbeit, Freunde und Gesundheit, diese dürften aber nicht unverrückbar sein, schreibt er in seinem Buch. Deshalb wolle er nicht heiraten, keine Kinder haben, keine langfristigen beruflichen Verpflichtungen auf sich nehmen und kein Haus kaufen. Das alles seien langfristige Wetten darauf, dass sein zukünftiges Ich diese Dinge auch noch will. Diesem Ich aus der Zukunft wolle er möglichst wenige Lasten aufbürden – vor allem finanziell.

Adam erinnert sich, am Anfang seiner Karriere jeden Monat alles Geld ausgegeben zu haben, das er als Angestellter verdient hatte. Mit Dispokrediten und Kreditkarten lebte er zeitweise über seine Verhältnisse. Dabei sei es unerheblich gewesen, wie hoch seine Einkünfte waren, sagt er. »Egal, wie viel ich verdiente, am Ende des Monats hatte ich nie etwas übrig.« Erst als er sich selbständig machte, änderte er den Umgang mit seinen Finanzen. »Weil ich unregelmäßige Einnahmen hatte, musste ich meine Kosten im Blick behalten.« Deshalb habe er jede Ausgabe aufgeschrieben und erkannt, wie hoch seine Lebenshaltungskosten waren. Er achtete nun darauf, in guten Monaten etwas Geld beiseitezulegen und nach einigen Jahren hatte er zum ersten Mal in seinem Leben Ersparnisse. Als er im Jahr 2015 das Buch über Freiheit schrieb, betrugen seine monatlichen Kosten 999,84 Euro. Er bezeichnet diese Zahl als seine »Freedom Figure«, das Einkommen nach Steuern, das er braucht, um dauerhaft selbständig arbeiten und frei sein zu können. Diese Zahl sei unabhängig von seinen tatsächlichen Einkünften. Wenn er mehr verdiene, möchte er trotzdem nicht mehr ausgeben. Seine Einnahmen zahlt er auf ein Sparkonto ein, von dem er die monatlichen Ausgaben als Dauerauftrag auf ein Girokonto überweist. Für das Sparkonto besitzt er weder EC- noch Kreditkarte, sodass er seine Ersparnisse nicht spontan verjubeln kann. Nur in Notfällen würde er mal einen zusätzlichen Betrag auf sein Girokonto überweisen. Aus den angesparten Überschüssen ergibt sich für Adam die »Lifestyle Burn Rate«, so bezeichnet er die Anzahl der Monate, die er von seinen Ersparnissen leben könnte, ohne arbeiten zu müssen. Das ist sein Fuck-You-Money. Bei 20.000 Euro auf der hohen Kante und monatlichen Ausgaben von 999,84 Euro könnte er folglich 20,28 Monate ohne Einkommen leben. Die Lifestyle Burn Rate sei ihm so wichtig, sagt Adam, weil er keine Lust hat, je wieder als Vollzeitangestellter zu arbeiten. »Ich halte dieses Konzept für ziemlich überholt.«

Mit jedem Jahr Freiheit, das Adam angespart hat, lehnt er selbstbewusster Aufträge ab, die ihn nicht interessieren. Er übernimmt deshalb nur Aufgaben, die ihm Spaß machen oder die besonders gut bezahlt werden. Bei seinen geringen Lebenshaltungskosten würde Adam bei einem Tagessatz von 300 Euro schon mit einem Tag Arbeit mehr als eine Woche Freiheit erwirtschaften, rechnet er in seinem Buch vor. Allerdings gehe es ihm nicht darum, möglichst wenig zu arbeiten. »Selbst wenn ich bis fünfzehn Minuten vor meinem Tod arbeiten muss, werde ich es mit Freuden tun.« Er möchte die Arbeit jedoch über seine Lebenszeit verteilen, denn Zeit sei wertvoller, wenn man jung ist, sagt er. Seine Zwanziger und Dreißiger seien die Zeit für Spaß und Experimente. Da möchte er nicht jede Woche vierzig Stunden arbeiten, sondern nur so viel wie nötig, um seine Lebenshaltungskosten zu bestreiten und noch etwas anzusparen, oder so viel, wie es ihm Freude bereitet.

Den Schlüssel zur Freiheit sieht Adam in der selbständigen Arbeit. Sie garantiere zwar keinen Reichtum, dafür aber die Möglichkeit, sich schöne Projekte auszusuchen. Mit seiner Meinung stellt er in diesem Buch eine Ausnahme dar. Bei meinen Recherchen fand ich keine

Menschen, die mit selbständiger Arbeit finanziell frei werden wollen und nur einen, der als Jungunternehmer so vermögend geworden ist, dass er nicht mehr arbeiten muss. Am Anfang überraschte es mich, dass ich auf so wenige Selbständige stieß, denn ich bin fast ausschließlich mit Selbständigen befreundet und viele von ihnen verdienen so gut, dass sie voraussichtlich nicht bis zum gesetzlichen Rentenalter arbeiten müssen. Meiner eigenen Erfahrung und der meines Umfelds nach zu urteilen, kann selbständige Arbeit ein Sprungbrett in die finanzielle Freiheit sein. In Gesprächen fiel mir allerdings auf, dass keiner meiner Freunde sich ernsthaft mit finanzieller Freiheit beschäftigt – selbst dann nicht, nachdem ich ihnen das Thema aufgedrängt hatte. Sie wollen nicht aufhören zu arbeiten, denn ihre Arbeit macht ihnen oftmals Spaß und sie erleben ohnehin ein hohes Maß an Freiheit. Selbst wenn sie nicht mehr arbeiten müssten, würden sie es trotzdem tun. Deshalb, glaube ich, ist finanzielle Freiheit für Selbständige kein wichtiges Thema. Freiheit hingegen schon. Viele der Selbständigen, die ich kenne und die ich für dieses Buch angefragt habe, genießen es, ihre Zeit frei einteilen zu können und ihre Arbeit so zu gestalten, dass sie ihnen Freude bereitet. Außerdem beklagt sich kaum jemand von ihnen über sein Einkommen. Für Angestellte mag das überraschend wirken, da viele von ihnen in selbständiger Arbeit eine Armutsfalle vermuten. Sie befürchten ein geringes Einkommen, das zudem höchst unsicher ist. Ein Gehalt hingegen könne üppiger ausfallen, glauben sie, und es sei sicherer. In einigen Fällen wird dies zutreffend sein. Aber selbst für gut verdienende Angestellte mit vergleichsweise sicheren Jobs gibt es nur einen Weg aus der Tretmühle: so viel und lange sparen, bis sie vom eigenen Vermögen leben können. Wer den Prozess abkürzen oder einen anderen Weg gehen will, muss sich selbständig machen. Das Risiko einer selbständigen Tätigkeit mag höher sein, aber die mögliche Rendite ist es auch.

Seit Adam vor zehn Jahren seinen letzten Job kündigte, hat er verschiedene Geschäftsideen ausprobiert. Bei Spreadshirt hatte er gesehen, wie selbständige Designer ihre Motive auf der hauseigenen Plattform anboten und vom Unternehmen eine Provision erhielten, wenn sie auf ein T-Shirt gedruckt wurden. Neben Spreadshirt gab es schon damals zahlreiche andere Plattformen, die ihren Kunden ebenfalls tolle Motive zur Verfügung stellten. Es war allerdings schwer, sie zu finden, deshalb erstellte Adam mit *The TeeDirectory* eine zentrale Datenbank für T-Shirt-Motive. Besucher konnten dort nach Motiven suchen, Bewertungen von Kunden lesen und an Rabattaktionen teilnehmen. Wenn sie bei einem Unternehmen ein T-Shirt kauften, erhielt Adam eine Provision für die Vermittlung des Kunden. Da Adam nicht selbst programmieren konnte, beauftragte er eine kleine Agentur mit dem Design und der Programmierung der Website. Dafür musste er finanziell in Vorleistung gehen und auch in die Inhalte auf der Website investierte er Geld. Schon nach einem halben Jahr hatte er sein Investment wieder eingespielt und generierte anschließend jeden Tag einen Gewinn. Am Ende des zweiten Jahres waren es schon 3.000 Euro im Monat. Aufwand hatte er zu diesem Zeitpunkt nicht mehr. Es war das perfekte Lifestyle-Business, denn die Einnahmen waren passiv. Ob er nun arbeitete oder nicht, Geld verdiente er so oder so. Zumindest kurzfristig. Denn Adam stellte fest, was auch ich schon mehrfach erlebt habe: Kein Unternehmen generiert auf Dauer passive Einnahmen. Wenn man es nicht pflegt und weiterentwickelt, schläft es langsam ein. Hat dieser schleichende Prozess einmal begonnen, ist es schwer, ihn wieder umzukehren. Die Inhalte von Adams Verzeichnis waren nicht hochwertig genug, um den gestiegenen Anforderungen in der Google-Suche standzuhalten. Mit der Zeit fanden deshalb immer weniger Nutzer auf seine Website. Außerdem hatte er es versäumt, die Software zu aktualisieren, sodass die Seite für Hacker ein leichtes Opfer war. Nach einem Angriff nahm er sie schließlich vom Netz.

Zu diesem Zeitpunkt hatte Adam bereits ein neues Geschäft aufgebaut. Mit *The Hipstery* vertrieb er bedruckte T-Shirts, die im Lager anderer Unternehmen überschüssig waren. Er kaufte sie günstig auf und verkaufte sie mit witzigem Marketing teurer weiter. Das Besondere an seinem Shop war, dass die Kunden zunächst einen Fragebogen ausfüllen mussten und anschließend ein T-Shirt erhielten, das aufgrund ihrer Antworten zu ihnen passen sollte. Bis sie das T-Shirt in den Händen hielten, hatten die Kunden das Motiv nie zuvor gesehen. Die Idee und die unterhaltsame Website kamen sowohl bei der Zielgruppe als auch in den Medien gut an. Allerdings wurde Adam mit diesem Unternehmen nie ganz glücklich, denn seine Einnahmen waren alles andere als passiv. Er musste für jeden Kunden ein T-Shirt auswählen, es selbst zusammenlegen, verpacken, eine Rechnung ausdrucken und das Päckchen versenden. Er musste vorab Geld in T-Shirts investieren, von denen er nicht wusste, ob seine Kunden sie mögen würden, und er musste viele T-Shirts auf Lager vorhalten – für Männer und Frauen, jeweils in vier Größen. Vor allem war das Geschäft zu volatil, um feste Arbeitsprozesse etablieren zu können.

»Was meinst du, was passiert ist, wenn wir in der Presse erwähnt wurden?«, fragt er mich. »Das blanke Chaos brach aus!« Denn statt 10 T-Shirts, wie an einem normalen Tag, musste er plötzlich 200 T-Shirts verschicken. »Oft hoffte ich auf einen schwachen Verkaufstag«, erzählt er mir, weil das weniger Arbeit bedeutet hätte. »*The Hipstery* war das coolere Unternehmen als *The TeeDirectory*, manche Kunden liebten es. Aber es war wahnsinnig viel Arbeit und ich habe nie viel Geld damit verdient.« Heute bezeichnet er *The Hipstery* als ein schlechtes Internetunternehmen, weil es zu aufwendig und nicht skalierbar war. Nach vier Jahren stellte er den Betrieb weitgehend ein und verkauft auf der Website heute nur noch ausgewählte Produkte in Kooperation mit Dussmann und *Geschenkidee.de*. Das sei weniger aufwendig, als selbst an Endkunden zu verkaufen, erzählt er mir.

Womöglich hätte Adam das Unternehmen nicht aufgegeben, wenn er nicht schon wieder die nächste Idee gehabt hätte, womit er Geld verdienen konnte. Bei der Arbeit an *The Hipstery* hatte er festgestellt, dass seine Kunden die lustigen Produktbeschreibungen und Texte liebten. Sie mochten Adams Humor noch mehr als seine T-Shirts. Deshalb begann er, Texte für Onlinemagazine zu schreiben. Zunächst als unbezahlter Gastautor, später als freier Mitarbeiter. Da er sich selbst als Internetunternehmer verstand, schrieb er für mehrere Start-up- und Tech-Blogs. Seinen großen Durchbruch schaffte er bei dem Magazin *VentureVillage*, das es heute nicht mehr gibt. Im Jahr 2012 veröffentlichte er dort einen zweiteiligen Artikel, der seiner Karriere eine neue Wendung gab: *How to be German in 20 easy steps*. In diesem unterhaltsamen Text erklärte er Ausländern, wie sie möglichst gute Deutsche würden. Adam klärte darin unter anderem über die Bedeutung von Hausschuhen, Apfelsaftschorle, roten Ampeln und teurer Funktionskleidung für den Weg zum Bäcker auf. Adams Anleitung entwickelte sich zu einem viralen Erfolg. Mehr als zwei Millionen Menschen lasen den Text und amüsierten sich köstlich über ihre eigenen Macken als Deutsche. Kurz darauf erhielt Adam einen Buchvertrag bei dem renommierten Verlag C.H.Beck. Man bat ihn, sich noch weitere Schritte auf dem Weg zum Deutschsein auszudenken und aus dieser Idee ein Buch zu machen. Adam kannte damals niemanden, der bereits ein Buch veröffentlicht hatte und wusste nur wenig über die Verlagsbranche. Seine Erwartungen an den Erfolg eines solchen Werks waren bescheiden, doch der Verlag ermunterte ihn, vorsichtig optimistisch zu sein. Mit 10.000 verkauften Exemplaren wäre man zufrieden. Würde ihm das gelingen, könne er mit einem zweiten Buchvertrag rechnen.

Im Juli 2013 erschien das Buch *Wie man Deutscher wird in 50 einfachen Schritten* im Handel. Das allein war schon ein Erfolg, doch Adam wollte nichts dem Zufall überlassen. »Man hat keine Kontrolle darüber, welche Chancen man im Leben bekommt«, erklärt er mir, »aber man kann beeinflussen, wie viele es sind.« Deshalb sei es wichtig, möglichst vielen Menschen zu erzählen, was man kann und was man tut. Nach der Veröffentlichung seines Buchs nahm er sich selbst beim Wort und rührte die Werbetrommel. Marketing sei unerlässlich, erzählt mir Adam, ein gut geschriebenes Buch reiche nicht aus.

Schließlich gebe es unzählige gute Bücher, die kein Mensch kennt. Auf der anderen Seite gebe es die Bibel, die ein gutes Lektorat vertragen könnte, aber dank eines herausragenden Marketings das meistverkaufte Buch aller Zeiten sei.

Er investierte 500 Euro in die Erstellung einer kleinen Website mit einem Quiz, mit dem die Besucher herausfinden konnten, wie deutsch sie sind. Das Ergebnis des lustigen Fragebogens konnte man anschließend in sozialen Netzwerken teilen. Nach einigen Wochen hatten 1,2 Millionen Menschen diese Website besucht, Hunderttausende hatten an dem Quiz teilgenommen. Dieser Erfolg gab dem Buch in den Verkaufslisten einen so großen Schub, dass es bald in der SPIEGEL-Bestsellerliste auftauchte. Eine Woche stand es zudem auf dem zwölften Platz der meistverkauften Bücher bei Amazon. Zeitweise sah ich es gut positioniert in jeder großen Buchhandlung. Ein auffällig gestalteter Buchumschlag und ein geringer Preis führten außerdem dazu, dass viele Menschen beim Stöbern aufmerksam wurden und es kurzerhand kauften. Mittlerweile wurde es mehr als 100.000 Mal verkauft. Bis heute, fünf Jahre später, erhält Adam Tantiemen für dieses Buch.

Auf den nächsten Buchvertrag musste er nicht lange warten. Weniger als ein Jahr nach dem ersten sollte er das zweite Buch veröffentlichen, dieses Mal für den Ullstein Verlag. Inhaltlich blieb er seinem ersten Werk treu, indem er mit der deutschen und der englischen Sprache spielte. *Denglisch for Better Knowers* erschien im Mai 2014. Auch für dieses Buch ließ er sich eine Marketingaktion einfallen. Auf einer eigens eingerichteten Website rief er Deutsche dazu auf, ihre Sprache zu retten, indem sie für »denglische« Wörter einen neuen deutschen Begriff erfinden. Auch wenn die Aktion nicht die Popularität des Quiz zum ersten Buch erreichte, schaffte Adam es damit in einige Medien mit großer Reichweite. Das Buch verkaufte sich immerhin 23.000-mal. »Wir waren nicht unzufrieden«, soll man ihm daraufhin beim Verlag gesagt haben, begeistert aber auch nicht.

Dennoch durfte Adam weitere Bücher für C.H.Beck und Ullstein schreiben, jedes davon ist im Bereich Popkultur angesiedelt und die meisten spielen mit der Sicht des Engländers auf die Deutschen. Wenn ich seinen Namen bei Google eingebe, finde ich unzählige Pressebelege, die in ihm alle das Gleiche sehen: den Engländer, der die Deutschen versteht. Es sei schwer, aus dieser Nische wieder herauszukommen, erzählt mir Adam, aber so lange die Menschen solche Bücher lesen wollten, würde er sie schreiben. Folglich heißt sein drittes Buch *Make me German* und das neueste, das kurz nach unserem Gespräch erschien, nennt sich *So Sorry: Ein Brite erklärt sein komisches Land*. Zwischendrin schrieb er ein Buch übers Reisen, das für seine Verhältnisse allerdings floppte, und ein Werk namens *Klo-Philosoph*. Der Ansatz »Deutsche vs. Engländer« sei jedoch die Nische, die am besten funktioniere, erzählt mir Adam. Auch die Verlage erinnern sich noch an den ersten Bestseller, wenn sie mit ihm das Honorar für sein nächstes Werk aushandeln. Die Hoffnung, dass er diesen Erfolg wiederholen könnte, schwingt immer mit. Für jedes Buch erhält er einen Vorschuss von etwa 25.000 Euro – mal mehr, mal weniger. Die Höhe bemisst sich daran, wie sehr der Verlag an den Erfolg glaubt. Acht Verlagsbücher hat Adam in den letzten fünf Jahren veröffentlicht, ein weiteres ist in Arbeit. Am liebsten würde er zwei Bücher pro Jahr schreiben, doch die Verlage bremsen ihn aus. Sie haben Angst, den deutschen Markt mit Adams Literatur zu übersättigen.

Wenn in Deutschland Pause ist, versucht Adam, auf dem britischen Markt Fuß zu fassen, doch das sei schwierig, erzählt er mir. Der Engländer hat sich bisher nur in Deutschland einen Namen gemacht. In seinem Heimatland fehle ihm ein durchschlagender Erfolg wie sein großer Artikel mit zwei Millionen Lesern. Deshalb seien Verlage ihm gegenüber skeptisch. Ohnehin, erklärt mir Adam, sei der britische Buchmarkt schwieriger, denn ohne Buchpreisbindung – wie man sie aus Deutschland kennt – werden dort weniger Bücher veröffentlicht. »Der englische Buchmarkt stirbt schneller als der deutsche«, sagt er dazu. Adam versucht es deshalb auf eigene Faust. Er veröffentlicht die englischen Übersetzungen seiner deutschen Bücher im Eigenverlag bei Amazon. Ein paar Euro verdiene er sich so dazu, sagt er. Seine Bücher seien aber nicht fürs Internet gemacht. »Sie verkaufen sich in Deutschland gut, weil sie im Buchhandel gut platziert werden, lustig aussehen und sich als Geschenk eignen.« In einem Onlineshop sei es für Kunden schwieriger, auf so etwas zufällig zu stoßen.

Ob Adam langfristig vom Schreiben leben können wird, das weiß er selbst nicht. Er glaubt, es wäre besser, sich auf eine Nische zu spezialisieren, die dauerhaft nachgefragt wird. Dafür, sagt er, fehle ihm allerdings das Interesse an Details. »Ich möchte mit 20 Prozent Aufwand 80 Prozent des möglichen Ertrags bekommen«, sagt er. Für den Rest habe er keine Geduld. Deshalb werde er bei Popkulturthemen bleiben, die er aufgrund seiner Beobachtungsgabe immer schreiben könne. »Menschen und ihre Marotten werden mich nie langweilen«, sagt er, deshalb sei Autor der richtige Beruf für ihn. Solange er davon leben kann, schreibt er ein bis zwei Bücher im Jahr und verdient sich mit Lesungen, Vorträgen und Lektoraten für andere Autoren etwas dazu.

Während ich diese Zeilen schreibe, arbeite ich seit fast einem Jahr an diesem Buch und bin noch längst nicht fertig. Ich frage mich, wie Adam bis zu zwei Bücher pro Jahr schreiben und sich dabei noch als faule Socke in Teilzeit bezeichnen kann. Offenkundig ist es ihm gelungen, Routinen zu finden, mit denen er ein Buch in wenigen Monaten fertigstellt. Adam erzählt mir, dass ein Jahr sich für ihn in Sommer und Winter teilt. Im Sommer ist er die faule Socke. Die meiste Zeit sei er dann in Berlin und genieße das gute Wetter. »Ich hänge viel in Parks rum und verbringe Zeit mit Freunden.« Das sei das Geheimnis des guten Lebens, sagt er. In dieser Zeit gebe es in Berlin so viele Dinge zu tun, dass er möglichst wenig arbeiten wolle. Eine richtige Struktur hat sein Leben im Sommer nicht. Trotzdem fährt er häufig in sein Büro in einem Coworking-Space, um Ideen für das nächste Buch zu sammeln oder ein Exposé für die Verlage zu erstellen. Hin und wieder schreibt er Texte für ein Magazin oder vereinbart Vortragstermine. Irgendeine Arbeit komme immer rein, sagt er. »Oftmals sitze ich aber nur herum und google mich selbst.«

Wenn die Tage kürzer werden und das Wetter schlechter, beginnt für Adam der Arbeitsmodus. Im Winter gebe es weniger Ablenkungen, erzählt er mir. Deshalb schreibe er zwischen Herbst und Winter mindestens ein Buch. In dieser Phase arbeitet Adam hart – und immer härter, je näher die vom Verlag gesetzte Frist rückt. Dann braucht er eine feste Struktur in seinem Leben. Um 10:30 Uhr geht er ins Büro und bleibt dort bis 18 Uhr. In den ersten vier Stunden schreibt er, so gut er es kann. »Danach ist mein Gehirn kaputt«, sagt er. Anschließend recherchiere er zu seinem Buch oder denke nach. Später, wenn die Rohfassung fertig ist, schreibe er seinen Text mehrfach um. »Dann arbeite ich auch mal bis zu vierzehn Stunden«, erzählt mir Adam. Im Winter sieht jeder Tag gleich aus. Auch wenn er keine Lust hat, geht er ins Büro. Dort sei es nach einer Weile leichter, mit der Arbeit zu beginnen, als nichts zu tun.

Diese Arbeit findet nicht immer in Berlin statt. Oftmals verbringt er die Wintermonate im Ausland. Er war schon längere Zeit in Argentinien, Mexiko und Thailand. In Asien ist er nun auch wieder, als ich mit ihm per Skype spreche. Mit ein paar Freunden ist er dorthin geflogen, um im Warmen gemeinsam an verschiedenen Projekten zu arbeiten. »Wir tun so, als seien wir ein Team«, sagt er und freut sich. Praktisch alle seine Freunde seien freie Programmierer und Autoren oder führten ein kleines Unternehmen, erzählt er mir. Das mache solche Ausflüge möglich. Dieses Jahr ist seine neue Partnerin dabei. Im Sommer hat sie ihren Job gekündigt, danach verbrachten sie drei Monate in Istanbul, jetzt schreibt auch sie ein Buch. Bevor sie ihn kannte, war ihr nie in den Sinn gekommen, dass sie das tun könnte. Ob ihr diese Lebensweise auf Dauer gefällt, müsse sich jedoch noch zeigen, erzählt mir Adam. Er glaubt, dass sie mehr Struktur braucht, einen Kollegenkreis und ein großes Projekt, dessen Teil sie sein kann. Sollte sie wieder angestellt arbeiten wollen, würde ihn das nicht stören, sagt er. Schließlich gingen sie sich schon jetzt die meiste Zeit des

Tages aus dem Weg, um nicht nur aufeinanderzuhocken. Wenn seine Freundin auf Ko Lanta ein Coworking-Space besucht, geht Adam in ein anderes. Zurzeit bleibt er aber oft im Apartment, wenn die anderen arbeiten, denn das letzte Buch ist bereits abgeschlossen und mit dem nächsten hat er noch nicht begonnen. Sein Kalender, der nur aus zwei Jahreszeiten besteht, ist ein wenig durcheinandergeraten. Deshalb hat er im Januar so viel Zeit, mit mir zu reden.

Adam führt heute das Leben, das er sich immer gewünscht hat. Er lebt das System Freiheit, arbeitet nur an Projekten, die ihm Spaß machen und hat große Erfolge vorzuweisen. Außerdem verfügt er über genug Ersparnisse, um eine längere Zeit ohne Einkünfte auszukommen. Das alles klingt nach den besten Voraussetzungen, um glücklich zu sein. Im Allgemeinen sei er mit diesem Leben in der Tat zufrieden, versichert er mir. Insbesondere jetzt, da er eine neue Beziehung eingegangen sei, befände er sich in einer hedonistischen Phase, in der alles schön ist. Weitaus länger sprechen wir jedoch darüber, was ihn unzufrieden stimmt.

Adam glaubt, sein Leben nicht so sehr zu genießen, wie er es angesichts seiner Freiheit tun müsste. Deshalb habe er gelegentlich ein schlechtes Gewissen. »Ich weiß manchmal nicht mehr, wie gut ich es habe«, beichtet er mir. Seine Lebensweise sei für ihn normal geworden, sodass er sich weniger an ihr erfreuen könne, als er es erwartet hatte. Er scherzt, dass er kurz davor sei, wieder einen miesen Job anzunehmen, nur um sich zu erinnern, wie beschissen das ist.

In einem Moment kommt der ehemalige Student der Wirtschaftswissenschaften in ihm durch, als er vom Gesetz des sinkenden Grenzertrags spricht. Dieses wissenschaftliche Modell sagt zum Beispiel für die industrielle Produktion aus, dass durch die Vermehrung eines Faktors der Ertrag zunächst überproportional zunimmt, später aber nur noch langsam wächst und schließlich sogar abnimmt. Folglich lohnt es sich nur bis zu einem bestimmten Punkt, mehr von etwas zu bekommen, danach nimmt der Ertrag wieder ab. Adam erklärt mir, dieses Gesetz lasse sich auf alle Aspekte des Lebens übertragen: Geld, Zeit, Reisen – sogar Freiheit. In den letzten zehn Jahren wollte er möglichst viel von all diesen Dingen haben und nun, da er sie hat, stiften sie ihm keinen zusätzlichen Nutzen mehr. Mit noch mehr Geld, Zeit, Reisen und Freiheit könnte er nichts anfangen. Seine Aufgabe sei nun, nicht immer mehr zu wollen, sondern zufriedener zu sein mit dem, was er hat. Als wir darüber sprechen, wirkt er ein wenig ernüchtert, aber auch belustigt über die Ironie des Lebens.

Er erzählt mir, dass sich seine Vorstellung von einem guten Leben, seit er das Buch *Wir können auch anders* vor drei Jahren veröffentlichte, deutlich verändert habe.

»Ich schäme mich für das Buch«, sagt er, »es wurde von einem jüngeren, dümmeren Ich geschrieben.« Vieles von dem, was er damals schrieb, würde er heute nicht mehr so sagen. Das sei aber nicht ungewöhnlich, versichert er mir. Er habe schon oft die Erfahrung gemacht, von seinen alten Texten peinlich berührt zu sein. »Schließlich entwickle ich mich ständig weiter.« In den letzten Jahren habe er einiges erlebt, viele Gespräche geführt, Bücher gelesen und nachgedacht. Dabei verändere man sich.

»Damals habe ich die Bedeutung von Freiheit, Geld und Ego überhöht und die von persönlichen Beziehungen heruntergespielt«, erinnert er sich. Schrieb er noch vor drei Jahren, Berlin verlassen zu wollen, sollten die Lebenshaltungskosten in der Stadt zu teuer werden, käme ihm das heute nicht mehr in den Sinn. Schließlich lebten in der Hauptstadt die Menschen, die er lieb gewonnen habe. Wollte er 2015 noch möglichst viel sparen, um nicht so viel arbeiten zu müssen, fühlt er sich heute wohl mit seiner Arbeit. »Ich liebe es, mich für ein paar Monate in ein Thema zu vertiefen, viel zu lernen, interessante Menschen kennenzulernen und diesen Prozess mit einem fertigen Buch abzuschließen.« Auch sein Ego sei ihm heute weniger wichtig. Vor ein paar Jahren setzte er sich selbst unter Druck, nur Bestseller abzuliefern, sich einen Namen zu machen und der Welt etwas von sich zu hinterlassen. Solche Ziele habe er jetzt nicht mehr.

»Ich werde nichts hinterlassen«, erzählt er mir. »Ich werde sterben, niemanden wird's kümmern und das ist völlig okay.«

Auch mit Verpflichtungen kann Adam sich mittlerweile anfreunden. Wollte er sie früher um jeden Preis vermeiden, glaubt er nun, dass sie Teil eines interessanten Lebens sind. Wahrscheinlich werde er nicht gleich einen Hauskredit aufnehmen, sagt er, aber eine Familie zu gründen, das würde ihm schon gefallen. Zwar seien Kinder die größte Belastung und Verantwortung, die er sich vorstellen könne, dennoch fühle es sich heute weniger verrückt an, über sie nachzudenken. Seine älteren Freunde haben Nachwuchs bekommen und seine Schwester auch. Das hat ihn umdenken lassen. Früher hielt er Kinder für Nervensägen. Heute staunt er, wie positiv sie sind. Er glaubt, sie seien »erleuchtet«. Vater zu werden, das sei wohl die nächste große Erfahrung, die ihm bevorstehe, auch wenn sie mit weniger Freiheit verbunden ist.

Vielleicht wird Adam dieser Welt doch noch etwas hinterlassen.

SANDRA HAT JETZT MEHR ZEIT

»Im Flugzeug nach Hause habe ich geheult«, erinnert sich Sandra*, als sie mir von einem peinlichen Kundentermin in der Schweiz erzählt, den sie bis heute nicht vollständig verwunden hat. Doch auch wenn sie nur ungern daran denkt, so war es dieses fatale Erlebnis, das sie dazu bewog, ihr Leben zu überdenken. Bis dahin hatte sie sich für den Beruf aufgeopfert, als sei er wichtiger als ihre kleine Tochter und ihr Ehemann. Sie war zutiefst erschöpft und sehnte sich nach nichts anderem als Ruhe. Auf dem Rückflug nach Berlin beschloss sie, dass es so nicht weitergehen konnte. Sie musste endlich ihren Arbeitsvertrag kündigen, und zwar sofort.

Acht Jahre zuvor hatte Sandras Karriere vielversprechend begonnen. Das Mädchen vom Lande war gerade in die Hauptstadt gezogen und fand eine Stelle in einem Start-up, das im Auftrag von Krankenkassen und Pharmaunternehmen Apps entwickelte, die Anwender dazu bewegen sollten, gesünder zu leben. »Ich kam über die fachliche Schiene in die Agentur«, erklärt mir die studierte Haushalts- und Ernährungswissenschaftlerin bei einer heißen Schokolade in einem Café in Berlin-Mitte. Die 38-Jährige gestikuliert viel mit ihren Händen, als sie mir erzählt, wie aufregend anfangs alles gewesen sei. »Jeder machte irgendwie alles, akquirierte Kunden und erarbeitete Ideen für neue Apps«, sagt sie. Das Unternehmen habe nur dreißig Mitarbeiter beschäftigt, die fast alle in ihrem Alter waren. Jeden Tag seien sie gemeinsam zum Mittagessen gegangen. Nach der Arbeit zog sie mit ihren Kollegen noch durch die Kneipen und Clubs der Metropole. So ein Abend habe schnell 100 Euro gekostet, erzählt mir Sandra. Erstmals in ihrem Leben habe sie ordentlich Geld verdient, das sie bereitwillig ausgab. Kleidung und Make-up kaufte sie, wann immer es ihr in den Sinn kam und auch die Kurzurlaube ließ sie sich etwas kosten. »Ich war damals stolz auf diese Lebensweise«, sagt sie. »Allerdings waren viele meiner Ausgaben sinnlos. Die Reisen übers Wochenende hätte ich mir sparen können, denn auf der Fahrt zur Ostsee saß ich noch mit dem Laptop im Auto und konnte nicht abschalten.«

Das war die Kehrseite des Start-up-Lifestyles. Das Unternehmen forderte immer mehr Leistung von seinen Mitarbeitern und Sandra war bereit, immer mehr zu geben. »Ich habe eigentlich ständig gearbeitet«, erinnert sie sich. »Am Wochenende habe ich Konzepte geschrieben und Präsentationen vorbereitet«, denn unter der Woche seien die Aufgaben nicht zu schaffen gewesen. »Ich habe an mir gearbeitet und gedacht, ich müsste schneller werden. Aber es ging nicht«, sagt sie. »Auch meine Kollegen haben es nicht geschafft.« Bevor sie am Abend einschlief und wenn sie am Morgen aufwachte, war sie gedanklich im Büro.

»Das klingt ja so, wie man sich die Arbeit in einer Agentur vorstellt«, sage ich.

»Ja, das war richtiges Agenturleben.«

Auch inhaltlich frustrierte sie die Arbeit immer mehr. Als das Start-up zu einem richtigen Unternehmen heranwuchs, brauchte es neue Strukturen. Mit diesen änderten sich Sandras Aufgaben. Sie betreute ihre Projekte nicht mehr von der Akquise bis zur Umsetzung, sondern sah nur noch einen kleinen Ausschnitt des gesamten Prozesses. Sie begleitete das Salesteam zu Verkaufsgesprächen als fachliche Expertin. Manchmal war sie die Fachfrau für Ernährung, in der nächsten Woche musste sie ihre Expertise für Schuppenflechte, Schwangerschaft oder Depressionen beweisen. »Doch ich kannte mich in vielen dieser Themen gar nicht aus«, erzählt sie mir. »Zwar hatte ich das Studium, musste mich aber trotzdem in jede Materie neu einarbeiten.« Zeit dafür habe sie nicht bekommen. Oftmals erfuhr sie erst am Freitag, für welches Thema sie am Dienstag gebraucht wurde. Deshalb eignete sie sich das notwendige Wissen am Abend und am Wochenende an.

Die mangelnde Qualität der Apps habe ihr ebenfalls zugesetzt, erzählt mir Sandra. »Ich war nie zufrieden mit dem, was wir produzierten. Ich musste vor Kunden bluffen, obwohl ich wusste, dass wir den versprochenen Termin nicht einhalten konnten und dass das Produkt nicht so gut sein würde, wie wir es präsentierten.« Schon damals wurde ihr alles zu viel, doch bevor sie ernsthafte Konsequenzen ziehen konnte, kam eine Schwangerschaft dazwischen.

»Als ich 2012 schwanger wurde, konnte ich dem Bürostress zum ersten Mal entfliehen. Ich war richtig erleichtert, in den Mutterschutz und später in Elternzeit gehen zu können«, erzählt sie mir. Im zweiten Jahr der Elternzeit kehrte sie in Teilzeit an ihren Arbeitsplatz zurück. Dreißig Stunden pro Woche sollte sie arbeiten, hatte aber genauso viele Projekte auf dem Tisch wie vor ihrer Auszeit. Bald arbeitete sie vierzig Wochenstunden und mehr für ein Teilzeitgehalt. Von der Erholung aus der Babypause war nichts mehr zu spüren. Sandra steckte wieder mittendrin in der Tretmühle. Erneut konnte sie am Abend die Arbeit nicht loslassen. »Wenn ich mit meinem Kind gespielt habe, war ich in Gedanken im Büro«, erinnert sie sich. Das habe sie frustriert. Zu Hause sei sie oft gereizt gewesen, worunter die Familie zu leiden hatte. Einen Ausweg sah sie allerdings nicht.

»Ich war zu ausgelaugt, um eine Fluchtmöglichkeit zu finden«, sagt sie. »Die meiste Zeit arbeitete ich im Büro und am Abend wollte ich etwas Zeit mit meinem Kind verbringen. Es hätte mich enorm gestresst, mich nebenbei auf eine neue Stelle zu bewerben.« Einfach kündigen, ohne eine Alternative zu haben, wollte sie auch nicht, schließlich hatte sie mit ihrem Mann vor einiger Zeit ein Haus gekauft, das sie nun abzahlten. Außerdem hatte Sandra Angst, so wie viele Menschen Angst haben, ihre Arbeit aufzugeben. Sie fürchten, ihr Lebenslauf könnte Schaden nehmen, sie wären nicht sozialversichert oder könnten bald ihre Rechnungen nicht mehr bezahlen.

Beinahe wäre ihr die Entscheidung abgenommen worden, denn während des zweiten Jahres ihrer Elternzeit kündigte die Geschäftsführung eine Entlassungswelle an. Ähnlich wie bei Thomas, dem Lehrer aus Leidenschaft, dauerte es jedoch mehrere Monate, bis die ersten Kündigungen ausgesprochen wurden. Sandra hatte Angst, entlassen zu werden, gleichzeitig hoffte sie darauf, dass das Unternehmen die Entscheidung für sie treffen würde. Außerdem hatte der Betriebsrat ein schönes Abfindungspaket ausgehandelt, von dem sie ein Jahr hätte leben können. Doch anders als bei Melanie, Paul, Volker und Thomas endet diese Geschichte nicht mit einer Entlassung und einer hohen Einmalzahlung. Sandras Elternzeit wirkte wie ein natürlicher Kündigungsschutz, deshalb traf es nicht sie, sondern eine Kollegin. Als Sandra erfuhr, dass sie ihren Arbeitsplatz behalten durfte, brach sie in Tränen aus.

Wenig später, im Frühjahr 2016, ging es dann schnell. Sandra erhielt den Auftrag, für einen kurzfristig anberaumten Kundentermin in die Schweiz zu fliegen. Wie üblich würde sie das Salesteam als fachliche Expertin für Diäten begleiten. Sie hatte nur wenig Zeit, sich vorzubereiten, und wusste, dass die Mitarbeiter des Kunden viel besser im Stoff standen als sie selbst. Deshalb war sie nervös. Als das Meeting begann und sie sich wie gewohnt überzeugend vorstellen wollte, stammelte Sandra nur einzelne Wörter und zitterte am ganzen Körper. Sie hatte einen Aussetzer. Peinlich berührt verließ sie den Raum, ein Kollege sprang für sie ein. Auf der Heimreise begann sie schließlich zu weinen.

Diesen Tag in der Schweiz deutete Sandra als Zeichen, dass sie ihre Grenzen erreicht hatte und die Reißleine ziehen sollte. Kurz darauf reichte sie die Kündigung ein. Das Unternehmen versuchte, sie mit einer Gehaltserhöhung zu halten, doch selbst diese konnte Sandra nicht mehr umstimmen. Sie konnte nicht mehr. Zu Hause rechnete sie mit ihrem Mann die finanziellen Konsequenzen einer spontanen

Kündigung und einer längeren Auszeit durch. Was würde es bedeuten, wenn sie nicht nur ein, zwei Monate aussetzte, sondern ein ganzes Jahr? Zu dem Zeitpunkt hatte Sandra sich bereits dem Minimalismus verschrieben, ein Lebensstil, der von Vereinfachung und Konsumverzicht gekennzeichnet ist. Auch ihr Mann lebte genügsam. Sie verfügten über Rücklagen und Sandra würde nach einer dreimonatigen Sperrfrist Arbeitslosengeld erhalten. Sie kamen zu dem Schluss, dass sie es sich leisten konnten.

Eine Mitarbeiterin der Arbeitsagentur empfahl ihr, sich ein Burnout diagnostizieren zu lassen, um dadurch die Sperrfrist zu umgehen. Doch das wollte Sandra nicht. »Ich war zwar mit meinen Nerven am Ende, aber ein Burn-out stelle ich mir so vor, dass man nicht mehr aufstehen kann und behandelt werden muss. So schlimm war's ja nicht«, erzählt sie mir. Das war vermutlich eine Fehleinschätzung, die verdeutlicht, wie viele Menschen ticken: »Solange ich aus dem Bett komme, geht's noch!«

Nach Ablauf der Kündigungsfrist durfte Sandra endlich zu Hause bleiben. Sie hatte keine Arbeit mehr, keine Termine und keinen Stress. Ein Jahr lang wollte sie nichts tun, das hatte sie sich vorgenommen, und in aller Ruhe überlegen, wie es weitergehen könnte. Doch nichts zu tun, weiß Sandra heute, ist nicht so leicht, wenn man es gewohnt ist, unter Strom zu stehen. »Ich hatte den gesellschaftlichen Arbeitsfetisch verinnerlicht«, erzählt sie mir. Sie beschäftigte sich mit künstlichen Routinen, wie Papierkram sortieren, die Wohnung ausmisten und Texte für Online-Textbörsen schreiben – wer weiß, vielleicht würde sie in Zukunft als freie Autorin arbeiten wollen. Auch andere Leute vermittelten ihr das Gefühl, etwas tun zu müssen. »Ich wurde oft gefragt, ob ich umschule, mich fortbilde, mich selbständig mache oder ehrenamtlich tätig sei.« Auf der faulen Haut zu liegen, das schien nicht zu gelten. Sandras Eltern sahen das auch so. Sie äußerten die Sorge, dass ihre Tochter sich ins berufliche Aus geschossen haben könnte. Auch wenn sie froh waren, dass es ihr besser ging, so ist es ihnen suspekt gewesen, dass Sandra einfach so gekündigt hatte.

Mit der Zeit gelang es Sandra immer besser, sich zu entspannen. Die äußeren Umstände kamen ihr gelegen, denn es war Sommer, also die ideale Jahreszeit, um mit ihrer damals vierjährigen Tochter häufig rauszugehen. Fast jeden Tag fuhren sie an einen See, aalten sich in der Sonne und erfrischten sich im kühlen Wasser. Daran erinnert sie sich heute gern zurück. »Diesen wunderbaren, unbeschwerten Sommer kann mir niemand mehr nehmen«, sagt sie mit einem breiten Lächeln. »Mein Kopf war frei von Stress, Ärger und Jobsorgen. Ich konnte über mein Leben nachdenken und neue Dinge ausprobieren.«

Eines dieser Dinge war der Minimalismus. Schon vor ihrer Kündigung hatte Sandra sich mit dieser Lebensweise auseinandergesetzt, doch jetzt tat sie es umso intensiver. Sie schaute jede Dokumentation, die sie auf YouTube finden konnte, begann, ihren Kleiderschrank auszumisten und später die gesamte Wohnung. »Allein im Jahr 2016 habe ich fast 400 Dinge weg-minimalisiert«, sagt sie zufrieden. Dadurch sei das Haus nun aufgeräumter und müsse seltener geputzt werden. Auch das Familienklima habe sich seitdem verbessert, da es keinen Streit mehr darüber gebe, wer was aufzuräumen habe. Außerdem kam die Familie mit weniger Geld aus, da Sandra nur noch die nötigsten Dinge einkaufte.

Über den Minimalismus fand sie schließlich zu einem anderen Thema, das sie über Monate beschäftigte: Foodsharing. Diese in Berlin gegründete Initiative engagiert sich gegen die Verschwendung von Lebensmitteln. »Wir ›retten‹ ungewollte und überproduzierte Lebensmittel in privaten Haushalten sowie von kleinen und großen Betrieben«, schreiben die Betreiber auf der Website *foodsharing.de*. Registrierte Teilnehmer nennen sich »Foodsaver« und können bei Lebensmittelhändlern aus der Region regelmäßig Lebensmittel abholen, die nicht mehr gebraucht werden. Dazu zählen beispielsweise Obst und Gemüse mit Druckstellen, Brot vom Vortag und abgelaufene Milchprodukte, die noch bedenkenlos verzehrt werden können. Nach drei Probeabholungen mit erfahrenen Mitarbeitern erhielt Sandra einen Foodsaver-Ausweis und rettete mehrmals in der Woche Lebensmittel in einem Bioladen und bei einem Bäcker in ihrer Nähe. Zwei- bis dreimal wöchentlich fuhr sie mit dem Fahrrad zu den Läden, bepackt mit Rucksack, Fahrradtaschen und riesigen IKEA-Tüten, denn Foodsaver verpflichten sich, alle bereitgestellten Lebensmittel mitzunehmen. Was ihre Familie nicht selbst verzehren konnte, gab sie weiter an Freunde, Bekannte und an die Bahnhofsmission am Bahnhof Zoo. Ihre monatlichen Lebensmittelkosten hätten sich dadurch deutlich reduziert, erzählt sie mir. Dennoch habe sie zeitweise gemischte Gefühle gehabt, weil andere Familien das Essen dringender benötigt hätten als sie selbst. Aber hätte sie die Lebensmittel nicht abgeholt und verteilt, wären sie im Müll gelandet.

Nachhaltig zu leben, sei ihr während der Auszeit wichtiger geworden, erzählt mir Sandra. Deshalb besuchte sie die Utopikon, eine Utopie-Ökonomie-Konferenz, die neue Wege ergründet, um in unserer Konsumgesellschaft mit weniger Geld auszukommen. In einem Utopikon-Workshop kam Sandra auf die Idee, eine Leihgemeinschaft zu gründen. Sie lud ihre Nachbarn dazu ein, sich einander Gegenstände zu leihen, die sie nicht täglich benötigen, wie Waffeleisen, Fonduesets, Rasenmäher oder Kinderreisebetten. Acht Haushalte nehmen daran teil, etwa siebzig zu verleihende Gegenstände stünden in der gemeinsamen Liste, sagt sie stolz.

Mit den neuen Hobbys vergingen die ersten Monate in dem schönen Sommer schnell. Es sei die entspannteste Phase ihrer Auszeit gewesen, erzählt mir Sandra. Wie es beruflich weitergehen sollte, das hatte sie bis dahin ausgeblendet, doch die Realität begann sie langsam einzuholen. Obwohl sie ein ganzes Jahr abschalten wollte, schlichen sich zunehmend Zukunftsängste in ihre Gedanken ein. »Zeitweise hat es mich ganz schön gestresst, nicht zu wissen, wie es finanziell und beruflich weitergehen soll«, sagt sie. Auch die Arbeitsagentur klopfte nun häufiger an ihre Tür. Am Anfang hatte man sie noch in Ruhe gelassen, weil ihre Ansprechpartner mehrmals wechselten. »Doch dann kam Herr Majewski*«, erzählt mir Sandra mit einem verschmitzten Grinsen. Der habe sie wieder in Lohn und Brot bringen wollen, was ihr nicht so recht gewesen sei. »Ich musste regelmäßig Statusberichte über meine Jobsuche abliefern, um über meine Sperrfrist hinaus nicht sanktioniert zu werden.« Das wäre eigentlich kein Problem gewesen, wenn sie nur gewusst hätte, wie es weitergehen sollte. Sie brauchte mehr Zeit, um sich neu zu orientieren. Deshalb habe sie Herrn Majewski mitgeteilt, es laufe blendend.

»Ich habe der Arbeitsagentur immer kommuniziert, dass ich alles im Griff habe, kurz vorm Durchbruch stehe und sicher bald einen neuen Job habe.« Sie berichtete nicht nur von ihren spärlichen Bewerbungen, sondern auch von Telefonaten mit Ex-Kollegen und Xing-Nachrichten von Headhuntern, die sie für ein Unternehmen anwerben wollten. Alles, um nicht unter Druck gesetzt zu werden. Doch auch wenn Herr Majewski nervte, so bewegte er sie immerhin dazu, sich endlich eine wichtige Frage zu stellen: »Wie will ich leben?«

Beeinflusst von ihrer Leidenschaft für Nachhaltigkeit und Minimalismus glaubte Sandra zeitweise, ihr Leben würde sich in Zukunft dramatisch verändern. Viele Ideen gingen ihr durch den Kopf, die sie danach bewertete, wie realistisch sie waren. Heute spricht sie von vier Stadien, die sie damals gedanklich durchlaufen habe:

1. Stadium: »Ich könnte geldfrei leben.«

Bevor Sandra kündigte, war sie in einen »Konsumstreik« getreten, den sie in Anführungszeichen setzt, weil sie weiterhin konsumierte, allerdings sehr wenig. Dinge des täglichen Bedarfs stellte sie teilweise selbst her: Zahnpasta, Deo und Waschmittel aus Kastanien. Nicht nur, weil es sich rechnete, sondern weil es ihr Freude bereitete. An ihr ungeschminktes Gesicht im Spiegel hatte sie sich gewöhnt, Bücher lieh sie nur noch in der Bibliothek aus, Lebensmittel erhielt sie überwiegend in ihrer Funktion als »Retterin« und ihre Freizeit verbrachte sie kostenlos in der Natur. Da sollte es doch möglich sein, zukünftig ohne Geld auszukommen – oder? Es war ein schöner Gedanke, wenn auch nur für kurze Zeit. »Der Traum war schnell ausgeträumt«, erzählt sie mit einem Lächeln. Schließlich, das habe sie eingesehen, muss ihre Familie irgendwo wohnen, sie muss für Notfälle abgesichert sein, gelegentlich braucht man neue Kleidung und selbst ein Ausflug in der Kita kostet Geld.

2. Stadium: »Ich könnte mich selbständig machen.«

Die nächstbessere Lösung, so glaubte Sandra, sei es, auf eigene Rechnung zu arbeiten. Sie schrieb Texte, die sie auf der Plattform *content.de* an verschiedene Auftraggeber verkaufte. Anfangs war sie begeistert, dass sie Unmengen an Aufträgen erhielt, die sie nur abzuarbeiten brauchte, ohne einen Kunden akquirieren zu müssen. Allerdings, das wurde nach kurzer Zeit deutlich, würde sie davon nicht leben können. »Ich war zu langsam, um damit ernsthaft Geld zu verdienen«, sieht sie ein. Ihr Stundensatz habe bei 2 Euro gelegen. Dennoch spielte sie mit der Idee, sich als Autorin selbständig zu machen und besser dotierte Aufträge zu akquirieren. Eine passende Website hatte sie bereits erstellt, doch kurz darauf verlor sie ihren Antrieb. »Der Gedanke, Kunden zu finden, Angebote zu schreiben, Verhandlungen zu führen – das hat mich schon gestresst.« Außerdem habe sie sich an die freien Mitarbeiter erinnert, mit denen sie früher zusammenarbeitete und die von der Agentur stets im Preis gedrückt und mit engen Fristen unter Druck gesetzt worden waren. Dieses Leben wollte Sandra nicht führen und so war auch dieser Traum bald ausgeträumt.

3. Stadium: »Ich könnte Hausfrau und Mutter sein.«

Da es ohne Geld nicht ging und sie in der Selbständigkeit keine Zukunft für sich sah, zog sie für einen kurzen Moment in Betracht, Hausfrau und Mutter zu sein und allein vom Einkommen ihres Ehemanns zu leben, der ganz gut verdient. Doch seit sie diese Idee hatte, erzählt mir Sandra, habe sie schlecht geschlafen. Sie hielt den Gedanken nicht aus, ihrem Mann auf der Tasche zu liegen und ihn bitten zu müssen, sich etwas kaufen zu dürfen. Ausgerechnet sie, die immer unabhängig sein wollte. Und, was wäre, wenn das Paar sich einmal trennen sollte? Auch dieser Traum hatte nur eine kurze Halbwertzeit.

4. Stadium: »Ich werde angestellt arbeiten müssen.«

Voller Hoffnung war sie in ihre Auszeit gestartet. Sie wollte ihr Leben umkrempeln und etwas ganz anderes tun. Doch jetzt, nach einigen Monaten, gelangte Sandra zu ihrer vierten Erkenntnis: Auch in Zukunft wird sie fest angestellt arbeiten müssen. Diese Einsicht stimmte sie traurig, denn alles Schlechte, das sie aus dem Arbeitsleben kannte, verband sie mit ihrer früheren Festanstellung in der Agentur. Sollte etwa die Vergangenheit, mit der sie nichts mehr zu tun haben wollte, auch ihre Zukunft sein?

Damals sei sie ernüchtert gewesen, erzählt mir Sandra, aber im Nachhinein betrachtet, habe ihr die Pause trotzdem ermöglicht, für einige Zeit aus ihrem festgefahrenen Leben herauszutreten und die Welt klarer zu sehen. Sie sei ihrem Mann sehr dankbar, dass er sie nie unter Druck setzte. Er habe nicht ständig gefragt, was sie tun wolle, sondern sie gewähren lassen. Selbst ihre Eltern hätten sich mit Fragen und gut gemeinten Ratschlägen zurückgehalten. »Hätte ich diese Zeit nicht gehabt«, sagt sie, »wäre ich in einem ähnlichen Job gelandet wie der, aus dem ich geflüchtet war.«

Stattdessen formulierte sie im Herbst 2016 ein neues Ziel: »Ich wünsche mir für meine Zukunft, dass ich einen Job finde, der nicht mein ganzes Leben dirigiert. Ich arbeite sehr gerne, aber mit ständigem Deadlinestress, massiven Überstunden und Wochenendarbeit will ich mich nicht mehr belasten«, schrieb sie in ihrem privaten Blog. Und weiter: »Ich habe begriffen, dass ich nicht für meinen Lebenslauf lebe. Mein Leben an sich ist, was zählt.« Anschließend definierte sie Kriterien, die ihr neuer Beruf erfüllen musste: Die Tätigkeit sollte sinnvoll und mit ihren Werten vereinbar sein – also zum Beispiel nicht massiv zur Umweltzerstörung beitragen –, der Arbeitsweg sollte kurz und das Team sympathisch sein. Das Gehalt sollte genügen, um ihren Anteil in die Familienkasse einzahlen zu können, doch darüber hinaus war Geld für Sandra nicht relevant. Viel wichtiger, schrieb sie, sei eine andere Bedingung gewesen: Sie wollte in Teilzeit arbeiten, am liebsten nur zwanzig Stunden in der Woche, höchstens aber dreißig.

Sandras Anforderungen schränkten ihre Suche erheblich ein. In ihrer alten Branche fand sie keine einzige Stelle, die als Teilzeitbeschäftigung ausgeschrieben war. Allerdings wusste sie aus Erfahrung, dass ein Job in ihrer früheren Position mit Teilzeit ohnehin nicht zu vereinbaren war. Anstatt dreißig Stunden zu arbeiten, wie es in ihrem Arbeitsvertrag stand, hatte sie mehr als vierzig Stunden in der Woche geschuftet. Deshalb beschloss Sandra, dass sie keine leitende Position mehr ausüben wollte, nicht einmal perspektivisch. Ein verantwortungsvoller Beruf war ihr nicht länger wichtig. Im Gegenteil, je weniger Verantwortung, desto besser. Schließlich wollte sie ihr Leben nicht länger über die Arbeit definieren, sondern nur noch arbeiten, um ihren Lebensunterhalt zu verdienen. Folglich streckte sie ihre Fühler in neue Branchen aus, die sie früher nie in Betracht gezogen hätte.

Zeitweise interessierte Sandra sich dafür, Tagesmutter zu werden. Unter bestimmten persönlichen und räumlichen Voraussetzungen ist es in Deutschland jedem möglich, eine Kindertagespflege zu eröffnen und bis zu fünf Kinder zu betreuen. Sandra besuchte eine entsprechende Informationsveranstaltung und konnte sich den Alltag mit Kindern gut vorstellen, auch wenn er mit ihren Teilzeitvorstellungen nicht vereinbar gewesen wäre. Allerdings erfüllte ihr Eigenheim, das mit einer steilen Treppe ausgestattet ist, nicht die räumlichen Bedingungen. Eine separate Wohnung wollte sie aus Kostengründen nicht anmieten und verwarf die Idee deshalb.

Später bewarb sie sich als Luftsicherheitsassistentin bei den Berliner Flughäfen. In diesem Beruf hätte sie Fluggäste und deren Gepäck kontrolliert. Ein einfacher Job, wie Sandra mir versichert, der gut bezahlt wird. Sie entschied sich allerdings dagegen, weil das Schichtsystem ihr Familienleben belastet hätte und die Anfahrt ohne eigenes Auto umständlich gewesen wäre.

Auch wenn nicht jede Idee funktioniert habe, sagt Sandra, sei es rückblickend nicht schwierig gewesen, als Aussteigerin eine neue Anstellung zu finden. Sie habe nur fünf Bewerbungen geschrieben und zwei Stellenangebote erhalten. Ihr soziales Engagement für Foodsharing und die Leihgemeinschaft sei in einigen Vorstellungsgesprächen sogar von Vorteil gewesen. Nach siebeneinhalb Monaten Auszeit unterschrieb sie einen neuen Arbeitsvertrag. Als sie mir den Namen des Unternehmens nennt, muss ich grinsen, denn von meinem Stuhl aus sehe ich dessen Hauptquartier auf der gegenüberliegenden Straßenseite. »Hier kenne ich viele Cafés und Restaurants«, sagt sie mit einem Lächeln, »deshalb habe ich dieses Lokal vorgeschlagen.«

Bei diesem Start-up, dessen Namen sie nicht veröffentlichen möchte, arbeitet Sandra als Kundenbetreuerin. Sie kommuniziert überwiegend mit den Geschäftskunden des Unternehmens und hilft ihnen dabei, ihre Auftragslage zu verbessern oder Probleme zu lösen. Ihr Arbeitgeber unterstützt sie mit regelmäßigen Schulungen, in denen sie lernt, was guter Kundenservice bedeutet. Zwar gebe es bei der Sinnfrage und beim Umweltschutz in ihrem Job noch Luft nach oben, räumt Sandra ein, allerdings glaube sie, ihren Kunden wirklich zu helfen, und das sei ja auch schon was. Außerdem seien die Aufgaben abwechslungsreich und sie habe große Freiräume in ihren Entscheidungen. Vor allem aber nehme sie die Arbeit nicht mehr mit in den Feierabend. Nach sechs Stunden im Büro – Sandra arbeitet dreißig Stunden pro Woche – sei Schluss, erzählt sie mir zufrieden. Dann könne sie voll und ganz für ihre Familie und sich selbst da sein.

Für Sandras ungewöhnliche Entscheidung, einen Gang herunterzuschalten, kursiert im Internet ein modernes Wort: »Downshifting«. Es bedeutet, nicht immer höher, schneller und weiter zu wollen, sondern sich mit weniger zufriedenzugeben. Mit weniger Geld, aber auch mit weniger Verantwortung, weniger Arbeitszeit und weniger Identifikation mit dem Beruf. Sandra hat beschlossen, sich in ihrem Job nicht verwirklichen zu wollen. Sie wolle noch nicht einmal kreativ arbeiten, erzählt sie mir, denn das könne sie auch in ihrer Freizeit tun, von der sie heute mehr habe als früher. »Ich lese viele Bücher und schreibe wieder«, sagt sie. »Ich lerne, wie ich Obst und Gemüse auf dem Balkon anbaue oder wie ich mein Fahrrad repariere.« Selbstverwirklichung müsse folglich nicht nur im Job stattfinden.

Allerdings sei das leichter gesagt als getan, räumt sie ein. Sie habe ihre Zeit gebraucht, bis sie selbst daran glaubte, sich nicht über die Arbeit definieren zu müssen, denn ihr neuer Beruf sei mit einem Statusverlust einhergegangen. In unserer Gesellschaft zählt oftmals derjenige mehr, der einen angesehenen Beruf ausübt. Das spürt auch Sandra. Ihren Eltern sei es unangenehm, sagt sie, den Nachbarn erzählen zu müssen, dass ihre studierte Tochter nun im Callcenter arbeitet. Ihr Vater habe es zwar nie so gesagt, aber Sandra vermutet, dass er sich für sie schämt. Er glaube, als Akademikerin hätte sie mehr aus sich machen müssen.

Anfangs fiel es Sandra schwer, selbstbewusst von ihrem Beruf zu erzählen. In ihrer Nachbarschaft wohnen Lehrer, Politiker und hohe Angestellte in großen Konzernen. Früher hatte sie denen von ihrer Arbeit in einer angesehenen Agentur berichtet und von dem Stress, den sie hatte. Der sei ja für einige ein Statussymbol, glaubt sie. Wer viel beschäftigt ist, muss wohl erfolgreich sein.

»Ich muss jetzt sagen, dass ich Kundenbetreuerin bin«, erzählt sie etwas kleinlaut. »Mit diesem Statusverlust hatte ich nicht gerechnet.« Doch mittlerweile habe sie ihren Frieden damit gemacht, versichert mir Sandra. Ihr Mann, ihre Tochter sowie ihre engsten Freunde interessierten sich nicht dafür, was sie beruflich mache oder was sie sich leisten könne. Außerdem sehe sie in ihrem Bekanntenkreis, was ein Beruf mit hohem Status bedeute. Freunde und Nachbarn beklagen sich regelmäßig darüber, dass sie den Sonntag nicht genießen können, weil bereits die Arbeit der kommenden Woche ruft. Sandra hingegen spielt nun auch am Sonntagabend noch unbelastet mit ihrer Tochter, ohne schon an den Montag zu denken, denn der hat für sie keine besondere Bedeutung mehr. Sie muss zwar sechs Stunden arbeiten gehen, weil es eben notwendig ist, ein bisschen Geld zu verdienen, aber

Stress empfindet sie dabei nicht und den Rest des Tages hat sie für sich. Weniger Arbeit und dafür mehr Freiheit zu haben, das mache sie glücklich, erzählt sie mir. »Dieser Effekt hat sich bisher überhaupt nicht abgenutzt.« Deshalb würde sie momentan mit niemandem in ihrem Bekanntenkreis tauschen wollen – Status hin oder her.

Dass das Geld knapp ist, möchte Sandra mir gegenüber jedoch nicht herunterspielen. Schon in ihrer ersten E-Mail bestand sie darauf, keine Patentlösung für die finanzielle Frage zu haben. Das sollte ich wissen, bevor ich mich auf ein Gespräch mit ihr einlassen würde. Ich versicherte ihr, nicht an Erfolgsrezepten interessiert zu sein, die einfach nachgeahmt werden könnten. Stattdessen wolle ich mit diesem Buch unkonventionelle Wege aufzeigen und ich sei nicht überrascht, dass jeder dieser Wege auch mit Schwierigkeiten behaftet ist.

Sandras Stundenlohn beträgt 9,81 Euro. Einschließlich der Zulagen für Spätschichten verdiente sie zeitweilig 1.100 Euro netto im Monat bei dreißig Wochenstunden. Von diesen Einkünften zahlte sie ihren Anteil in die Familienkasse ein, beglich die Kosten für das Monatsabonnement der Berliner Verkehrsbetriebe, legte 100 Euro auf die hohe Kante und gönnte sich 50 Euro für persönlichen Konsum. Diesen Betrag steckte sie am Anfang des Monats in ihre Geldbörse und ging davon mit Freunden essen oder ins Kino.

»Für mich war das eine große Umstellung«, erzählt mir Sandra. »Als Gutverdienerin habe ich allein für Restaurantbesuche 150 Euro im Monat ausgegeben, ich bin ohne nachzudenken ins Kino gegangen und kaufte mir alles, wonach mir der Sinn stand.« Jetzt müsse sie viel genauer nachrechnen und neuerdings reicht das Geld nicht einmal mehr fürs Sparschwein und den persönlichen Konsum, denn bei unserem Treffen ist Sandra zum zweiten Mal schwanger. Deshalb darf sie keine Spätschichten übernehmen und verdient nur noch 900 Euro netto. Damit kommt sie über die Runden, doch ihr geringes Einkommen wird sich bis weit in ihre Zukunft auswirken. In der nächsten Elternzeit wird Sandra weniger Geld vom Staat bekommen und sollte sie wieder arbeitslos werden, sinken auch die Bezüge von der Arbeitsagentur. Was ihr Gehalt für die Rente bedeutet, daran möchte Sandra am liebsten gar nicht denken. Wirklich frei fühlt sie sich deshalb nicht, zumindest nicht finanziell. Ihre Begeisterung für den Minimalismus habe aus diesem Grund etwas nachgelassen, erzählt sie mir.

»Es heißt immer, wer weniger konsumiere, würde der Arbeitsfalle entkommen, doch das stimmt nicht. Ich habe meinen Konsum, so weit es geht, zurückgeschraubt, habe keine Altersvorsorge mehr, aber trotzdem noch Fixkosten, die ich nicht vermeiden kann.« Konsumverzicht mache eben nicht automatisch frei, sagt sie. »Ich unterliege weiterhin finanziellen Zwängen, wenn ich nicht aus der Gesellschaft aussteigen will.«

Immerhin, existenzielle Probleme entstehen ihr daraus nicht, denn Sandras Ehemann könnte allein mit seinem Einkommen die gesamte Familie versorgen. Das mache ihm nicht einmal etwas aus, erzählt sie mir. Für ihn sei es selbstverständlich, seiner Frau gegenüber großzügig zu sein. Ihr jedoch sei das unangenehm. »Dass er unseren letzten Ostseeurlaub allein finanziert hat, ist für mich schwer erträglich«, sagt sie. »Ich war eigentlich immer sehr emanzipiert, wollte niemals abhängig von einem Mann sein. Ich wollte nicht in die typische Frauenrolle rutschen, so habe ich mich nicht gesehen.«

Und dann ergänzt sie leise: »Aber wenn ich ganz ehrlich bin: Ich finde mein Leben, so wie es ist, superschön. Ich gehe ein bisschen arbeiten, organisiere den Haushalt, kümmere mich um meine Tochter und trinke mal eine Tasse Kaffee.«

Wenn das Baby da ist und Sandra nach der Elternzeit wieder arbeiten geht, möchte sie sich einen größeren finanziellen Puffer verschaffen. Ihr Arbeitgeber habe ihr bereits eine Beförderung zur Account-Managerin in Aussicht gestellt, erzählt sie mir. Dann werde ihr Stundenlohn auf 11,25 Euro steigen, zuzüglich einer leistungsabhängigen Provision. Vielleicht werde sie sich aber auch woanders bewerben. Bei Xing erhalte sie immer wieder Jobangebote. Wer weiß, womöglich tut sich eine Stelle auf, bei der das Verhältnis aus Einkommen und

Freizeit etwas besser ist als jetzt. In Vollzeit wolle sie aber nicht mehr arbeiten, versichert sie mir, schließlich sei sie mit höchstens sechs Stunden Arbeit am Tag sehr zufrieden.

TANJA & STEPHAN VERZICHTEN AUF 8 PROZENT

Nachdem ich mich von Sandra verabschiedet habe, muss ich mich beeilen, um mit der S-Bahn nach Berlin-Adlershof zu fahren, weit weg von den hippen Stadtvierteln mit den angesagten Cafés. Dort bin ich mit Tanja und Stephan verabredet, die ebenfalls in Teilzeit arbeiten, ihre Arbeitszeit allerdings anders einteilen, als Sandra es tut. Als ich in der urigen Kneipe eintreffe, haben die beiden sich bereits für eine Sitzecke entschieden. Sie begrüßen mich mit einem Berliner Dialekt, der sich gewaschen hat, und so dauert es nicht lange, bis ich mich auf meine Wurzeln besinne und ebenfalls fröhlich berlinere.

»Ick nehm' ne Kugel«, ruft Stephan der Kellnerin zu, die ihm kurz darauf ein Bier in einem kugelförmigen Glas bringt. Der 53-Jährige ist mit seinen kurz geschorenen grauen Haaren und den tätowierten Oberarmen eine rustikale Erscheinung. Seine Frau Tanja, neunundvierzig Jahre jung, wirkt auf mich sanfter. Sie trägt ihre Haare kurz und elegant. Ein Tuch ist um ihren Hals gelegt und durch den weißen Pullover scheinen ihre ebenfalls tätowierten Arme durch. Die beiden sind hier mit allen per Du, schließlich sitzen wir in ihrer Stammkneipe und damit in ihrem eigenen Stadtzentrum. »Viel weiter kommen wir hier nicht herum«, erzählt mir Stephan. Berlin sei ihnen zu wuselig. Zu viel Verkehr, zu viele Menschen. Deshalb würden sie die meiste Zeit in ihrem Kiez verbringen.

Nur auf Reisen mache ihnen eine hektische Metropole nichts aus. Stundenlang seien sie dann zu Fuß unterwegs. »In Bangkok kennen wir uns besser aus als in der eigenen Stadt«, sagt er. Die Menschen seien da freundlicher, entspannter, und sie gingen respektvoller miteinander um. »Da rempelt dich keiner an«, versichert mir Stephan. »Hier hingegen wirst du hinterher noch angemault.« Als ehemaliger Berliner weiß ich, wovon er spricht. Die besondere Freundlichkeit der Hauptstädter vermisse ich in Leipzig nicht.

Da Stephan schon vom Reisen erzählt, spreche ich die beiden auf ihren letzten Urlaub an. Auf ihren Facebook-Profilen habe ich gesehen, dass sie kürzlich die Niederländischen Antillen besucht haben.

»War's schön?«, frage ich.

»Nee!«, erwidert Stephan und überlegt kurz.

»Na gut, das ist übertrieben.«

»Es war nett«, sagt Tanja.

Sie hatten mal etwas anderes ausprobieren wollen, nachdem sie zuletzt oft in Südostasien waren. Stephan fand im Internet einen preiswerten Flug auf die Antillen – warum also nicht mal in die Karibik, dachten sie sich und packten ihre Koffer.

»Leider hat das mit Karibik nichts zu tun«, sagt Tanja nun. Das Leben dort sei teuer gewesen. »Wenn du für eine Flasche Bier 8 Dollar und für eine Lasagne 30 Dollar bezahlen sollst, dann tränen dir die Augen.« Außerdem seien die Inseln überlaufen gewesen. Zeitweise hätten vier Kreuzfahrtschiffe gleichzeitig angelegt, die Tausende Passagiere auf die Inseln ausstießen. »Am Strand drängelten sich die Leute wie am verkaufsoffenen Sonntag«, erinnert sich Stephan. »Das macht keinen Spaß, und dann noch die Preise dazu.« Deshalb seien sie insgesamt enttäuscht gewesen, aber man müsse eben alles mal ausprobieren.

Seit sieben Jahren ist das Paar bis zu drei Monate jährlich auf Reisen. Seitdem waren sie auf den Philippinen, in Kambodscha, viermal in Thailand und einmal in Namibia. Manchmal legen sie auf einem Langstreckenflug einen Zwischenstopp ein, wie in Dubai oder Jordanien. Fast immer fliegen sie ins Warme und am liebsten dann, wenn es in Deutschland kalt ist. »Ab fünfunddreißig Grad aufwärts fühle ich mich am wohlsten«, sagt Tanja. Wenn sie im Urlaub sind, seien sie sehr aktiv und nicht die Couchpotatos, als die ihre Berliner Freunde sie kennen, versichern mir beide. Früher hätten sie für ihren Jahresurlaub noch All-inclusive-Hotels gebucht und die freie Zeit am Strand vertrödelt. »Ruff uff die Liege. Mittags einmal umdrehen. Fertig!«, erinnert sich Stephan. Diese Zeiten seien nun vorbei. »Wir können nicht mehr einfach herumsitzen.« Stattdessen bleiben sie nur zwei oder drei Tage an einem Ort und ziehen dann weiter, so wie echte Backpacker, nur etwas luxuriöser. Das könne zwar anstrengend sein, erzählen sie mir, aber auch sehr befriedigend. Sie wollen ihre Lebenszeit nutzen, um die Welt zu sehen.

Ihr Sinneswandel beruht auf einem Schicksalsschlag, den sie vor sieben Jahren erlitten. Damals diagnostizierten Ärzte bei Stephans bestem Kumpel Krebs. Der Freund war neunundvierzig Jahre alt, führte eine gut laufende Firma mit zwanzig Angestellten, besaß ein großes Haus, ein schönes Auto und arbeitete sieben Tage pro Woche sechzehn Stunden täglich. »Der hatte nichts von seinem Reichtum«, sagt Stephan. »Er hat nur gearbeitet und nicht gelebt. Am Ende konnte er nichts mitnehmen.« Bevor der Freund verstarb, erzählte er Stephan, was er gern noch alles erlebt hätte, wohin er gern gereist wäre. Doch dafür war es zu spät, denn am Ende ging alles ganz schnell.

Stephan war damals fast fünfzig Jahre alt, hatte bereits drei Jahrzehnte gearbeitet, aber noch nichts von der Welt gesehen. Nach dem Tod des Kumpels im Jahr 2011 beschlossen Tanja und er, auf eine große Reise zu gehen. Sie kratzten ihren gesamten Jahresurlaub zusammen, nahmen die angestauten Überstunden am Stück und fuhren für sechs Wochen nach Thailand. Es war die bis dahin schönste Reise ihres Lebens. »Diese sechs Wochen waren so toll, dass wir das regelmäßig machen wollten«, erinnert sich Tanja. »Allerdings mussten wir für einen so langen Urlaub vorher ein Jahr durcharbeiten.« Das sei an ihre Substanz gegangen, sagt sie. Deshalb brauchten sie eine andere Lösung.

»Die Lösung war das SABBATIKAAL«, sagt Stephan auf seine rustikale Art und meint ein Sabbatical, das auch als Sabbatjahr bezeichnet wird. Ein Sabbatical ermöglicht eine längere berufliche Auszeit, die über den Jahresurlaub hinausgeht. Manche Menschen nutzen ein Sabbatjahr als Vorbeugung gegen einen drohenden Burn-out, andere bilden sich weiter, engagieren sich sozial, kümmern sich um private Angelegenheiten oder machen eine Weltreise.

Ein Sabbatjahr ist eine spezielle Form der Teilzeitbeschäftigung. Es besteht aus einer Arbeitsphase, in der die Mitarbeiter zu gekürzten Bezügen in Vollzeit arbeiten, und einer Freistellungsphase, die sich an die Arbeitsphase anschließt. Der Beschäftigte erhält während der gesamten Zeit ein reduziertes Gehalt. Ein Sabbatjahr kann beispielsweise aus zehn Monaten Arbeit und zwei Monaten Freistellung bestehen. In diesem Fall würde der Mitarbeiter durchgängig 10/12 seines Gehalts bekommen. Aber auch ein siebenjähriges Sabbatical, bestehend aus sechs Jahren Arbeit und einem Jahr Freistellung, ist denkbar. Der Mitarbeiter würde sieben Jahre lang 6/7 seines Bruttogehalts ausgezahlt bekommen. Vor allem für Menschen, die höchstens ein Jahr aussetzen wollen, ist das Sabbatical eine gute Alternative zur Kündigung, denn ihr sozialversicherungspflichtiges Beschäftigungsverhältnis bleibt bestehen und sie erhalten kontinuierlich ein regelmäßiges Einkommen. Einen gesetzlichen Anspruch auf ein Sabbatjahr gibt es nicht, aber ausgerechnet der als behäbig verrufene öffentliche Dienst ist ein Vorreiter bei Sabbaticals. Für Beamte und Angestellte des öffentlichen Dienstes werden solche Auszeiten per Gesetz geregelt. Oftmals sind diese Regeln erstaunlich flexibel und können individuell auf die Bedürfnisse des Mitarbeiters angepasst werden. Auch große Unternehmen öffnen sich zunehmend für diese speziellen Teilzeitmodelle, um ihre Mitarbeiter langfristig zu halten. Kleinere Unternehmen tun sich allerdings schwerer mit Sabbaticals, da sie den vorübergehenden Ausfall der Arbeitskraft nicht so leicht kompensieren können.

Tanja und Stephan erfuhren erstmals von Kollegen, dass es bei ihren Arbeitgebern die Möglichkeit gibt, ein Sabbatjahr einzulegen. Tanja arbeitet bei der Deutschen Rentenversicherung und Stephan ist Polizist im Streifendienst – beide arbeiten also im öffentlichen Dienst. Als Erstes erkundigte Tanja sich, wie die Rentenversicherung es mit Sabbaticals hält. »Ich hatte Glück, dass ich intern gerade die Dienststelle gewechselt hatte«, erzählt sie mir. In ihrer alten Abteilung seien Anträge grundsätzlich abgelehnt worden, doch in ihrer neuen Dienststelle zeigte man sich offen. Ein Mitarbeiter der Personalabteilung erklärte ihr den Ablauf. Demnach muss ein Sabbatical von verschiedenen Stellen abgesegnet werden. Tanja benötigte Unterschriften von ihrem direkten Vorgesetzten, der Abteilungsleitung und der Personalstelle. Von jeder dieser Stellen könnte ihr das Sabbatjahr ohne Angabe von Gründen verwehrt werden. Doch mittlerweile sei dieser Prozess nur noch eine Formalie, sagt sie. Man habe sich nach sechs Jahren daran gewöhnt, dass Tanja jedes Jahr mit ihrem Antrag auf der Matte steht. Lediglich in den Sommerferien, über Weihnachten sowie Silvester darf sie keine Freistellungsmonate beantragen.

Nach den guten Rückmeldungen bei der Deutschen Rentenversicherung informierte Stephan sich auch bei der Polizei über die Möglichkeit, ein Sabbatjahr zu nehmen. »Die Personalstelle musste erst mal selbst recherchieren«, erzählt er mir. Sabbatanträge gingen dort nicht allzu oft ein. Doch auch bei der Polizei hieß es nur, der Vorgesetzte und die Dienststelle müssten zustimmen, darüber hinaus stünde einem Sabbatical nichts im Wege.

Sowohl bei der Rentenversicherung als auch bei der Berliner Polizei können sie aus einer Reihe von Arbeitszeitmodellen wählen. Sie kommen gut vorbereitet zu unserem Gespräch und drücken mir jeweils ein paar Seiten Papier in die Hand. Vor mir liegen lange Tabellen, die für mich erst nach ein, zwei Minuten Sinn ergeben. Sie zeigen unzählige Kombinationen aus Arbeits- und Freistellungsphasen sowie den jeweils prozentualen Anteil am Gehalt, der während des Sabbatjahrs ausgezahlt wird. Bei einem einjährigen Sabbatical mit zwei Monaten

Auszeit erhält der Mitarbeiter beispielsweise durchgängig 83,33 Prozent seines Gehalts. Bei ihrem Arbeitgeber dürfe ein Sabbatical höchstens drei Jahre andauern, erklärt mir Tanja. So könne man beispielsweise 33 Monate voll arbeiten und anschließend drei Monate freigestellt werden, bei 91,66 Prozent des Gehalts. Die kürzeste Variante dauert nur zwei Monate und beinhaltet einen Monat Arbeit sowie einen Monat Freistellung bei 50 Prozent des Gehalts. Zwischen diesen beiden Extremen gebe es viele Varianten, aus denen Tanja wählen kann. Auch Stephan hat die Qual der Wahl. Er könnte sogar ein Sabbatical von bis zu sieben Jahren einlegen, bei sechs Jahren Arbeit und einem Jahr Auszeit. Doch diese langfristigen Modelle kommen für die beiden nicht infrage. »Wer weiß, was in sieben Jahren ist?«, fragt Stephan rhetorisch in den Raum. Er möchte nicht sechs Jahre arbeiten, um dann ein Jahr frei zu haben. »Für uns ist ausschlaggebend, dass wir in jedem Jahr weniger arbeiten.«

Deshalb entschieden Tanja und Stephan sich für das einjährige Sabbatical mit elf Monaten Arbeits- und einem Monat Freistellungsphase bei 91,66 Prozent ihrer vollen Bezüge. Dieses Modell beantragten sie erstmals im Jahr 2012 und seitdem jedes Jahr. Zum 1. Dezember beginnt für die beiden ein neues Sabbatjahr, das am 30. November des Folgejahres endet. Den jeweils letzten Monat haben sie frei. Deshalb verreisen die zwei stets im November. Es sei der perfekte Reisemonat, sagen sie, denn im November würde sonst kaum jemand Urlaub nehmen, sodass sie den Antrag bei ihren Vorgesetzten problemlos durchsetzen und den ungemütlichen deutschen Herbst hinter sich lassen können. Überstunden, die sie bis zum November angesammelt haben, feiern sie bei dieser Gelegenheit auch gleich ab, sodass sie meistens für sechs Wochen verreisen. Außerdem haben die beiden dreißig Tage Urlaub im Jahr – das bedeutet eine zusätzliche Reise von etwa sechs Wochen. Von zwölf Monaten im Jahr müssen sie folglich nur neun Monate arbeiten. Der Rest ist Urlaub. Seit sechs Jahren unternehmen Tanja und Stephan deshalb meistens zwei lange Reisen pro Jahr und sind damit überaus glücklich.

In dem Jahr, als Stephan seinen fünfzigsten Geburtstag feierte, setzten sie noch einen drauf und gönnten sich eine unerhört lange Reise. Im Herbst 2015 legten sie Sabbatical, Überstunden, den Jahresurlaub 2015 sowie den Jahresurlaub 2016 zusammen, sodass sie fast vier Monate am Stück auf den Philippinen verbringen konnten. Es war die mit Abstand längste Reise ihres Lebens. Eine tolle Erfahrung, erinnert sich Stephan, »aber nach vier Monaten hatte ich die Schnauze voll.« Da habe er seinen Kiez vermisst und sich richtig auf zu Hause gefreut. Seitdem verreisen sie wieder zweimal im Jahr für jeweils sechs Wochen. Das sei das beste Modell, vergleichbar mit zwei Kuren, nach denen sie völlig gelöst zu Hause ankämen.

»Jeder sollte mal ein SABBATIKAAL machen«, sagt Stephan, »dann wären alle etwas entspannter.« In Deutschland heiße es immer »ich muss, ich muss, ich muss.« Da sei es kein Wunder, wenn viele Menschen überlastet seien und kurz vor einem Burn-out stünden.

Tanja und Stephan sind dankbar dafür, dass ihre Arbeitgeber ihnen keine Steine in den Weg legen, und sie glauben, dass die auch etwas davon haben, schließlich erhöhe sich durch die regelmäßigen Auszeiten die Wahrscheinlichkeit, dass die beiden noch viele Jahre produktiv arbeiten könnten. »Mein Chef hat zwar dicke Backen gemacht, als wir vier Monate auf die Philippinen wollten«, erinnert sich Tanja, aber letztendlich würden ihr alle die Auszeit gönnen. Auch ihre Kollegen nähmen es locker. Tanja arbeitet in einer Abteilung mit zwölf Mitarbeitern. Die anderen elf vertreten sie während ihrer Abwesenheit, so wie auch sie ihre Kollegen vertritt, wenn diese im Urlaub sind. »Bei zwölf Leuten ist sowieso immer einer weg«, sagt sie.

Bei Stephan ist es ähnlich. In seiner Schicht arbeiten fünfunddreißig Polizeibeamte. Von denen dürfen bis zu sieben gleichzeitig im Urlaub sein oder eine Sabbatauszeit nehmen. Da er seine Auszeiten nur in der Nebensaison einreicht, ist die Lage in seiner Schicht entspannt.

Angesteckt haben die beiden ihre Kollegen mit der Sabbatical-Euphorie bisher nicht. »Meine Kollegen sind zwar immer interessiert und würden auch gern eine Auszeit nehmen«, erzählt mir Tanja, »aber sie wollen oder können nicht auf 8 Prozent ihres Gehalts verzichten.« Stephan kennt das. Seine Kollegen seien ein wenig neidisch, aber eiferten ihm nicht nach. »Sie haben immer eine Ausrede«, sagt er. Einer müsse das Haus abbezahlen, ein anderer das Auto und der dritte wolle sich irgendetwas anderes gönnen.

Ein Haus abbezahlen, das musste Stephan früher auch. Das habe Unmengen an Geld verschlungen, erzählt er mir, ganz abgesehen von der Arbeit, die es verursachte. Sich um das Eigenheim zu kümmern, sei wie ein zweiter Job gewesen. Zeitweilig habe er deshalb nicht mehr gewusst, wo ihm der Kopf stand. Hinzu kam eine harte Scheidung von der ersten Ehefrau und der Unterhalt, den er für seine drei Kinder aufbringen musste. »Ich habe etwa zehn Jahre lang die Hälfte meines Einkommens gleich abgegeben«, erzählt er mir. Heute habe er mit dem Haus nichts mehr zu tun und seine Kinder seien erwachsen, sodass die größten Belastungen sich in Luft aufgelöst hätten.

»Ich habe dreißig Jahre für andere gearbeitet«, sagt er, »jetzt arbeite ich für mich.« Nach dieser anstrengenden und finanziell belastenden Zeit sei es nun ein Leichtes, auf einen kleinen Teil seines Gehalts zu verzichten. »Ich habe vorher auf 50 Prozent meines Einkommens verzichtet – was sind dann 8 Prozent?« Das seien gerade einmal 140 Euro, die von seinem Nettogehalt abgezogen würden. Tanja verzichtet durch das Sabbatical auf 102 Euro monatlich.

Die beiden leben so genügsam, dass sie nicht nur mit geringeren Einkünften auskommen, sondern von ihrem übrigen Einkommen genug sparen können, um drei Monate im Jahr zu verreisen. Ihre Ansprüche an den eigenen Lebensstandard haben sie dafür reduziert. Anstatt in einem Einfamilienhaus leben sie zu zweit auf 58 Quadratmetern in einem Bezirk mit günstigen Mietpreisen. Als Rückschritt empfinden sie das nicht. »Ich bin so froh, das alles los zu sein«, sagt Stephan. Die Ratenzahlungen, den Unterhalt, die Arbeit am Haus. Wenn er jetzt von der Arbeit nach Hause komme, gieße er im Sommer die Blumen auf dem Balkon und das sei es dann gewesen mit der Gartenarbeit.

»Im Alter merkt man, dass nicht Geld das Kostbarste ist, sondern Zeit«, sagt er. Die gewonnene Zeit nutze er nun, um die künftigen Reisen zu planen.

Da Reisen ihre größte Leidenschaft ist, geben sie dafür ihr Geld aus. Nennenswerte Ersparnisse haben sie nicht. »Was nutzt es mir, im Alter noch 100.000 Euro auf dem Konto zu haben, aber nicht mehr krauchen zu können?«, fragt Stephan. »Da gucke ich mir doch lieber die Welt an.«

»Wir rechnen von Jahr zu Jahr«, erklärt mir Tanja. Ihre Philosophie sei, heute möglichst gut von ihrem Geld zu leben. Was später kommt, das schere sie erst mal nicht. Dabei sei ihr aufgrund der Arbeit bei der Deutschen Rentenversicherung bewusst, was viele Menschen im Ruhestand erwartet. »Um im Alter weiter gut zu leben, müsste ich jetzt jeden Monat 400 Euro in eine private Rentenversicherung einzahlen«, sagt sie. »Ich hätte das Geld, aber ich mache es nicht, denn dann könnte ich nicht mehr verreisen.« Immerhin, die beiden werden eine ordentliche Pension beziehen. Beamte erhalten am Ende ihrer vollen Dienstzeit bis zu 72 Prozent ihres letzten Einkommens. Da sie seit einigen Jahren in Teilzeit arbeiten, wird es für Tanja und Stephan etwas weniger sein. Doch es wird ausreichen, um in Berlin gut zu leben. Nur lange Fernreisen werden sie sich später nicht mehr leisten können. Stephan glaubt, er könne dann auch mal kleinere Brötchen backen, wenn er bis dahin schon so viel gesehen habe. »Dann fahren wir eben mal nach Potsdam ins Schloss.« Ab einem gewissen Alter sei aus gesundheitlichen Gründen ohnehin nicht mehr davon auszugehen, dass man mal eben auf die Philippinen fliegt. Deshalb reisen sie jetzt, so lange sie es finanziell und gesundheitlich können.

Die Reisen sind für die beiden die größte Motivation, jeden Tag zur Arbeit zu gehen. Hätten sie genug Geld, um von ihrem Vermögen zu leben und zu reisen, würden sie ihre Karriere sofort an den Nagel hängen, erzählen sie mir. Als ich sie frage, ob sie ihre Arbeit denn nicht mögen, fängt Stephan an zu lachen. Er sagt, er sei vor fünfunddreißig Jahren aus Überzeugung Polizist geworden, doch in dieser Zeit habe sich die Gesellschaft verändert. »Die Leute rufen heute für jeden Mist gleich die Polizei, anstatt selbst Verantwortung zu übernehmen«, sagt er. Auch der Respekt gegenüber seinem Berufsstand sei verloren gegangen. Aber immerhin könne er sich nicht über Langeweile beklagen. Jeden Tag geschehe etwas Neues.

Auch Tanja kann sich für ihren Job nicht mehr begeistern. »Die Materie meiner Arbeit ist tot«, sagt sie. »Ich verschiebe Akten von A nach B.« Manchmal fehle ihr deshalb der höhere Sinn in ihrer Arbeit, ergänzt sie. Trotzdem müsse sie sich nicht täglich ins Büro quälen, weil sie sich freue, ihre Kollegen zu sehen.

Tanja und Stephan hängen nicht an ihrer Arbeit. Aber sie akzeptieren sie als etwas, das notwendig ist, um zu leben und um zu verreisen. Das Sabbatjahr ist für sie der beste Kompromiss, um sowohl Geld zu verdienen als auch die Zeit zu haben, es für etwas auszugeben, das sie lieben.

Im Herbst fliegen die beiden nach Namibia und Botswana. Schon im letzten Jahr waren sie dort und kamen begeistert zurück. »Die Reise war so geil«, sagt Stephan mit einem Funkeln in den Augen. »Deshalb wollen wir unbedingt noch einmal hin.« Damals fuhren sie auf eigene Faust fünf Wochen mit einem Allradauto durch Namibia. Nachts schliefen sie in einem Zelt, das auf dem Autodach montiert war. »Da ist uns zum ersten Mal aufgefallen, was Ruhe ist«, sagt er. »Du kommst da so schnell runter! Abends sitzt du in deinem Zelt und hörst nichts. Wirklich nichts. Das kannst du dir nicht vorstellen.«

Tagsüber fuhren sie über Wellblechpisten durch die endlose Wüste. An manchen Tagen sahen sie stundenlang kein anderes Auto. Dort könne man sich an den Straßenrand stellen, sagt Stephan, 50 Kilometer in beide Richtungen schauen und würde nichts und niemanden sehen.

Angesichts dieser Vorstellung türmen sich in mir Sorgen auf, was alles schief gehen könnte. Mit der namibischen Wüste ist sicher nicht zu spaßen. »Hattet ihr keine Angst, mit dem Auto liegen zu bleiben?«, frage ich.

»Nein«, antwortet Stephan. »Du darfst nicht immer grübeln, was alles passieren könnte«, sagt er.

»Es kommt sowieso anders.«

ICH NEHME MIR DIE FREIHEIT, GLÜCKLICH ZU SEIN

Von der Weisheit des 53-jährigen Berliners kann ich noch etwas lernen. Ich neige dazu, langfristige Pläne zu schmieden und zu häufig unterliege ich dem Irrglauben, dass die Zukunft so eintreten wird, wie ich sie mir ausmale. Als ich zum ersten Mal von finanzieller Freiheit las, begann ich, mein Leben in Zahlen zu simulieren. Ich kalkulierte, über welches Vermögen ich in zehn Jahren verfügen würde und wie hoch meine Lebenshaltungskosten sein würden. Schließlich muss ich diese zwei Variablen möglichst genau abschätzen, um nach der 4-Prozent-Regel auszurechnen, ab wann ich nicht mehr zu arbeiten brauche. Durch meine Recherche weiß ich, dass viele Menschen ihr Leben auf diese Weise in die Zukunft projizieren. Für Ereignisse, die sie nicht vorhersehen können, rechnen die Vorsichtigen unter ihnen einen Sicherheitspuffer von 10 bis 20 Prozent ein.

Doch unvorhersehbare Ereignisse – die schwarzen Schwäne – sind und bleiben genau das: unvorhersehbar. In ihrer Art, in ihrer Häufigkeit und in ihren Auswirkungen. In den Gesprächen für dieses Buch erfuhr ich von Familienvätern, die sich das Leben nahmen, weil sie ihren sicher geglaubten Job verloren hatten und das nicht verkrafteten. Ich sprach mit Menschen, deren Freunde und Angehörige schwer erkrankten oder jung verstarben. Marcello und Maria hatten sich auf ein zweites Kind gefreut und bekamen überraschend Zwillinge. Frank verdiente in Japan unverhofft ein Gehalt, das er sich bis dahin nie erträumt hatte. Thomas arbeitete bis zu seinem 40. Geburtstag als

Ingenieur, dann entschied er sich, als Lehrer noch einmal von vorn anzufangen. Adam schämt sich heute für ein Buch, das er erst vor drei Jahren schrieb, weil seine Vorstellung von einem guten Leben sich ständig verändert. Sandra stand kurz vor einem Burn-out, der ihren Lebenslauf auf den Kopf stellte. Beinahe jeder dieser Lebenswege ist von Ereignissen geprägt, die diese Menschen nicht haben vorhersehen können – im Guten wie im Schlechten.

Es ist schwer, mir einzugestehen, dass die Zukunft nur solange in meiner Hand liegt, bis etwas dazwischenkommt. Doch nach anderthalb Jahren, in denen ich mich mit finanzieller Freiheit beschäftige, beginne ich, es allmählich zu begreifen.

Von unvorhersehbaren Ereignissen einmal abgesehen, weiß ich bereits heute, dass mein Leben sich verändern wird. Ich werde wahrscheinlich Kinder haben, doch wie viele und ob sie gesund sein werden, das weiß ich nicht. Wenn ich eine Familie gründe, möchte ich nicht dauerhaft in einer engen Mietwohnung leben, sondern ein Reihen- oder Einfamilienhaus bewohnen, das selbstverständlich größer ist und dessen Bewirtschaftung mehr Geld kostet. Mit Kindern und einem Haus am Stadtrand werde ich ein Auto benötigen. Auch in anderen Belangen werde ich mit dem Alter bequemer werden und mir beispielsweise teurere Reisen erlauben. Die Beiträge für meine private Krankenversicherung werden steigen. Was diese kosten wird, wenn ich sechzig oder siebzig Jahre alt bin, das weiß niemand. Auch die Steuergesetzgebung für Kapitalgewinne wird sich ändern, womöglich nicht zu meinen Gunsten. Kein Sicherheitspuffer in meiner Kalkulation kann groß genug sein, um mich angesichts dieser Unwägbarkeiten vollständig zu beruhigen. Deshalb werde ich in absehbarer Zeit nicht finanziell frei sein. Ich würde mich nicht frei fühlen, müsste ich allein von meinem Vermögen leben. Die beste Absicherung gegen eine ungewisse Zukunft ist, mein Humankapital zu erhalten. Schon deshalb werde ich weiterarbeiten.

Noch vor einem Jahr hätte mich diese Einsicht betrübt. Damals dachte ich in Schwarz und Weiß: Entweder ich muss arbeiten oder ich bin frei. Als ich mit Nico, Oliver und Marcello sprach, riss mich ihr Enthusiasmus mit, den sie für ihr Ziel empfinden. Ich spürte, dass es sie glücklich macht, nach finanzieller Freiheit zu streben, und auch in mir löste es Glücksgefühle aus.

Die Gespräche mit den Privatiers inspirierten mich weniger. Zwar genoss ich es, etwas aus ihrem Leben zu erfahren, aber sie ließen mich ein wenig ernüchtert zurück. Ihr Leben erschien mir zu gewöhnlich, um diesem großen Traum von der finanziellen Freiheit gerecht zu werden. Trotzdem sind sie überwiegend zufrieden mit ihrem Alltag und würden für kein Geld der Welt mehr arbeiten wollen. Sie haben sich in einem neuen Leben eingerichtet, das sie glücklich macht. Lediglich André hadert in manchen Momenten noch mit seiner Freiheit.

Im Nachhinein liegt es auf der Hand, doch erst nach meinen Begegnungen mit diesen Menschen, von denen mich einige mitrissen und andere ernüchterten, besann ich mich darauf, dass finanzielle Freiheit vielleicht nur ein Hilfsmittel für etwas ist, das jeder von uns will: glücklich sein. Manche in diesem Buch macht es glücklich, von finanzieller Freiheit zu träumen, andere macht es glücklich, finanziell frei zu sein und schließlich traf ich eine Reihe von Menschen, die für sich eine ganz andere Antwort gefunden haben. So wie Volker, dem es wichtiger war, seine Kinder beim Aufwachsen zu begleiten, als noch einige Jahre nach finanzieller Freiheit zu streben. Auch Thomas ist glücklicher denn je, seit er einen unbefriedigenden Beruf aufgab und nun als Lehrer mit Jugendlichen arbeiten kann. Adam ist glücklich, das richtige Verhältnis aus Arbeit und Freizeit gefunden zu haben. Im Sommer ist er Faulpelz, im Winter schreibt er die Bücher, nach denen ihm der Sinn steht. Sandra hat sich von einer großen Last befreit, seit der Job nicht mehr ihren Feierabend bestimmt und sie für ihre Familie sorgen kann. Und für die Urberliner Tanja und Stephan ist es das größte Glück, jedes Jahr für drei Monate die Welt zu bereisen. Sie alle sind glücklich, obwohl sie noch arbeiten müssen, weil die Rahmenbedingungen stimmen.

Die meisten Menschen, mit denen ich sprach, sind zufrieden mit ihrem Leben. Egal, ob sie in zehn Jahren finanziell frei sein werden oder es bereits sind, egal, ob sie in ihrem Ruhestand häufig verreisen oder nicht, egal, ob sie verbeamtet sind oder selbständig arbeiten. Jeder hat seine eigene Auffassung davon, was es bedeutet, glücklich zu sein. Doch auch wenn ihre Wege unterschiedlich sind, sehe ich ein Verhalten, das diese Menschen miteinander verbindet.

Sie alle haben unkonventionelle und oftmals mutige Entscheidungen getroffen. Thomas beispielsweise gab seinen Beruf auf und erzählte mir, es habe sich verrückt angefühlt, etwas zu tun, das sonst niemand in seinem Umfeld tat. Marcello kaufte mit dreiundzwanzig Jahren ohne Ersparnisse und ohne Erfahrung ein Mehrfamilienhaus und sanierte es aus eigener Kraft. Volker entschied sich gegen die Bankkarriere und für seine Kinder und ein Leben als Hausmann. Frank beschloss, er habe in diesem Leben genug Geld verdient und kündigte eine mit 500.000 Euro dotierte Vorstandsposition. Melanie wählte einen von Männern dominierten Beruf, um wie ein Mann zu verdienen und kaufte anschließend eine Immobilie nach der anderen. Jede Geschichte in diesem Buch enthält derart mutige Entscheidungen.

Es gibt einen offensichtlichen Grund dafür, dass diese Menschen so beherzt zur Sache gingen. Er liegt in einer weiteren Gemeinsamkeit in ihrem Verhalten: Sie alle leben unter ihren Verhältnissen.

Manche von ihnen sparen einen großen Teil ihrer Einkünfte und verstehen ihre Ersparnisse als Sicherheitspolster. Thomas erzählte mir, er wäre nie Lehrer geworden, hätte er nur 5.000 Euro auf dem Konto gehabt. Adam lehnt unliebsame Aufträge ab und schreibt nur Bücher, auf die er Lust hat, weil er mehrere Jahre ohne Einkünfte leben könnte. Volker kümmert sich um seine Kinder, solange sie klein sind, weil er von Rücklagen zehren kann.

Andere bauen zwar keine Ersparnisse auf, münzen ihre Genügsamkeit aber in eine höhere Lebensqualität um. Sandra beispielsweise kann es sich erlauben, beruflich mehrere Gänge herunterzuschalten und den Kopf freizubekommen, weil sie ihren Konsum minimiert hat. Stephan und Tanja brauchen nicht viel zum Leben und können es sich deshalb leisten, auf 8 Prozent ihres Einkommens zu verzichten und jedes Jahr drei Monate zu verreisen.

»Geld macht nicht glücklich«, lautet eine Binsenweisheit, der ich uneingeschränkt zustimme. Unwichtig ist Geld allerdings nicht. Es bestimmt über große Teile unseres Lebens und je weniger wir davon haben, desto stärker beeinflusst es die Entscheidungen, die wir treffen. Denn noch bevor wir uns den Dingen widmen können, die uns glücklich machen, brauchen wir ein Einkommen, das unseren Lebensunterhalt finanziert. Erst wenn dieser für einen längeren Zeitraum gesichert ist, können wir uns erlauben, nicht allein nach finanziellen Zwängen zu entscheiden, sondern nach unseren Wünschen und Träumen. Erst dann können wir uns die Freiheit gönnen, glücklich zu sein.

BONUS FÜR REZENSENTEN

Ich hoffe, du hattest viel Freude an diesem Buch. Falls du es empfehlenswert findest, würde ich mich freuen, wenn du es bei Amazon.de bewertest. Rezensionen helfen dabei, dass gute Bücher dort gelistet werden, wo sie hingehören – weit oben.

Es ist ganz leicht: Suche bei Amazon nach dem Titel »Ich gönn' mir Freiheit«. Klicke auf das Buch und dann auf »Kundenrezension verfassen«. Schreibe in wenigen Sätzen, was dir an dem Buch gefällt (oder was nicht) oder wie es dir geholfen hat.

Als Dankeschön erhältst du von mir eine ausführliche Liste mit Ressourcen, die ich in den letzten anderthalb Jahren verwendet habe, seit ich mich mit finanzieller Freiheit beschäftige. Dazu gehören vor allem Bücher, Blogs und Podcasts, aber auch nützliche YouTube-Kanäle und Facebook-Gruppen.

Nachdem du deine Rezension hinterlassen hast, schreibe bitte eine E-Mail an patrick@101places.de. Anschließend schicke ich dir die Liste mit den Ressourcen.

QUELLENANGABEN

[1] Vgl. Wirtschafts- und Sozialwissenschaftliches Institut (WSI) in der Hans-Böckler-Stiftung: WSI Report Nr. 37, 11/2017, »Wie lange reicht das Vermögen bei Einkommensausfall?«

[2] Vgl. Creditreform Wirtschaftsforschung: SchuldnerAtlas Deutschland 2017, 09.11.2017.

[3] Vgl. Deutsche Automobil Treuhand GmbH: DAT-Report 2018, Kurzbericht, 2018.

[4] Vgl. Institut der deutschen Wirtschaft e. V.: Wohnfläche je Einwohner – Quadratmeter (https://www.deutschlandinzahlen.de/tab/deutschland/infrastruktur/gebaeude-und-wohnen/wohnflaeche-je-einwohner, Zugriff am 17.08.2018).

[5] Vgl. Umweltbundesamt: Wohnfläche (https://www.umweltbundesamt.de/daten/private-haushalte-konsum/wohnen/wohnflaeche, Zugriff am 17.08.2018).

[6] Vgl. Statistisches Bundesamt: 54 % der Konsumausgaben entfielen 2016 auf Wohnen, Ernährung und Bekleidung (https://www.destatis.de/DE/PresseService/Presse/Pressemitteilungen/2017/12/PD17_463_631.html, Zugriff am 17.08.2018).

[7] Vgl. Warnecke, Albert: Lohnarbeit: Klumpenrisiko und versiegende Quelle (https://www.finanzwesir.com/blog/humankapital-passives-einkommen-selbstaendigkeit, Zugriff am 17.08.2018).

[8] Vgl. Institut für Arbeitsmarkt- und Berufsforschung: IAB-Kurzbericht, 2014.

[9] Vgl. Warnecke, Albert: Für eine Überrendite im Leben (https://www.finanzwesir.com/blog/ueberrendite-selbstaending-angestellter, Zugriff am 17.08.2018).

[10] Vgl. Statistisches Bundesamt: Deutsche Wirtschaft wächst auch im Jahr 2017 kräftig (https://www.destatis.de/DE/PresseService/Presse/Pressemitteilungen/2018/01/PD18_011_811.html, Zugriff am 17.08.2018).

[11] Vgl. Statistisches Bundesamt: Reallohnindex im Jahr 2017 um 0,8 % gestiegen (https://www.destatis.de/DE/PresseService/Presse/Pressemitteilungen/2018/02/PD18_040_623.html, Zugriff am 17.08.2018).

[12] Vgl. Jordà, Òscar, Katharina Knoll, Dmitry Kuvshinov, Moritz Schularick, Alan M. Taylor: »The Rate of Return on Everything, 1870–2015«, Federal Reserve Bank of San Francisco Working Paper 2017-25 (https://doi.org/10.24148/wp2017-25, Zugriff am 17.08.2018).

[13] Vgl. Buffett, Warren E.: Berkshire Hathaway Shareholder Letter 2013, 28.02.2014.

[14] Vgl. Kostolany, André: Die Kunst, über Geld nachzudenken, 2015.

[15] Vgl. Financial Planning Association: Portfolio Success Rates: Where to Draw the Line

[16] Vgl. The Vanguard Group, Inc.: Retirement Nest Egg Calculator (https://retirementplans.vanguard.com/VGApp/pe/pubeducation/calculators/RetirementNestEggCalc.jsf, Zugriff am 17.08.2018).

[17] Vgl. Warnecke, Albert: Die Vermögen werden in den 20ern gemacht (https://www.finanzwesir.com/blog/vermoegen-finanziell-frei, Zugriff am 17.08.2018).

[18] Vgl. Wikipedia: Hoechst (https://de.wikipedia.org/wiki/Hoechst, Zugriff am 17.08.2018).

[19] Vgl. Trevira GmbH: Die Geschichte des Unternehmens und der Marke (https://www.trevira.de/de/ueber-uns/presse/basisinformationen/geschichte.html, Zugriff am 17.08.2018).

[20] Vgl. Klovert, Heike: Der holprige Weg ins Klassenzimmer (http://www.spiegel.de/lebenundlernen/schule/lehrer-als-seiteneinsteiger-so-werden-sie-doch-noch-paedagoge-a-1177368.html, Zugriff am 17.08.2018).

39388459R00136

Printed in Poland
by Amazon Fulfillment
Poland Sp. z o.o., Wrocław